历史如何选择了中国共产党

张旭东◎著

安徽师范大学出版社
·芜湖·

图书在版编目(CIP)数据

历史如何选择了中国共产党 / 张旭东著. — 芜湖：安徽师范大学出版社，2017.9（2024.6重印）

ISBN 978-7-5676-3054-3

Ⅰ.①历… Ⅱ.①张… Ⅲ.①中国共产党 - 党史 - 研究 Ⅳ.①D23

中国版本图书馆CIP数据核字(2017)第175903号

历史如何选择了中国共产党　　张旭东◎著

LISHI RUHE XUANZE LE ZHONGGUO GONGCHANDANG

责任编辑：陈　艳

装帧设计：任　彤

出版发行：安徽师范大学出版社

芜湖市九华南路189号安徽师范大学花津校区

网　　址：http://www.ahnupress.com/

发 行 部：0553-3883578　5910327　5910310(传真)

印　　刷：阳谷毕升印务有限公司

版　　次：2017年9月第1版

2024年6月第7次印刷

规　　格：787 mm × 1092 mm　1/16

印　　张：13.75

字　　数：216千字

书　　号：ISBN 978-7-5676-3054-3

定　　价：55.00元

前言

中国共产党九十多年来的历程，从无到有，从小到大，从弱到强。习近平总书记在庆祝建党九十五周年的讲话中指出：历史告诉我们，95年来，中国走过的历程，中国人民和中华民族走过的历程，是中国共产党和中国人民用鲜血、汗水、泪水写就的，充满着苦难和辉煌、曲折和胜利、付出和收获，这是中华民族发展史上不能忘却、不容否定的壮丽篇章，也是中国人民和中华民族继往开来、奋勇前进的现实基础。那么，这背后是什么力量推动着她一路前行？这种力量又是如何推动着她披荆斩棘、凯歌而进的？问题的答案实际上就是中国共产党发展壮大的内在历史逻辑。2015年9月9日，王岐山同志在会见参加“2015中国共产党与世界对话会”的外国政要和知名学者时指出：中国共产党的合法性源自历史，是人心向背决定的，是人民的选择。这是中共最高领导层第一次论述中国共产党的合法性问题。“历史的选择”“人民的选择”，就是中国共产党发展壮大的内在历史逻辑。

2006年7月，我从中国人民大学中共党史系博士毕业分配至中央党校党史教研部工作，迄今为止，已有10个年头。这10年里，我一直从事中共党史的研究与教学，长期担任中央党校中青年干部一班、中青年干部二班、地厅中国特色社会主义理论体系专题班、半年制西藏班、一年制西藏班、新疆地厅班和新疆县处班的主讲老师，先后讲授过《中国共产党夺取全国政权的历史经验》《中国共产党奋斗历程和优良传统》《建立新中国的构想及实践》《从新民主主义向社会主义的过渡》《中国社会主义制度的建立》等专题。另外，我还参加了许多次毛泽东思想基本问题和党史阶段的小组讨论和双向交流活动。通过这些年教学相长的实践活动，我深深体会到来中央党校学习的各级学员有两个显著的变化趋势：一是年龄结构上越来越年轻化，二是学历和素质越来越高。正因如此，毛泽东思想基本问题和中共党史专题课越来越难讲，小组讨论和双向交流课上，学员的发言和提问越来越高深，这些都给从事中共党史研究与教学的老师们提出了严格的要求，甚至带来了严峻的挑战，从而鞭策着我不断前行，丝毫不敢懈怠。路漫漫其修远兮，吾将上下而求索！

历届的中央党校学员在读书思考过程中提出了许多“如何认识”的问题。例如，“中国共产党”名称是如何提出来的，中国共产党为何能夺取全国政权，新中国是如何构建的，从新民主主义向社会主义是如何过渡的，“改革开放”是如何提出来的，“中国特色社会主义”是怎么提出来的，“改革”的内涵是如何演进的，“发展”理念是如何演进的，等等。诸多“如何认识”的答案就在于中国共产党革命和执政的合法性，“历史的选择”和“人民的选择”是解决中共历史上众多“如何”的一把关键钥匙。通过这把钥匙，打开历史的大门，一幅波澜壮阔的中国共产党历史画卷就展现在我们眼前。正如习近平总书记在七一讲话中指出的，历史还告诉我们，历史和人民选择中国共产党领导中华民族伟大复兴的事业是正确的，必须长期坚持、永不动摇；中国共产党领导中国人民开辟的中国特色社会主义道路是正确的，必须长期坚持、永不动摇；中国共产党和中国人民扎根中国大地、吸纳人类文明优秀成果、独立自主实现国家发展的战略是正确的，必须长期坚持、永不动摇。

目　　录

第九章　思想路线的分量

第十章　历史的主线

第十一章　思想的力量

第十二章　基本国策的开启

第十三章　历史的主题

第一章　徘徊在历史的十字路口

——"中国共产党"名称是如何提出来的

由于早期的共产党人数少且处在秘密状态，第一手资料非常有限，因而长期以来，学界对早期党组织的考察主要依靠早期共产党人的回忆。当事人的回忆及其回忆录虽然在了解当时的氛围方面有一定的参考价值，但是回忆录特别是离具体事件时间久远的回忆录中难免有错误或误解，甚至存在主观判断造成的偏颇。例如，相当长的时间里把早期党组织名称误以为是"共产主义小组"和"共产党"，就是当事人回忆错误所致。近年来，随着一手资料的不断发掘，这些误称才得以澄清。当然，目前学界对于早期党组织的名称问题还有争议，争议主要围绕在"社会共产党"和"社会党"上面；另外，早期党组织何时才命名为"中国共产党"也没有统一的说法。

一、"社会共产党"还是"社会党"

把1920年6月成立的上海早期党组织称为"社会共产党"是源于俞秀松日记的发现。20世纪90年代在上海发现了上海共产主义早期组织成员俞秀松的日记。俞秀松日记1920年7月10日条写道：经过前回我们所组织底社会共产党以后，对于安那其主义和波尔雪佛克主义，都觉得茫无头绪，从前信安那其主义，的确是盲从的[①]。日记相对于回忆录应该更加客观、权威，所以一经发现，就被学界广泛运用。新近修订出版的《中国共产党历史 第一卷（1921—1949）》（中共党史出版社2011年1月版）有这样的描

①《俞秀松烈士日记》，《上海革命史料与研究》第1辑，开明出版社1992年版，第297页。

述：在维经斯基等人的帮助下，陈独秀以上海马克思主义研究会为基础，加快了建党步伐。1920年6月，他同李汉俊、俞秀松、施存统、陈公培等人开会商议，决定成立共产党组织，并初步定名为社会共产党，还起草了党的纲领……此后不久，围绕着是用“社会党”还是用“共产党”命名的问题，陈独秀征求李大钊的意见。李大钊主张定名为“共产党”，陈独秀表示完全同意[①]。但是仅凭俞秀松的一条日记，“社会共产党”就能够成为定论吗？恐怕也值得商榷。首先，俞秀松的日记起于1920年6月17日，止于7月25日，大概一个月左右，这其中除7月10日一篇外，都没有提到“社会共产党”。另外，到目前为止，所发掘的当时的文献资料也没有发现有类似的提法，早期共产党人的回忆录中有“共产主义小组”“共产党”“社会党”的提法，但没有发现“社会共产党”的提法。另外，当时其他国家也没有这一提法。

俞秀松的日记可能是一则孤证，而推翻这一孤证的材料（叫“社会党”）则有几条。首先，有一手资料为证。陈独秀于1920年9月在《新青年》月刊上发表《对于时局的我见》，首次以“社会党”自称。“吾党对于法律底态度，既不像法律家那样迷信他，也不像无政府党根本排斥他，我们希望发略随着阶级党派的新陈代谢，渐次进步，终久有社会党的立法，劳动者的国家出现的一日。”[②]1920年10月16日《申报》，何丰林电，社会党陈独秀来沪，勾结俄党与刘鹤林在租界组织机器工会，并刊发杂志，鼓吹社会主义，已饬军警严禁[③]。1920年10月20的《民国日报》对其进行了转载：昨阅贵报所载，何使专电称，社会党陈独秀，勾结俄党及刘鹤林等，在租界组织机器工会，并刊发杂志等语[④]。其次，有回忆录为证。张申府在回忆建党初期情况时说道：关于党的名称叫什么，是社会党，还是叫共产党，陈独秀自己不能决定，就写信给我，并要我告诉李守常。信写得很长，主要讲创党的事，信中说：“这件事情在北大只有你和守常可以

① 中共中央党史研究室：《中国共产党历史 第一卷（1921—1949）》上册，中共党史出版社2011年版，第59页。

② 陈独秀：《对于时局的我见》，《共产主义小组》（上），中共党史资料出版社1987年版，第102页。

③《淞沪护军使向北洋政府发电指责陈独秀组织机器工会》，《共产主义小组》（上），中共党史资料出版社1987年版，第120页。

④《机器工会理事会记》（节录），《共产主义小组》（上），中共党史资料出版社1987年版，第121页。

谈。”（大意如此）为什么呢？一是因为陈独秀在北大当过文科学长，认识的人很多，但有些人不搞政治，不适于谈，而建党的事是秘密进行的。二是陈独秀在北京时，他和守常以及张申府经常在一起，他常到北大图书馆李主任办公室来（在红楼一层靠东南角的两间房子里），观点一致。他办《新青年》，张申府等人经常写稿……所以陈独秀说“这件事情在北大只有你和守常可以谈”，不是偶然的。当时建党究竟叫什么名字，还没有确定，征求张申府等人的意见。张申府和守常研究，就叫共产党。这才是第三国际的意思，张申府等人回了信①。

最后，有背景为证。第一次世界大战以后，好多国家的工人阶级开始酝酿成立政党组织，诸如俄国的“社会民主党”，美国的“社会党”等。在这种潮流的影响下，1919年3月2日，国际共产主义代表大会在莫斯科克里姆林宫举行，来自欧洲、美洲和亚洲21个国家的35个政党和组织代表共52人出席会议，中国旅俄华工联合会的两位负责人刘绍周和张永奎，以“中国社会主义工人党”代表的名义，应约出席了共产国际成立大会。分析当时世界各国的工人阶级政党的初期组织，可以看出：这些组织成立初期，人员混杂，有资产阶级改良主义者，也有无政府主义者，所以大多都冠以“社会党”的帽子。1920年4月，俄共（布）远东局经共产国际同意派到中国来帮助建党的维经斯基就曾在移民北美时期（1913—1918）加入过美国社会党，考虑到维经斯基这样的背景关系，在其帮助下成立的上海共产党早期组织名为“社会党”的理由也就很容易理解了。同时，我们从《新青年》杂志的封面变化也可窥见一斑。上海共产党早期组织成立后，《新青年》杂志为其宣传阵地。1920年9月，《新青年》杂志自八卷一号起，封面变成了和美国社会党（Socialist Party）党徽一样的图案。按茅盾的话说：这一期封面上有一个小小图案，是一东一西，两只大手，在地球上相握②。陈独秀等上海的《新青年》同人在与维经斯基接触后，把杂志的封面改成美国社会党的党徽图案，应该就是考虑到维经斯基和美国社会党的关系。

这以后，我们再联系一下当时的国际背景，俄国革命后，西欧一些社

① 张申府：《建党初期的一些情况》（节录），《共产主义小组》（上），中共党史资料出版社1987年版，第330页。

② 茅盾：《我走过的路》（上册），人民文学出版社1981年版，第149页。

会民主党内部开始分裂。这些党内左派纷纷组织共产党，加入第三国际。如美国社会党1901年创立，吸纳各种社会主势力，在1910年达到鼎盛时期，1919年分裂为三派，社会党、共产党、共产主义劳动党；英国社会党1919年内部也分裂为共产党和劳动党；等等。在欧美社会党分裂组成共产党的国际背景传导作用下，这势必会给早期中国共产主义组织成员带来短暂的选择上的徘徊，这就印证了张申府“关于党的名称叫什么，是社会党，还是叫共产党，陈独秀自己不能决定，就写信给我，并要我告诉李守常”[①]的回忆。综上史料和背景的考证，我们是不是能得出这样的结论，即1920年6月成立的上海共产主义早期组织一开始命名就有“社会党”和“共产党”的选择问题，只不过在初期更倾向于使用“社会党”这一名称。通过如此分析论证，我们再看俞秀松1920年7月10日的日记，他用“社会共产党”一词是不是表明早期党组织成员在“社会党”和“共产党”上抉择不定的状态？要不然，这条孤证无法解释。当然，凭此就说明上海早期共产主义组织就叫“社会共产党”更加缺乏足够令人信服的说服力。

二、何时才有“中国共产党”称谓

欧美社会党的分裂，共产党的纷纷成立，传导给中国的早期共产主义者，势必会引起他们对早期党组织称谓的重新思考。陈独秀1920年8月22日发文指出：工人要想改进自己的境遇，不结团体固然是不行。但是像上海的工人团体，就再结一万个也都是不行的……觉悟的工人呵！赶快另外自己联合起来，组织真的工人团体呵！[②]1920年8月13日，留学欧洲的蔡和森给毛泽东的信中说道：“党（社会党或共产党）发动者，领袖者，先锋队，作战部，为无产阶级运动的神经中枢……我以为先要组织党——共产党。因为他是革命运动的发动者，宣传者，先锋队，作战部，以中国现在的情形来看，须先组织他，然后工团，合作社，才能发生有利的组织。”[③]9

① 张申府：《建党初期的一些情况》（节录），《共产主义小组》（上），中共党史资料出版社1987年版，第330页。

② 陈独秀：《真的工人团体》，《共产主义小组》（上），中共党史资料出版社1987年版，第87页。

③《蔡和森给毛泽东的信》，《共产主义小组》（下），中共党史资料出版社1987年版，第815—817页。

月16日蔡和森又写给毛泽东一封信："上月寄一长信，大要系主张马克斯主义及俄式革命，而注重于组织共产党。""我以为非组织与俄一致的（原理方法都一致）共产党，则民众运动劳动运动改造运动皆不会有力，不会彻底。"[①]为了更好地向欧美共产党看齐，实现从社会党向共产党的转型。1920年8月，陈望道根据英、日文本的《共产党宣言》，在极其艰苦的条件下，译出《共产党宣言》的第一个中文全译本。"凡研究《资本论》这个学说系统的人，不能不看《共产党宣言》，所以望道先生费了平常译书的五倍功夫，把彼文全译了出来，经陈独秀，李汉俊两先生校对。"[②]那么何时实现了这个名称上的转型的呢？

是不是如《中国共产党历史》第一卷（1921—1949）所描述的1920年8月上海共产党早期组织就改名为"中国共产党"了呢？这显然也值得商榷。如上所考证，陈独秀于1920年9月在《新青年》月刊上发表《对于时局的我见》，1920年10月16日《申报》和10月20的《民国日报》对上海共产主义早期组织名称公布的都是"社会党"。蔡和森1920年8月的来信表明的是一种强烈愿望，即中国早期共产主义者要向欧美学习，他们都从社会党转型为共产党，中国应该要走这条路。1921年1月21日，毛泽东才在给蔡和森的信中指出：党一层陈仲甫先生等已在进行组织[③]。1920年8月陈望道翻译出《共产党宣言》，也是上海早期党组织为实现转型的准备工作。等一切条件都已具备后，曾经一度加入过美国"社会党"并在中国进行建党指导的维经斯基1920年11月7日在《劳动界》上发表《中国劳动者与劳农议会的俄国》指出：天下各国的真正劳工农民没有不表同情于劳农议会俄国的……美国劳动（者）已经组织了最大的共产党以作新俄的后援……我们中国劳工农民啊！我们是否要脱离中外资本的压制，是否要免除军阀的痛苦，是否应解放官吏所加的负担，若是我们要脱离这些困苦境遇，就应该劳工农民互相联络起来，然后再和各国劳工农民互相联络起来一齐作俄

---

①《蔡和森给毛泽东的信》，《共产主义小组》（下），中共党史资料出版社1987年版，第519、524页。

② 玄庐：《答人问〈共产党宣言〉底发行》，《共产主义小组》（上），中共党史资料出版社1987年版，第108页。

③《毛泽东给蔡和森的信》，《共产主义小组》（下），中共党史资料出版社1987年版，第544页。

国劳工农民所做的事[①]。同日，《共产党》月刊在上海创刊，李达任主编。《共产党》月刊第一次在中国竖起“共产党”的旗帜。创刊号《短言》阐明在中国建立共产党的主张，指出：要想把我们的同胞从奴隶境遇中完全救出，非由生产劳动者全体结合起来，用革命的手段打倒本国外国一切资产阶级，跟着俄国共产党一同试验新的生产方法不可[②]。1920年11月《共产党》月刊封面上方以大号字配以英文“The Communist”，实际上这种封面装帧与当时在伦敦刊行的英国共产党的党刊《The Communist》封面非常相似。两者形式如此相似，几乎让人以为《共产党》就是《The Communist》的汉语版[③]。从对杂志的封面和形式的模仿可以清楚地看到，上海的共产主义小组在借助于外国的共产党(美国共产党、英国共产党)来摸索中国国内未曾有人组织过的共产主义运动以及“共产党”的形态。

这以后，在上海“共产党”的支持帮助下，其他地方早期共产主义组织也纷纷取名“共产党”。“我们和陈独秀互相通信主张各地共产党小组在没有中国共产党成立大会以前，都暂定名为某地区的支部，以便扩展，并正式请求以上海支部负联络全国支部的责任。这种主张得到了各地小组的赞成，中共组织的规模因而略具雏形。”[④]张国焘在回忆中国共产党的诞生时指出：大约在十一月底，我们的小组正式会议决定命名为中国共产党北京支部[⑤]。包惠僧回忆1920年秋成立了共产党武汉支部，我记得当时没有小组这个名词，凡经中央组织起来的地方都叫支部[⑥]。王翔千在回忆山东共产党的发端时指出：以后在中央专人陈树人（为人）同志指导下成立“共产党山东支部”[⑦]。这些回忆录在一定程度上也印证了“中国共产党”的称谓的由来及时间。

---

① 吴廷康:《中国劳动者与劳动议会的俄国》,《共产主义小组》(上),中共党史资料出版社1987年版,第123页。

②《〈共产党〉第一号短言》,《一大前后》,人民出版社1980年版,第46页。

③ 石川祯浩:《中国共产党成立史》,中国社会科学出版社2006年版,第45页。

④ 张国焘:《中国共产党的诞生》(节录),《共产主义小组》(上),中共党史资料出版社1987年版,第338页。

⑤ 张国焘:《中国共产党的诞生》(节录),《共产主义小组》(上),中共党史资料出版社1987年版,第338页。

⑥ 包惠僧:《创党的开始及武汉临时支部》,《共产主义小组》(上),中共党史资料出版社1987年版,第443页。

⑦ 王翔千:《山东共产党的发端》(节录),《共产主义小组》(下),中共党史资料出版社1987年版,第636页。

第二章　历史潮流的合力
——中国共产党为何能夺取全国政权

中国共产党自1921年成立后，经过28年的浴血奋战，终于领导人民取得新民主主义革命的伟大胜利，夺取了全国政权。中国共产党夺取全国政权的过程，从1927年以后也是局部执政的过程。有三次政权建设的实践，是特别值得我们重视的：第一次是土地革命战争时期，在江西瑞金召开中华苏维埃第一次全国代表大会，选出中华苏维埃共和国临时中央政府，这是同国民党政权根本对立的工农民主专政的新型政权。第二次是抗日战争时期，在各抗日根据地和解放区，通过民主选举，建立了实行“三三制”议会民主的抗日民主政权，这是局部执政的一次成功尝试。第三次是解放战争时期，召开华北临时人民代表大会，成立华北人民政府，为中国共产党全国范围内执政作了政治上组织上的准备[①]。因此，中国共产党夺取全国政权的历史经验，也是局部执政的历史经验。在这个过程中，中国共产党积累了极其丰富的经验。毛泽东在总结新民主主义革命胜利的历史经验时指出：“一个有纪律的，有马克思列宁主义的理论武装的，采取自我批评方法的，联系人民群众的党。一个由这样的党领导的军队。一个由这样的党领导的各革命阶级各革命派别的统一战线。这三件是我们战胜敌人的主要武器。这些都是我们区别于前人的。依靠这三件，使我们取得了基本的胜利。”[②]中国共产党夺取政权是世界战争史上以少胜多、以弱胜强的典范，这其中的经验包括领导经验、管理经验、组织经验、军事经验等值得我们去重新梳理、总结并汲取。

① 李君如：《中国共产党执政规律新认识》，浙江人民出版社2003年版，第21—28页。
② 《毛泽东选集》第4卷，人民出版社1991年版，第1480页。

一、前提因素：马克思主义中国化

没有革命的理论，就没有革命的运动。中国共产党能战胜强大的国民党，一个重要的前提就是进行理论创新，成功实现了马克思主义中国化。施拉姆教授在《毛泽东的思想》一书中指出："毛泽东在20世纪30年代末提出的种种概念中，最直率、最大胆地体现了他关于中国革命的独特性以及中国人需要他们以自己的方式解决他们自己问题的信念的，莫过于'马克思主义中国化'了。"[①]

众所周知，马克思主义是在俄国十月革命的影响下传播到中国的。它的传入实际上也是五四时期"西化论"背景的产物。在此背景下，从一开始党内就存在着照抄照搬共产国际决议和苏联经验的教条主义，即"中国底改造与存在，大部分都要靠国际社会主义的运动帮助"，即中国革命"必与俄国打成一片，一切均借俄助"[②]。"一切均借俄助"的结果就是强调中国革命必须"百分之百的布尔什维克化"。"百分之百的布尔什维克"们根据共产国际的决议，在中国实行僵化的"左"倾土地政策、阶级政策、经济政策和军事战略，并在党内实行派别斗争，致使中国革命遭受了重大失败和挫折。1958年5月中共八大二次会议上，毛泽东就回忆道：至于三次"左"倾路线时期给我的各种处分、打击，包括"开除党籍"、开除政治局候补委员，赶出红军等，有多少次呢？记得起来的有二十次……你说开除了党籍对于一个人是高兴呀，我就不相信，我就不高兴……后头又说这是谣传，是开除出政治局，不是开除党籍。啊呀，我这才松了一口气！

面对共产党人由于教条主义领导而造成的惨重失败，中国共产党党内出现要求反对教条主义倾向的愿望。实际上，这种愿望从中国共产党成立之初就已开始。1930年初，毛泽东针对党内教条主义，提出了"反对本本主义"，明确提出"没有调查，没有发言权"，"马克思主义的'本本'是要学习的，但是必须同我国的实际情况相结合"，"中国革命斗争的胜利要靠

① [美]斯图尔特·R.施拉姆著，田松年等译：《毛泽东的思想》，中国人民大学出版社2005年版，第71页。

② 陈独秀：《社会主义批评》，《广东群报》1921年1月19日；《蔡和森给毛泽东的信》，1920年8月13日，《新民学会资料》，人民出版社1980年版，第132页。

中国同志了解中国情况”等论断[①]。红军经过长征到达陕北后，痛定思痛，党内反对教条主义的愿望愈加强烈。1937年7月和8月，毛泽东在《实践论》和《矛盾论》中深刻阐述了理论与实践相统一的重要性，为最终形成“理论联系实际”的作风奠定了思想理论基础。正当毛泽东进行马克思主义的创造性工作的时候，1937年11月，自称“百分之百布尔什维克”的王明以共产国际执行委员会主席团委员的领导身份回国。王明回国之后，捧着莫斯科的尚方宝剑，处处以党的领导人自居，教条地照搬照抄共产国际决议和苏联经验。1937年12月，他在中共中央政治局会议上传达共产国际提出的“一切服从统一战线”“一切经过统一战线”的指示，反对共产党在统一战线中保持独立自主。1938年3月，党中央派任弼时去苏联向共产国际汇报工作。当时，主持共产国际工作的季米特洛夫了解到中国革命的实际情况以后，委派中共驻共产国际的代表王稼祥回国，指示中共中央要以毛泽东为首解决统一领导的问题。根据这一重要指示，中国共产党召开了（扩大的）六届六中全会。毛泽东在会上做了《论新阶段》的著名报告，第一次向全党提出了“马克思主义中国化”的命题。这次全会实际上也是“马克里主义中国化”思潮和教条主义思潮交锋的转折点。从此以后，马克思主义中国化思潮战胜了教条主义，一路高歌猛进，引导着中国革命的成功。1945年4—6月，中国共产党七大于抗战胜利前夕召开，“马克思主义中国化”成为全党的共识。刘少奇做关于修改党章的报告和七大通过的党章，肯定了“马克思主义中国化”和毛泽东思想的地位。刘少奇指出：“由于中国社会、历史的发展具有极大的特殊性，以及中国的科学还不发达等条件，要使马克思主义系统地中国化，要使马克思主义从欧洲形式变为中国形式”，“毛泽东思想，从他的宇宙观以至他的工作作风，乃是发展着与完善着的中国化的马克思主义”，“就是马克思列宁主义的理论与中国革命的实践之统一的思想，就是中国的共产主义，中国的马克思主义”[②]。

如何进行马克思主义中国化？1938年10月召开的中共（扩大的）六届六中全会上，毛泽东主要从三个方面对马克思主义中国化进行了阐述。一个前提：“普遍地深入地研究马克思列宁主义的理论”。因为马克思主义是

①《毛泽东选集》第1卷，人民出版社1991年版，第109—118页。
②《刘少奇选集》上卷，人民出版社1981年版，第333—335页。

放之四海而皆准的理论，所以“普遍地深入地研究马克思列宁主义的理论的任务，对于我们，是一个亟待解决并须着重地致力才能解决的大问题”。“如果我们党有一百个至二百个系统地而不是零碎地、实际地而不是空洞地学会了马克思列宁主义的同志，就会大大地提高我们党的战斗力量，并加速我们战胜日本帝国主义的工作。”①一个基本原则：“马克思主义必须和我国具体特点相结合。”毛泽东指出：“马克思列宁主义的伟大力量，就在于它是和各个国家具体的革命实践相联系的。对于中国共产党说来，就是要学会把马克思列宁主义的理论应用于中国的具体的环境。成为伟大中华民族的一部分而和这个民族血肉相连的共产党员，离开中国特点来谈马克思主义，只是抽象的空洞的马克思主义。因此，使马克思主义中国化，使之在其每一表现中带着必须有的中国的特性，即是说，按照中国的特点去应用它，成为全党亟待了解并亟须解决的问题。”②两个基本要求：一是学习我们的历史遗产，用马克思主义的方法给以批判的总结”。二是马克思主义必“须通过一定的民族形式才能实现”。毛泽东指出：马克思主义必须通过民族形式才能实现。没有抽象的马克思主义，只有具体的马克思主义。所谓具体的马克思主义，就是通过民族形式的马克思主义。“洋八股必须废止，空洞抽象的调头必须少唱，教条主义必须休息，而代之以新鲜活泼的、为中国老百姓所喜闻乐见的中国作风和中国气派。”③

“一个前提”“一个基本原则”“两个基本要求”在实践中的核心问题是要解决好“马克思主义大众化”。什么叫“马克思主义大众化”？顾名思义，马克思主义大众化首先要以老百姓喜闻乐见的形式表现出来，其次理论政策真正做到了以人为本，老百姓从心底感觉马克思主义可亲、可爱。如何做到这两点呢？

首先，要赋之以形。1943年毛泽东在《驳第三次“左”倾路线》中指出，马克思主义这种东西，是少了不行，多了也不行的。中国自从有那么一批专门贩卖马克思的先生们出现以来，把个共产党闹得乌烟瘴气，白区的共产党为之闹光，苏区与红军为之闹掉百分之九十以上，全都是吃了马

①《毛泽东选集》第2卷，人民出版社1991年版，第533页。
②《毛泽东选集》第2卷，人民出版社1991年版，第534页。
③《毛泽东选集》第2卷，人民出版社1991年版，第533—534页。

克思主义太多的亏。这批人自封为“马克思主义理论家”，家里有成堆的马克思主义出卖，装潢美丽，自卖自夸，只此一家，并无分店，如有假冒，概不承认……直到被人戳穿西洋镜，才发现其宝号里面尽是些假马克思，或死马克思，臭马克思，连半个真马克思，活马克思，香马克思也没有，可是受骗的人已不知有几千几万，其亦可谓惨也已矣！[①]何谓活的马克思主义，何谓香的马克思主义？大众化的马克思主义才是。大众化的马克思主义从形式上来说要符合老百姓的心理口味，不能太多也不能太少。勒庞在《乌合之众》一书中指出：给群体提供的无论是什么观念，只有当它们具有绝对的、毫不妥协的和简单明了的形式时，才能产生有效的影响[②]。比如党群关系，毛泽东把它比喻为鱼和水的关系；为人民服务，毛泽东把它比喻为共产党手里要拾把米，鸡才能跟你回家；等等。另外，一切宗教或政治信条的创立者所以能够立住脚，皆因为他们成功地激起了群众想入非非的感情，他们使群众在崇拜和服从中，找到了自己的幸福，随时准备为自己的偶像赴汤蹈火，这在任何时代概无例外[③]。比如“打土豪，分田地”就激发起了处在封建剥削下的农民的梦。“打土豪，分田地”的最大特点，就是把国家、民族和个人作为一个命运共同体，把国家利益、民族利益和每个人的具体利益紧紧联系在一起。

其次，要付之以行。要使老百姓从心底感觉马克思主义可亲、可爱，就必须使党的各项政策在以人为本上真正落地。1941年6月3日，陕甘宁边区政府在延安的杨家岭小礼堂召开边区各县县长联席会议，讨论征粮工作和农民负担问题。当天下午正在开会的时候，突然大风暴雨，一个炸雷，击断了礼堂的一根木柱，坐在附近的延川县代县长李彩云猝不及防，不幸触电身亡。同一天，一位农民饲养的一头驴也被雷电击死了。噩耗传开以后，人们议论纷纷。这位农民逢人就说：老天爷不开眼，响雷把县长劈死了，为什么不劈死毛泽东？保卫部门闻讯，要把这件事当作反革命事件来追查。毛泽东不仅阻止了保卫部门的行动，而且还找到为首的老乡到窑洞

① 高新民、张树军：《延安整风实录》，浙江人民出版社2000年版，第101页

② [法]古斯塔夫·勒庞著，冯克利译：《乌合之众　大众心理研究》，中央编译局出版社2000年版，第46页。

③ [法]古斯塔夫·勒庞著，冯克利译：《乌合之众　大众心理研究》，中央编译局出版社2000年版，第56页。

了解情况。一了解，才知道当时共产党的赋税太重，所以老乡们才怨声载道。毛泽东指出，群众发牢骚，有意见，说明政策和工作有毛病。不要一听到群众有议论，尤其是尖锐一点的议论，就去追查，就要立案，进行打击压制。这种做法实际上是软弱的表现，是神经衰弱的表现。共产党人无论如何不要造成同群众对立的局面。这之后，共产党采取了精兵简政，大生产运动，大大减轻了老百姓的负担。老百姓从现实中得到了甜头，所以才自发地改编陕北民歌，“一疙瘩玻璃四下明，咱和共产党一娘生，共产党来了烧开水，反动派来了埋地雷”，来表达打心里拥护共产党。今天，我们在“不断开辟马克思主义中国化新境界，让当代中国马克思主义放射出更加灿烂的真理光芒”[①]过程中，一定要“坚持以百姓心为心，努力解民忧、办实事”[②]，这样才能赢得老百姓的支持和拥护，马克思主义大众化才能真正实现。

二、决定因素:得民心者得天下

中国共产党从诞生之日起就明确规定党的任务是为全中国人民的利益而奋斗。为人民群众服务，首先就得弄清楚群众是谁。毛泽东1925年12月1日在《中国社会各阶级的分析》一文中开篇之句就是：谁是我们的敌人？谁是我们的朋友？这个问题是革命的首要问题。半殖民地半封建的中国社会是一个两头小中间大的社会。无产阶级只占人口少数。最广大的人民是农民、小资产阶级和民族资产阶级。地主阶级、官僚资产阶级与帝国主义势力相勾结，反革命力量非常强大。无产阶级如果不争取和联合占人口多数的中间阶级，不巩固工农联盟，不建立和发展包括各民族、各阶级和各阶层人民在内的最广泛的革命统一战线，中国革命就不能胜利。正如1948年1月15日毛泽东在西北野战军前委扩大会议上所讲：这次战争如果“没有全民族绝大多数人口参加的民族统一战线，全国胜利是不可能的”[③]。“海纳百川，有容乃大”。一个强大的革命战线，必须依靠和团结各方面的

① 习近平:《在纪念毛泽东同志诞辰120周年座谈会上的讲话》,转引自人民网2013年12月26日。
② 习近平:《在纪念陈云同志诞辰110周年座谈会上的讲话》,转引自新华网2015年6月12日。
③《毛泽东文集》第5卷,人民出版社1996年版,第21页。

力量为己所用，才能最大限度地壮大自己，孤立敌人，赢得胜利。中国革命统一战线包括两个联盟：一个是工人阶级同农民和其他劳动人民的联盟，另一个是工人阶级同民族资产阶级和其他非劳动人民的联盟。因此，如何处理同农民、民族资产阶级的关系问题，便成为中国革命统一战线的两个基本问题。

中国是一个农民占了人口的绝大多数的国度。谁能得到农民的支持，谁就有力量，谁就能胜利，正如毛泽东在七大的口头政治报告中所讲："人民大众最主要的部分是农民"，"中国民主革命的主要力量是农民"，忘记了农民，"就是读一百万册马克思主义的书也是没有用处的，因为你没有力量"[①]。而争取农民的关键是必须进行彻底的土地革命，满足农民的土地要求。只有这样，才能调动广大农民的积极性，才使他们为保卫胜利果实而积极参加革命战争。毛泽东多次强调，"解决土地问题，是一个最根本的问题，是一切工作的基本环节，全党必须认识这一点。"[②]为此，中国共产党进行了不懈的努力。从1928年颁布的第一个土地法——《井冈山土地法》，到1929年颁布的《兴国土地法》，再到1931年的《二七土地法》，第一次提出"打土豪，分田地"这个通俗易懂的口号，从而解决了土地所有权问题。抗日战争时期，在民族矛盾高于阶级矛盾的背景下，中国共产党又提出了著名的"减租减息"土地政策。内战爆发后，从1946年开始，在中共中央的领导下，由各地分局具体负责，在新老解放区陆续开始了土地改革。1947年10月中央颁布《中国土地法大纲》，把土地改革运动推向了高潮。到了1949年上半年，在东北、华北、西北以及华东的山东、苏北等老解放区及其包围的小块新区中，土地已经基本平均分配，近1亿农民获得了土地，封建的土地制度不复存在。在解决土地问题的同时，党还在解放区和根据地广泛建立民主政权，使得农民在经济上获得巨大利益的同时，在政治上也翻了身。由于中国共产党真正解决了广大农民最为关心的土地问题，坚定地为农民谋利益，因此，就赢得了占中国人口80%农民的坚定支持，同他们建立了巩固的联盟。

在建立统一战线过程中，如何处理好同民族资产阶级的关系是一个重

①《毛泽东文集》第3卷，人民出版社1996年版，第305页。
②《毛泽东年谱（1893—1949）》下卷，中央文献出版社2002年版，第78页。

要问题。基于“民族资产阶级是带两重性的阶级”的科学判断，毛泽东主张，无产阶级在一定时期内，应该同民族资产阶级建立统一战线。1939年12月，毛泽东在《中国革命和中国共产党》中提出“民族资产阶级则是党在一定时期中和一定程度上的同盟军”[①]。但同时无产阶级也必须保持革命的警惕性。“民族资产阶级的这种两重性，决定了他们在一定时期中和一定程度上能够参加反帝国主义和反官僚军阀政府的革命，他们可以成为革命的一种力量。而在另一时期，就有跟在买办大资产阶级后面，作为反革命的助手的危险。”[②]1948年3月，毛泽东在为中央起草的《关于民族资产阶级和开明绅士问题》党内指示中，首次用明确的语言告诉全党民族资产阶级“是人民大众的一部分”，并指出民族资产阶级“他们中间的左翼分子依附于共产党，右翼分子则依附于国民党，其中间派则在国共两党之间采取犹豫和观望的态度”，所以要“争取其大多数，孤立其少数”[③]。怎样争取民族资产阶级呢？中央提出了两个重要条件：（一）是共产党有充足的力量，同反动势力做斗争并能取得胜利；（二）是要尊重他们的利益。中国共产党为了团结民族资产阶级，政治上在国民党对他们关门之时，号召团结他们一起“打江山，坐江山”。1948年4月30日，中共中央发布“五一”口号，“各民主党派、各人民团体及社会贤达，迅速召开政治协商会议，讨论并实现召集人民代表大会，成立民主联合政府。”[④]经济上采取保护和鼓励民族资本主义发展的政策，强调“需要资本主义的广大发展”[⑤]。在中国共产党的正确方针政策的感召下，民族资产阶级逐步站到共产党一边，5月5日，各民主党派通电拥护召开政协。马叙伦看了中共“五一”口号后，异常兴奋，撰文指出：“被压迫到香港的我们，幸运地先听了，我们感觉到无限的兴奋，这是真正的人民革命的领导者——中国共产党，给一个鼓励和安慰的启示。‘五一’口号预示着太阳就要出来了。”[⑥]1949年3月，毛泽东在中共七届二中全会上指出，新中国政府的组成是各党派、社会知名人士参加的

①《毛泽东选集》第2卷，人民出版社1991年版，第645页。
②《毛泽东选集》第2卷，人民出版社1991年版，第640页。
③《毛泽东选集》第4卷，人民出版社1991年版，第1288—1289页。
④《中华人民共和国开国文选》，中央文献出版社1999年版，第4页。
⑤《毛泽东文集》第3卷，人民出版社1996年版，第275页。
⑥ 庞松：《新中国诞生实录》，浙江人民出版社2001年版，第85页。

民主联合政府。对于民主党派，我们准备继续团结他们，照顾他们，给他们在政府部门的岗位留一定的位置。但国家政权的领导权是在共产党手里，这是确定不移的，丝毫不能动摇的。全会要求全党把与民主党派的合作，作为长期政策，在思想上和工作上确定下来。在新中国成立初的中央人民政府六名副主席中，有宋庆龄、李济深（民革主席）、张澜（民盟主席）三位非中共爱国人士和民主党派领导人，占50%。在中央人民政府委员会56名委员中，有民主党派、无党派人士28人，占委员总数50%。在人民革命军事委员会28人中，有民主党派人士5人，无党派民主人士2人，占总数的25%。在政务院4名副总理中，有民主党派、无党派民主人士各1人，他们是郭沫若、黄炎培，占50%。在15名政务委员中，有民主党派、无党派民主人士9人，占60%。政务院34个部委中，有14名民主党派、无党派民主人士担任正职，42人担任副职。另外，民盟主要领导人沈钧儒担任最高人民法院院长。

中国共产党还根据统一战线中各种社会力量的不同特性，以及他们在革命发展过程中的不同状况，规定和实行发展进步势力、争取中间势力、孤立顽固势力的政策，最大限度地孤立和打击最主要的敌人，最广泛地团结一切可能团结的同盟者。抗战胜利后，国民党统治集团推行独裁统治和内战政策，把广大人民群众推到了饥饿和死亡的边缘。而同时，中国共产党在国统区却逐渐得到了广大群众的衷心拥护。在中国共产党的组织领导下，广大工人、青年学生、知识分子、小商人、手工业者、自由职业者等各阶层民众，积极起来抗争，形成了反对国民党统治的第二条战线，有力地配合了人民解放军的作战。毛泽东在1947年5月30日为新华社写的评论中指出："中国境内已有了两条战线。蒋介石进犯军和人民解放军的战争，这是第一条战线。现在又出现了第二条战线，这就是伟大的正义的学生运动和蒋介石反动政府之间的尖锐斗争。""全国人民除此之外，再无出路。被蒋介石政府各项反动政策所压迫、处于团结自救地位的中国各阶层人民，包括了工人、农民、城市小资产阶级、民族资产阶级、开明绅士、其他爱国分子、少数民族和海外华侨在内。这是一个极其广泛的全民族的统一战线。"[1]

①《毛泽东选集》第4卷，人民出版社1991年版，第1224—1225页。

正是由于中国共产党成功地运用各种统战政策，最终形成了包括工人、农民、城市小资产阶级、民族资产阶级、开明绅士、其他爱国分子、少数民族和海外华侨等广大阶级和阶层民众在内的极其广泛的全民族的统一战线。这个时期的人民民主统一战线比以往任何时期都更加巩固、更加广泛，从而也就汇聚了最为广大的民心和民力。中国共产党不仅在解放区得到广大人民群众的完全信赖，而且在国统区也得到广大群众的衷心拥护，为中国革命的胜利提供了取之不尽、用之不竭的力量源泉。正如毛泽东所说的，“真正的铜墙铁壁是什么？是群众，是千百万真心实意地拥护革命的群众。这是真正的铜墙铁壁，什么力量也打不破的，完全打不破的。”①

古语云：“得民心者得天下，失民心者失天下。”“人民立场是中国共产党的根本政治立场，是马克思主义政党区别于其他政党的显著标志。党与人民风雨同舟、生死与共，始终保持血肉联系，是党战胜一切困难和风险的根本保证，正所谓‘得众则得国，失众则失国’。”②从前边的介绍可以看出，中国共产党之所以能成功地进行局部执政，最终夺取全国政权，关键是中国共产党顺应了民意，得到了民心；国民党违背了民意，丢掉了民心。对于农民阶级，国民党秉承孙中山的“民生主义”，虽然也强调在绥靖区特别要注意土地的处理和分配，要比“共产党”处理土地的情形，还要表现更好的成绩出来，使一般民众皆能了解我们的土地政策是真正为民众解除痛苦，使农民得到利益。但现实中却是另一番景象，在四川省，梓桐的田赋在1926年预征到1957年，温郫9县的田赋在1931年预征到1961年。至于驻川各军，田颂尧的二十九军在1935年竟已预征田赋到1978年，邓锡侯的二十八军在1935年已预征田赋到1991年。更匪夷所思的是，湖南省慈利县1931年的田赋已预征到公元2117年。对于民族资产阶级，国民党采取关门主义，保持一党专政，在抗战胜利后，相继杀害了李公朴、闻一多和杜斌丞等。对于其他阶级和阶层，国民党通过不断的币制改革，搜刮民脂民膏。正因如此，1947年5月17日，南京学生发表宣言疾呼：在印钞机无休止的周转下，已迫使我们学生及绝大多数的人民，从人的生活水准，降

①《毛泽东选集》第1卷，人民出版社1991年版，第139页。

② 习近平：《在庆祝中国共产党成立95周年大会上的讲话》，转引自人民网2016年7月2日。

低到畜牲的生活水准。而现在，这个畜牲的生活水准也无法维持了。我们面临着的是严重的饥饿、失学危机，是使难民的行列增加新的伙伴，是使饿死的骷髅中增加新的骨骼！1949年4月3日傅作义在起义通电中，对这个问题说得很明白，他说："我们在实行所谓戡乱的时候，每天说的虽是为人民，而事实上一切问题，却是处处摧残和压迫人民。我们的部队，在乡村是给大地主看家，在城市是替特权、豪门、贪官污吏保镖。我们不仅保护了这些乡村和城市的恶势力，而且还不断地在制造和助长这些恶势力。种种错误的恶因，反映在政治上，就是腐烂；反映在经济上，就是崩溃；反映在文化教育上，就是控制和镇压青年学生的反抗；反映在社会上，就是劳苦大众的生活，一天一天的贫困，上层剥削阶级奢侈淫靡的享受，一天一天的增高；反映在外交上，就是依附美国；反映在军事上，就是由优势变成劣势。所有这些都是因为违反了人民的利益，所以得不到人民的支持，最后为人民所抛弃。中国共产党为什么成功呢？这是因为共产党以工农大众和全国人民的利益为基础，在乡村彻底解决了土地问题，得到广大农民的拥护；对城市工商业，实行公私兼顾，劳资两利，铲除官僚资本，保护民族工商业的发展。共产党的民主联合政府的主张，已经得到全国各民主党派和人民的拥护。"①从这段话可以看出，是不是顺应民意，得到民心，这是两党胜利和失败的根本所在。

三、关键因素：战略上藐视敌人，战术上重视敌人

中国共产党领导的新民主主义革命的特点和优点，是以武装的革命反对武装的反革命。这是因为，在半殖民地半封建的中国，没有民主制度，反动统治势力总是凭借强大的武力对人民实行独裁恐怖统治。这种条件，决定了中国革命只能以长期的武装斗争为主要形式。毛泽东后来在回忆当时的情况时指出，"我是一个知识分子，当一个教员，也没学过军事，怎么知道打仗呢？就是由于国民党搞白色恐怖，把工会、农会都打掉了，把五万共产党员杀了一大批，抓了一大批，我们才拿起枪来，上山打游击。"②

① 启跃：《国民党怎样丢掉了中国大陆?》，新疆人民出版社1997年版，第9页。
② 《毛泽传（1893—1949）》，中央文献出版社2004年版，第164页。

“我们懂得，在中国，离开了武装斗争，就没有无产阶级的地位，就没有人民的地位，就没有共产党的地位，就没有革命的胜利。”[①]

中国共产党领导的人民军队实行了一系列人民战争的战略战术。在敌强我弱的形势下，确立了“一切反动派都是纸老虎”的战略思想，实行“在战略上我们要藐视一切敌人，在战术上我们要重视一切敌人”的战略方针。人民军队在作战时战略上是“以一当十”，而在战术上却是“以十当一”，集中优势兵力，各个歼灭敌人等。这些都是中国共产党领导人民军队克敌制胜的根本法则。1964年5月25日，毛泽东在总结战争经验时强调：打仗没有什么巧妙，简单说就是两句话，打得赢就打，打不赢就走。打得赢就是集中优势兵力消灭敌人，集中五个指头割他一个指头，割掉一个，他就少一个。所谓割掉指头，就是把敌人搞过来，除打死打伤之外，把官兵、枪支、弹药都夺取过来，这就叫打得赢就打。那么打不赢呢？就走，走得远一点，使敌人不知你到哪里去了[②]。

全面内战爆发时，国民党军的总兵力为430万。其中包括：正规军陆军86个军（师）、248个师（旅）约200万人，特种兵36万人，空军16万人，海军3万人，后方联合勤务总司令部所属部队以及其他军事机关和院校共约101万人。以上正规军总共约356万人。非正规军74万人。此时，中国共产党的军队没有海军、空军，只有陆军，其总兵力约127万人。其中野战军约61万人，辖有纵队及相当于纵队的师共22个，旅及相当于旅的师共94个。地方部队及后方机关约66万人[③]。对比国共两党总兵力，不难看出，国民党军队在数量上具有绝对优势。另外，国民党军装备及军事训练方面也大大超过中国共产党的军队。当时，中国共产党的军队曾一度被国民党当局讥讽为“毫无军事训练之老百姓”[④]。蒋介石发动内战之初，自恃军力雄厚，对赢得战争充满着必胜信心。蒋介石曾坦言：“比较敌我的实力，无论就哪一方面而言，我们都占有绝对的优势，军队的装备、作战的技术和经验，匪军不如我们，尤其是空军、战车以及后方交通运输工具，如火车、轮船、汽车等，更完全是我们国军所独有。一切军需补给，如粮秣弹药等，

①《毛泽东选集》第2卷，人民出版社1991年版，第610页。
②《毛泽东军事文集》第6卷，军事科学出版社、中央文献出版社1993年版，第397页。
③《中国人民解放军全国解放战争史》第2卷，军事科学出版社1996年版，第1—5页。
④《大公报》，1946年8月24日。

我们比匪军丰富十倍。重要的交通据点、大城市和工矿的资源，也完全控制在我们的手中。”“一切之条件，皆操之在我，我欲如何，即可如何。”[①]

然而，军事上的优势并不等于战场上的胜利。国民党作战原则的一系列失误，使其没有将最初的军事优势转化为胜势。至于如何打法，国民党内部并未形成对战争指导的全盘战略部署与战术规划，战争的进行基本上取决于蒋介石的个人判断。内战之初，蒋介石的战略考虑是：占点延线、战略上取攻势，战术上取守势、速战速决。然而，他的这些战略一方面没能在野战中消灭或削弱共产党的有生力量，另一方面又使自己背上了守备的沉重包袱，分散了自己的力量，导致占地越多，被牵制的兵力就越多，机动兵力越少，无力作运动战。国民党编写的战史事后也做了这样的检讨：以扩大地域为目的，故平均使用兵力，同时向多方面发展。因此，既无歼灭匪军之意图，亦无捕歼匪军之方案与部署[②]。至1947年3月，蒋介石决定实行所谓重点进攻，主攻方向集中于陕北和山东。国民党的战略指导杂乱无章，指挥紊乱，加上国民党内部钩心斗角，国民党军士士气低落，无心恋战等诸多毛病，使大批国民党军政人员掉转枪口。据统计，3年解放战争中，国民党军队起义、接受和平改编和投诚的官兵总数达177万人，其中将领1400余名，军队有陆军153个整编师，海军大小舰艇74艘，空军飞机26架[③]。至1947年12月，国民党的大规模军事攻势已经成了强弩之末，毛泽东讲：“中国人民的革命战争，已经达到了一个转折点”，“这是蒋介石的二十年反革命统治由发展到消灭的转折点”[④]。

解放战争时期，以毛泽东为核心的中国共产党人在实践中逐步形成了一套克敌制胜的战略战术。包括不计较一城一地之得失、集中优势兵力，各个歼灭敌人、运动战、坚持主动性和灵活性等。到1947年12月，毛泽东将以上一系列作战原则总结为著名的“十大军事原则”，其内容是：“（1）先打分散和孤立之敌，后打集中和强大之敌。（2）先取小城市、中等城市和广大乡村，后取大城市。（3）以歼灭敌人有生力量为主要目标，不以保守或夺取城市和地方为主要目标。保守或夺取城市和地方，是歼灭敌人有

①《先总统蒋公思想言论总集》第22卷，中国国民党中央委员会党史委员会1984年版，第135页。
②《国民革命军战役史第五部——戡乱》第2册（下），国防部史政编译局1989年版，第64页。
③ 武更斌：《败因：蒋介石为什么败退台湾》，白山出版社2006年版，前言第6页。
④《毛泽东选集》第4卷，人民出版社1991年版，第1243—1244页。

生力量的结果，往往需要反复多次才能最后地保守或夺取之。（4）每战集中绝对优势兵力（两倍、三倍、四倍，有时甚至是五倍或六倍于敌之兵力），四面包围敌人，力求全歼，不使漏网。在特殊情况下，则采用给敌以歼灭性打击的方法，即集中全力打敌正面及其一翼或两翼，求达歼灭其一部、击溃其另一部的目的，以便我军能够迅速转移兵力歼击他部敌军。力求避免打那种得不偿失的、或得失相当的消耗战。这样，在全体上，我们是劣势（就数量来说），但在每一个局部上，在每一个具体战役上，我们是绝对的优势，这就保证了战役的胜利。随着时间的推移，我们就将在全体上转变为优势，直到歼灭一切敌人。（5）不打无准备之仗，不打无把握之仗，每战都应力求有准备，力求在敌我条件对比下有胜利的把握。（6）发扬勇敢战斗、不怕牺牲、不怕疲劳和连续作战（即在短期内不休息地接连打几仗）的作风。（7）力求在运动中歼灭敌人。同时，注重阵地攻击战术，夺取敌人的据点和城市。（8）在攻城问题上，一切敌人守备薄弱的据点和城市，坚决夺取之。一切敌人有中等程度的守备、而环境又许可加以夺取的据点和城市，相机夺取之。一切敌人守备强固的据点和城市，则等候条件成熟时然后夺取之。（9）以俘获敌人的全部武器和大部人员，补充自己。我军人力物力的来源，主要在前线。（10）善于利用两个战役之间的间隙，休息和整训部队。休整的时间，一般地不要过长，尽可能不使敌人获得喘息的时间。”[①]

毛泽东集中全党全军智慧提出的十大军事原则，是在革命实践中总结出来的，是中共掌握唯物主义军事辩证法的反映，它符合革命战争的规律，是马克思主义军事理论的精粹。各路野战军正是遵循这些原则，因而取得了一个又一个胜利。正如毛泽东总结的，“武器是战争的重要的因素，但不是决定的因素，决定的因素是人不是物。力量对比不但是军力和经济力的对比，而且是人力和人心的对比。军力和经济力是要人去掌握的”[②]。

---

①《毛泽东选集》第4卷，人民出版社1991年版，第1247—1248页。

②《毛泽东选集》第2卷，人民出版社1991年版，第469页。

四、核心因素：坚强团结的战斗堡垒

毛泽东在总结世界人民和中国人民革命斗争的历史经验时指出："既要革命，就要有一个革命党"①，"如果没有共产党这样的革命党，人民要想推翻敌人的压迫，简直是不可能的"②。以毛泽东为首的中国共产党人历来重视党的建设，无论是在大革命时期、土地革命战争时期，还是在抗日战争时期，都把党的自身建设当作第一要务来抓，提出了富有创造性的马克思主义建党学说。即要着重从思想上加强党的建设，不但要求党员从组织上入党，而且要求从思想上入党，经常注意用无产阶级思想去改造和克服各种非无产阶级思想。正因如此，中国共产党形成了自己独特的革命风格，这就是理论和实际相结合的作风、和人民群众紧密地联系在一起的作风，以及批评和自我批评的作风。理论和实际相结合的作风为新民主主义革命提供了理论的支撑；和人民群众紧密地联系在一起的作风使中国共产党赢得了民心和民力；批评和自我批评的作风是解决党内矛盾、保持党的生机与活力的有效方法。这三大作风也是中国共产党区别于其他党派的显著标志。以三大优良作风为指引，我们党在革命实践中还形成了诸如廉洁奉公、艰苦朴素、敢于牺牲、勇于担当、谦虚谨慎、独立自主、调查研究、努力学习、团结统一等许多优良传统，正是依靠这些优良传统，中国共产党才能领导全国人民打败了腐朽的国民党，夺取了全国政权。就连蒋介石在1947年11月军事会议的讲话中也不得不承认共产党的长处，归结起来有四端：就是一宣传，二组织，三主动，四保密。这四个长处都属于精神方面的，绝不是单凭武器和物质所能做到的③。

1947年9月28日，周恩来在为中共中央直属单位干部战士做关于时局的报告时谈道，中国共产党之所以能够不断取得胜利的原因有三条："第一，人民拥护我们作战，相信我们是为他们做事的。""第二，我们的军队，是为人民的，是人民的子弟兵。""第三，党中央和毛泽东同志领导得

①《毛泽东选集》第4卷，人民出版社1991年版，第1357页。
②《毛泽东选集》第3卷，人民出版社1991年版，第811页。
③ 朱汉国：《1949：历史选择了共产党》，山西人民出版社2009年版，第98页。

好。”[①]周恩来谈的第三条原因，实际上指我们党形成了以毛泽东为核心的坚强的中央领导集体。习近平总书记在纪念毛泽东诞辰120周年座谈会上高度评价毛泽东在为中国人民不懈奋斗的光辉一生中，毛泽东同志表现出一个伟大革命领袖高瞻远瞩的政治远见、坚定不移的革命信念、勇于开拓的非凡魄力、炉火纯青的斗争艺术、杰出高超的领导才能[②]。

什么叫领导？所谓领导，就是先领后导，少领多导。对于领导，要“看得到，抓得起”。毛泽东在七大的报告中指出：坐在指挥台上，如果什么也看不见，就不能叫领导。坐在指挥台上，只能看见地平线上已经出现的大量的普遍的东西，那是平平常常的，也不能算领导。只有当还没有出现大量的明显的东西的时候，当桅杆顶刚刚露出的时候，就能看出这是要发展成为大量的普遍的东西，并能够掌握它，这才叫领导[③]。1964年10月，毛泽东在一次讲话中指出：凡办事，要看得到，抓得起。首先要看得到。如果那件事连看都没有看到，当然谈不到抓的问题。……至于抓得起，是指抓全局，更需要有一种大的能力，普通叫作有魄力[④]。

一个卓越的领导必须具备高超的智商、情商和胆商。在实际工作中情商和胆商最为重要。1938年4月底，毛泽东在延安对即将毕业的“抗大”第三期二大队学员讲话时说：唐僧这个人，一心一意去西天取经，遭受九九八十一难，百折不回，他的方向是坚定不移的。但他也有缺点：麻痹，警惕性不高，敌人换个花样就不认识了。猪八戒有许多缺点，但有一个优点，就是能吃苦。臭柿胡同就是他拱开的。孙猴子很灵活、很机动，但他最大的缺点是方向不坚定，三心二意……毛泽东还特地提到了那匹白龙马，说：别小看了那匹小白龙马，它不图名，不为利，埋头苦干，把唐僧一直驮到西天，把经取了回来，这是一种朴素、踏实的作风，是值得我们效法的。在革命年代，以毛泽东为核心的中共领导人，把领导人所具备的情商和胆商发挥得淋漓尽致。情商具体表现为始终把群众路线作为党的传家宝，即使在中国革命取得胜利的前夕，中共中央还及时告诫全党同志警

---

①《周恩来选集》上卷，人民出版社1980年版，第276—277页。

② 习近平：《在纪念毛泽东同志诞辰120周年座谈会上的讲话》，转引自人民网2013年12月26日。

③《毛泽东文集》第3卷，人民出版社1996年版，第394—395页。

④ 陈晋：《“看得到，抓得起”——毛泽东在1959年2、3月间做的一件事》，《党的文献》2005年第5期。

惕资产阶级“糖衣炮弹”的袭击，指出：“敌人的武力是不能征服我们的，这点已经得到证明了。资产阶级的捧场则可能征服我们队伍中的意志薄弱者。可能有这样一些共产党人，他们是不曾被拿枪的敌人征服过的，他们在这些敌人面前不愧英雄的称号；但是经不起人们用糖衣裹着的炮弹的攻击，他们在糖弹面前要打败仗。我们必须预防这种情况。”①

为此，党中央以“赶考”的心态要求全党继续务必保持谦虚、谨慎、不骄、不躁的作风和艰苦奋斗的作风。为了防止和克服可能出现的问题，党的七届二中全会上做出了六项规定：一，不做寿；二，不送礼；三，少敬酒；四，少拍掌；五，不以名人作地名；六，不要把中国同志与马恩列斯平列。这就保证了在新的历史条件下继续密切党同人民群众的血肉联系。

情商还表现为择人用人上。中央通过强大的思想政治教育工作调动了各级干部群众的积极性和主动性，他们认为革命的事业就是自己的事业，自己不干谁去干？波兰著名战地记者伊斯雷尔·爱泼斯坦革命年代分别采访了蒋介石和毛泽东，他在《突破封锁访延安》一书中对他们二人领导个性进行了入木三分的描述。“蒋介石刻板、拘谨、神经质，语言单调，似乎经常处于紧张之中。蒋经常没有必要地过问过多的烦琐事物，事后批评他的指挥官做的大小每一件事。……毛则相反，他极擅长于委任他人负责某件事，以便他有充分的时间去考虑分析一个更大的远景。他也擅长于树立榜样，总结经验。”②不同的领导情商导致了不同的用人风格。蒋介石独揽大权，不敢放权。2013年3月25日，中国社科院著名学者杨天石先生在接收凤凰网采访时指出：蒋介石除了国民党的总裁等头衔之外，他一生兼职82个，大概很少有人超过他。当年抗战时候，重庆搞卫生运动，垃圾要堆放在特定的地方。这种事情本来是重庆市市长要干的事情，不行，蒋介石要抓。蒋介石规定，女孩子的长头发不能够超过几寸几分。国民党中央一个宣传部长姓叶，叫叶楚伧，吃饭的时候大概狼吞虎咽，吃得比较快，蒋介石在日记里写什么呢？“叶部长的吃相太难看，我要提醒。”独揽大权、不敢放权的结果则是国民党上下事不关己，高高挂起，互相推诿拆台。毛

①《毛泽东选集》第4卷，人民出版社1991年版，第1438页。

②［波兰］伊斯雷尔·爱泼斯坦著，张扬等译：《突破封锁访延安》，人民日报出版社1995年版，第27—28页。

泽东则敢于放权，委以重任。这样的结果就是从上到下团结一致，拧成一股绳，故而能产生闻名世界的元帅和将军。

胆商具体表现为择人任势上。在革命事业的关键点，中央领导集体能够审时度势，敢于抉择。1947年6月30日，为了挫败国民党对山东、陕北两个解放区的重点进攻，中央决定刘邓大军千里跃进挺进大别山，使我方化被动为主动。杰克·贝尔登在《中国震撼世界》一书中指出：虽阅历过多次战争，但却从未见过比共产党这次和以后抢渡黄河更为高明出色的军事行动。说它高明出色，倒不在这次行动本身，尽管没有行动一切都是空的，而主要在于这一军事行动的构想——它的胆识、气魄，特别是它的创造性的想象力。中国共产党的领导人在这一事上“堪称大师：他们善于抛弃不重要的方面，而紧紧抓住主要环节”。1947年12月，国民党的大规模军事攻势已经成了强弩之末，毛泽东讲：“中国人民的革命战争，已经达到了一个转折点”，“这是蒋介石的二十年反革命统治由发展到消灭的转折点”。[①]1948年底，中央军委抓住时机，因势利导，相继组织指挥了辽沈战役、淮海战役和平津战役。三大战役从1948年9月12日开始到1949年1月31日结束，历时142天，共歼灭国民党正规军144个师，非正规军29个师，合计154万余人。至此，国民党赖以维持其反动统治的主要军事力量基本上被摧毁。三大战役的胜利，奠定了全国胜利的基础。

领导出结果，好的领导更是出好的结果。全党在以毛泽东为核心的中央领导集体的坚强领导下，思想一致、行动一致，不仅保证了全国解放战争的胜利，而且为党成为全国范围的执政党奠定了重要的政治、思想和组织基础。

基于以上这些原因和经验，中国共产党领导全国人民打败了腐朽的国民党，夺取了全国政权，这是世界战争史上的奇迹。中国共产党经过60多年的不懈努力和艰苦奋斗，中国特色社会主义事业取得了举世瞩目的巨大成就，但是，随着改革开放的推进，横亘在共产党人面前的风险和挑战也前所未有。当下，认真总结并汲取中国共产党在领导人民夺取全国政权中积累的成功经验，对提高党员干部的理论力、政治力、信心力及领导力等方面大有裨益。

---

①《毛泽东选集》第4卷，人民出版社1991年版，第1243—1244页。

面对风险和挑战，共产党人要发扬“雄关漫道真如铁，而今迈步从头越”的精神，进一步发扬光大自身的优良传统，把这些传家宝一代代传下去。习近平总书记在七一讲话中号召：全党同志一定要不忘初心、继续前进，永远保持谦虚、谨慎、不骄、不躁的作风，永远保持艰苦奋斗的作风，勇于变革、勇于创新，永不僵化、永不停滞，继续在这场历史性考试中经受考验，努力向历史、向人民交出新的更加优异的答卷！

第三章 一唱雄鸡天下白
——新中国是如何构建的

1947年7月，人民解放战争由战略防御转入战略进攻，这成为中国革命的一个根本转折点。此时中国阶级力量的对比已经起了根本的变化，共产党优势地位已逐渐形成，正面临着从局部执政到全国执政的转变。在此情况下，中国共产党如何实现转变以实现建立新中国的任务？需要她进行更加全面、深入的思考和设计。

一、人民共和国方案的形成

中国共产党自诞生之始，就开始重建国家的探索。在“新民主主义共和国”口号提出之前，面对形式、任务的变化，中国共产党在不同的时期先后提出过“真正民主共和国”“苏维埃工农共和国”“苏维埃人民共和国”“民主共和国”等建国目标。每一个口号目标都是对前一次口号目标的扬弃和发展。

中国共产党成立后，针对当时的中国国情，“因为民主政治未能成功，名为共和国家，实际上仍旧由军阀掌握政权，这种半独立的封建国家，执政的军阀每每与国际帝国主义相互勾结。”[①]为此，党的二大指出：“中国全部统一的实现，是在中国能脱离世界帝国主义的侵略和推翻封建制度的军阀，建设真正民主主义国家的时候。”“统一中国本部（包括东三省）为真正民主共和国。”[②]“真正民主共和国”是中国共产党建国思想的历史起

①《中共中央文件选集（1921—1925）》，中共中央党校出版社1989年版，第35页。
②《中共中央文件选集（1921—1925）》，中共中央党校出版社1989年版，第62页。

点。在其指导下，国共实现了第一次合作，进行了轰轰烈烈的北伐战争。但由于中国共产党没有真正领会区别新旧民主内涵，不能准确判断分析中国各阶级在国家中的地位，所以这一口号在国民党右派分裂下很快遭到流产。第一次国共合作破裂后，中国共产党随即移植苏联模式，提出了“苏维埃工农共和国”口号。1928年9月20日，中国共产党在发表对时局的宣言中，提出“建立工农兵及一切劳苦群众苏维埃中国共和国”[①]的主张，1930年8月14日，中国共产党又进一步发表对时局的宣言，进一步提出了“中国工农苏维埃共和国”的概念。苏维埃共和国是中国共产党建国思想的第一次独立实践，拉开了“创造中国新社会的序幕”[②]。但由于苏维埃共和国是中国共产党在第一次大革命失败后，在来不及对中国国情和中国革命做深入分析的背景下，不顾中国国情单纯移植，它的最终失败也就在所难免。“苏维埃人民共和国”作为中国共产党在民族革命背景下的第一个国家主张，首见于1935年12月的瓦窑堡会议：“苏维埃工农共和国及中央政府宣告，把自己改变为苏维埃人民共和国，把自己的政策，即苏维埃工农共和国的政策的许多部分，改变到更加适合反对日本帝国主义变中国为殖民地的情况。”[③]“工农共和国”和“人民共和国”有什么区别呢？12月27日，毛泽东在《论反对日本帝国主义的策略》的报告中回答由“工农共和国”改为“人民共和国”的原因时指出：“我们的政府不但是代表工农的，而且是代表民族的。这个意义，是在工农民主共和国的口号里原来就包括了的，因为工人、农民占了全民族人口的百分之八十至九十。”“但是现在的情况，使得我们要把这个口号改变一下，改变为人民共和国。这是因为日本侵略的情况变动了中国的阶级关系，不但小资产阶级，而且民族资产阶级，有了参加抗日斗争的可能性。”“人民共和国的政府以工农为主体，同时容纳其他反帝国主义反封建势力的阶级。”[④]苏维埃人民共和国是中共在民族危机严重的特定时刻考虑国家前途与命运的思想活动反映，是中共抗日民族统一战线的政治策略在国家问题上的集中体现，它扩大了国家政权的阶级基础和社会基础。但是，“苏维埃人民共和国”这种称谓没有从根

①《中共中央文件选集(1928)》，中共中央党校出版社1983年版，第407页。
②《六大以来——党内秘密文件》上册，人民出版社1981年版，第155页。
③《中共中央文件选集(1934—1935)》，中共中央党校出版社1991年版，第610页。
④《毛泽东选集》第1卷，人民出版社1991年版，第158—159页。

本上放弃苏维埃的主张，不能真正适应民族矛盾至上背景下统一战线策略转变的要求，所以很快就被搁置。随着民族危机的加剧，中国共产党日益认识到与国民党联手抗战建国的必要性，为此，中国共产党对蒋介石等大地主大资产阶级的政策口号不断发生变化，由“反蒋抗日”向“逼蒋抗日”“联蒋抗日”再到“拥蒋抗日”的转变。中国共产党也顺应形势放弃苏维埃制度。1936年8月25日，在《中国共产党致中国国民党书》中，党将“人民共和国”改为“民主共和国”，表示“我们赞助建立全中国统一的民主共和国”，“在全中国统一的民主共和国建立之时，苏维埃区域即可成为全中国统一的民主共和国的一个组成部分”[①]。9月17日，中共中央政治局通过《关于抗日救亡运动的新形势与民主共和国的决议》，其中在对“民主共和国”的口号作具体说明时指出：“中央认为在目前形势之下，有提出建立民主共和国口号的必要，因为这是团结一切抗日力量来保障中国领土完整和预防中国人民遭受亡国灭种的惨祸的最好方法，而且这也是从广大人民的民主要求产生出来的最适当的统一战线的口号，是较之一部分领土上的工农民主专政制度在地域上更普及的民主，较之全中国主要地区上国民党的一党专政大大进步的政治制度。”[②]但是，民主共和国没有清晰地表明中国共产党所追求的民主目标：到底是新民主，还是旧民主？另外，民主共和国在20世纪30年代末，即在抗战进入相持阶段的时候，受到蒋介石为首的大地主大资产阶级的破坏和攻击。同时，共产党抗日根据地的建政实践推动新的建国口号的提出。

中国共产党关于新民主主义共和国的构思，大致形成于1940年前后。1939年12月，毛泽东在《中国革命和中国共产党》一文中强调，中国新民主主义革命要造成各革命阶级在无产阶级领导之下的统一战线的专政。这就明确了新民主主义革命所形成的民主共和国与一般意义上的民主共和国相区别。1940年毛泽东《新民主主义论》问世，正式回答了新民主主义革命要建立什么样的国家问题。毛泽东强调：现在所要建立的中华民主共和国，只能是在无产阶级领导之下的一切反帝反封建的人们联合专政的民主共和国，这就是新民主主义的共和国，也就是真正革命的三大政策的新三

---

①《毛泽东文集》第1卷，人民出版社1993年版，第429页。

②《中共中央文件选集（1936—1938）》，中共中央党校出版社1985年版，第88页。

民主义共和国。新民主主义共和国与民主共和国最大的区别就是有了“新”质的规定，“新民主主义的政治、新民主主义的经济和新民主主义的文化相结合，这就是新民主主义共和国，这就是名副其实的‘中华民国’，这就是我们要造成的新中国。”[①]新民主主义共和国是中国共产党从国情出发提出的基本建国方略，毛泽东在《新民主主义论》中满怀信心地昭示：新中国站在每个人民的面前，我们应该去迎接它。新中国航船的桅顶已经冒出地平线了，我们应该拍掌欢迎它。举起你的双手吧，新中国是我们的[②]。“新民主主义共和国”在各抗日根据地的初步实践，不仅真正明确了重建国家的历史方向、发展进程和基本格局，也为最终重建国家积累了新鲜经验。

对于抗日战争胜利之后中国的建国问题，中国共产党在新民主主义共和国理论的指导下提出了独立、和平、民主的战后建国方针，并以此开展了与内战、独裁的斗争。抗战胜利前后，为了真正建立一个独立、自由、民主、统一和富强的新国家，中国共产党提出了“废除蒋介石一党专政，成立联合政府”的主张。抗战胜利前夕，毛泽东预测联合政府有三种形式：一是以共产党人“在独裁政府做官”的形式表现的所谓的联合政府，二是以蒋介石为首的、形式上民主而实质上独裁的联合政府，三是在国共双方力量消长发生根本变化时“以我们为中心”的联合政府，而后者才是“中国政治发展的基本趋势和规律，我们要建设的国家就是这样一个国家”[③]。当然，共产党强调目前所著所追求的是最低层次的联合政府。1945年8月毛泽东在分析抗战结束后的时局时说：“中国如果成立联合政府，可能有几种形式。其中一种就是现在的独裁加若干民主，并将存在相当长的时期。对于这种形式的联合政府，我们还是要参加进去，进去是给蒋介石‘洗脸’，而不是‘砍头’。”[④]他强调愿“在蒋主席的领导下，彻底实现三民主义，建设独立、自由、富强的新中国”[⑤]。当然，这种最低层次形式的民主联合政府是对蒋介石纯粹独裁政府的一种否定，是向最终新民主主义中

①《毛泽东选集》第2卷，人民出版社1991年版，第709页。
②《毛泽东选集》第2卷，人民出版社1991年版，第709页。
③《毛泽东文集》第3卷，人民出版社1996年版，第277页。
④《毛泽东文集》第4卷，人民出版社1996年版，第7页。
⑤《毛泽东文集》第4卷，人民出版社1996年版，第31页。

国的过渡。1945年2月3日，毛泽东在中共六届七中全会主席团会议上指出："去年九月提出建立联合政府的主张是一个原则的转变，以前是你的政府，我要人民，九月以后是改组政府，我可参加。联合政府仍然是蒋介石的政府，不过我们入了股，造成一种条件。"[①]正如毛泽东所强调的，"走这个弯路将使我们党在各方面达到更成熟，中国人民更觉悟，然后建立新民主主义的中国。"[②]

为了民主联合政府目标的实现，毛泽东不顾个人的生命安危，1945年8月28日来到重庆和蒋介石谈判。到重庆后，毛泽东在不同场合会见各民主党派和中外记者，表明中国共产党追求民主联合政府的决心。针对有人提出"共产党要不要另起炉灶"的说法，毛泽东诙谐地说道："如果蒋委员长是大锅饭让大家吃，共产党绝不另起炉灶；如果他不给大家吃大锅饭，饿了两天还可以，饿到第三天，非另起炉灶不行。"[③]在重庆谈判的推动下，中国国内赢得了短暂的和平，国共两党签署了停战协定，共产党为此也做出了巨大的让步，但这一切都没有改变蒋介石要最终消灭共产党的决心。就在重庆谈判期间，蒋介石就发出指示：现在的中心任务就是要消灭共产党。

1946年6月，蒋介石最终撕毁政协停战协定，挑起了内战。蒋介石依仗他的优势兵力扬言3个月消灭共产党。在蒋介石挑起内战的背景下，共产党一开始的计划是做好应对的充分准备，通过战场的胜利来迫使蒋介石让步，最终通过自卫战争的手段来使蒋介石最终接受联合政府的主张。1946年7月20日，毛泽东说："我党我军正准备一切，粉碎蒋介石的进攻，借此以争取和平，蒋介石虽有美国援助，但是人心不顺，士气不高，经济困难。我们虽无外国援助，但是人心归向，士气高涨，经济亦有办法。因此我们是能够战胜蒋介石的。全党对此应当有充分的信心。"[④]为了挫败蒋介石的内战阴谋，中共中央和毛泽东进行了各项部署。军事方面，一是"战胜蒋介石的作战方法，一般是运动战"。二是"集中优势兵力，各个歼灭敌人"作战方法。政治方面"必须和人民群众亲密合作，必须争取一切可能

---

①《毛泽东年谱（1893—1949）》中卷，中央文献出版社2005年版，第576页。

②《毛泽东文集》第4卷，人民出版社1996年版，第7页。

③ 庞松：《新中国诞生实录》，浙江人民出版社2001年版，第9页。

④《毛泽东选集》第4卷，人民出版社1991年版，第1186—1187页。

争取的人”。经济方面“依靠自力更生，立于不败之地”“艰苦奋斗，军民兼顾”。另外，为了使人们树立起必胜的信念，1946年8月，毛泽东在会见美国进步记者斯特朗时，提出“一切反动派都是纸老虎”的口号。国民党反动派在失败面前黔驴技穷，1946年11月15日，国民党一手包办的“国民大会”正式召开，和谈大门正式关死。11月16日，毛泽东致电中共驻南京代表团，要求代表团领导人周恩来立即返回延安。11月18日，毛泽东起草党内指示，指出：“蒋介石自走绝路，开‘国大’，打延安两着一做，他的一切欺骗全被揭破，这是有利于人民解放战争的发展的。”[①]这里，毛泽东第一次使用了“人民解放战争”来代替前一阶段一直使用的“自卫战争”，客观形势迫使中共中央和毛泽东下决心以战争为手段来解决中国的问题。

1947年7月，人民解放战争由战略防御转入战略进攻，这成为中国革命的一个根本转折点。1947年10月，毛泽东在神泉堡起草了《中国人民解放军宣言》，第一次提出了“打倒蒋介石，解放全中国”的口号，提出“联合工农兵学商各被压迫阶级、各人民团体、各民主党派、各少数民族、各地华侨和其他爱国分子，组成民族统一战线，打倒蒋介石独裁政府，成立民主联合政府”[②]这一纲领。同时起草《中国人民解放军训令》提出“打倒蒋介石，建立新中国”的口号。《中国人民解放军宣言》选择在10月10日——南京政府的国庆日向全国、全世界发布，更加表明了中国共产党要用“人民解放战争”形式推翻国民党反动派政权的决心。“打倒蒋介石，建立新中国”的口号提出后，重建新民主主义共和国日益提上议事日程。然而，此时中国阶级力量的对比已经起了根本的变化，共产党优势地位日趋明显。在此情况下，中共对于“建立一个怎样的新中国”问题需要比以前进行更加全面、深入的思考和设计。

1948年4月30日，中共中央发出纪念“五一”劳动节的口号，号召各民主党派、各人民团体、各社会贤达迅速召开政治协商会议，讨论并实现召集人民代表大会，成立民主联合政府[③]。5月5日，各民主党派通电拥护召开政协。马叙伦看了中共“五一”口号后，异常兴奋，撰文指出：“被压迫

①《毛泽东选集》第4卷，人民出版社1991年版，第1219—1220页。
②《毛泽东选集》第4卷，人民出版社1991年版，第1237页。
③《中共中央文件选集(1948—1949)》，中共中央党校出版社1987年版，第111页。

到香港的我们，幸运的先听了，我们感觉到无限的兴奋，这是真正的人民革命的领导者——中国共产党，给一个鼓励和安慰的启示。‘五一’口号预示着太阳就要出来了。”[①]8月1日，毛泽东复电李济深、何香凝、沈钧儒、章伯钧等表示：对诸先生赞同召开新的政治协商会议、建立民主联合政府的主张极为钦佩。毛泽东指出：现在革命形势日益开展，一切民主力量其亟宜加强团结，共同奋斗，以期早日消灭中国反动势力，制止美帝国主义的侵略，建立独立、自由、富强和统一的中华人民民主共和国。为此目的，实有召集各民主党派、各人民团体及各无党派民主人士的代表们共同协商的必要[②]。为此，中共中央准备于1948年底或1949年初在哈尔滨召开一个规模比较小的政治协商性质的会议，拟由30个单位，每单位6人，共180人参加，先起草政治纲领，商定召开全国代表会议的办法，然后由全国人民代表会议选举民主联合政府，成立新中国。于是，从1948年8月起，根据毛泽东的指示，在周恩来的周密安排下，在国统区的各民主党派、爱国民主人士和海外华侨代表陆续进入东北和华北解放区。可以看出，从共产党发出“五一”口号之初，中共对建立新中国的程序是这样设计的：第一步，先邀请各民主党派及人民团体的代表在解放区召开新政协会，商讨如何召开人民代表大会；第二步，再召开人民代表大会，选举产生中央政府。但同时，他也已考虑到，战争期间召开人民代表大会未必可行，只能先召开全国人民代表会议，而这样未经人民代表大会选举产生的政府，只能是“临时中央政府”。然而，自1948年下半年起，战争形势发生了根本变化，使原来预计的胜利时间大大提前，在全国解放战争已成定局的情况下，迅速建立新中国就成为当务之急了。1948年9月政治局扩大会议强调指出中央政府的问题，十二月会议只想到了这个问题，这次就必须作为议事日程来讨论。刘少奇发言时也指出：打倒国民党，统一全中国，以前是宣传口号，现在是摆在议事日程上来计划了[③]。但是，召开经过全民普选的人民代表大会在开国前夕的条件下，还根本无法进行。一方面成立中央政府迫在眉睫，而一方面通过人大产生中央政府又不可为，矛盾如何解决？

---

① 庞松:《新中国诞生实录》,浙江人民出版社2001年版,第85页。
②《毛泽东传(1893—1949)》,中央文献出版社1996年版,第856页。
③《毛泽东传(1893—1949)》,中央文献出版社1996年版,第860页。

1948年10月，中共中央与民主党派人士不约而同想到了修改原来的建国程序，即直接经由政治协商会议产生临时中央政府。1948年10月8日，中央将经过毛泽东审批的《关于新政治协商会议诸问题（草案）》发给东北局，向已经到达哈尔滨的民主人士征求意见。中央对原来的建国程序做了如下修改：关于新政协的召集，由原来拟议的中国民主同盟、中国国民党革命委员会召集改为由中国共产党和赞成“五一”口号的各民主党派、各人民团体和无党派民主人士组成“新政协筹备会”共同发起召集；由最初设想的不过百八十位代表，最终增加到662人，分属于14个党派、9个区域、6个军队单位、16个团体单位和特别特邀人士。因此，政治协商会议以其规模和代表性而言，“实际上是一个全国各界人民代表会议”，“具有代表全国人民的性质”[①]。关于新政协的任务，草案明确规定一是讨论共同纲领，二是如何建立中华人民共和国临时中央政府。这一主张为中共七届二中全会批准，并得到各民主党派和人民团体的一致赞同。1949年七届二中全会上，毛泽东响亮地提出：召集政治协商会议和成立民主联合政府的一切条件，均已成熟，现在一切民主党派、人民团体和无党派民主人士都站在我们方面，希望四月或五月占领南京，然后在北平召集政治协商会议，成立联合政府，并定都北平。1949年6月15日，毛泽东在新政协筹备会上正式宣布：迅速召开新的政治协商会议，成立民主联合政府，以便领导全国人民，以最快的速度肃清国民党反动派的残余力量，统一全中国。与此同时，在地方实行人民代表会议作为人民代表大会的过渡形式。这样就解决了开国前夕召开人民代表大会不可为与中共迅速组建人民政府愿望的矛盾问题。这一变通的过渡形式在《共同纲领》中得到了确认。《共同纲领》规定：在普选的全国人民代表大会召开以前，由中国人民政治协商会议的全体会议执行全国人民代表大会的职权，制定中华人民共和国中央人民政府组织法，选举中华人民共和国中央委员会并付之以行使国家权力的职权；在普选的地方人民代表大会召开以前，由地方各界人民代表会议逐步地代行人民代表大会的职权。

这样，中共中央在开国前夕经过反复抉择，最终形成了符合当时中国实际情况的人民共和国建国方案，这种方案同样也是中国共产党自1921年

①《中华人民共和国开国文选》，中央文献出版社1999年版，第201、292页。

成立以来无数次选择和扬弃的结晶。1949年6月15日，毛泽东在政协筹备会开幕式上激动地指出：中国人民将会看见，中国的命运一经操在人民自己的手里，中国就将如太阳升起在东方那样，以自己的辉煌的光焰普照大地，迅速地涤荡反动政府留下来的污泥浊水，治好战争的创伤，建设起一个崭新的强盛的名副其实的人民共和国[①]。

二、人民民主专政国体的形成和确立

国体问题是政治制度中最根本的问题。早在大革命时期，中共就提出了“建设一个革命民众合作统治的国家”，土地革命期间创建了无产阶级为领导、工农联盟为基础的“工农民主专政”政权体制，抗日战争时期形成了既区别于资产阶级专政的，又区别于苏联无产阶级专政的“各革命阶级联合专政”的国体思想，这些都奠定了人民民主专政的基础。

人民民主专政从概念的提出到确立有一个逐渐完善的过程。“打倒蒋介石，建立新中国”的口号提出以后，表明抗战时期中共所设计的“各革命阶级联合专政”国体已失去意义。在来不及作新的考虑的情况下，毛泽东偶尔回到人们熟悉的苏维埃时期“工农民主专政”的提法，1947年11月18日毛泽东在给中央法律委员会委员陈谨昆的信中就指出，“以工农民主专政为基本原则（即拙著《新民主主义论》及《论联合政府》中所指之基本原则）详由王谢二同志表达”[②]，以示与抗战时期的国体相区别。然而，因其不能全面反映各阶级在新政权中的地位，特别是民族资产阶级的地位，很快就被放弃。1948年6月1日，中共中央宣传部拟定重印的列宁的《左派幼稚病》第二章前言中提道：“列宁在本书中所说的，是关于无产阶级专政。今天在我们中国，则不是建立无产阶级专政，而是建立人民民主专政。这种人民民主专政的内容和无产阶级专政的内容的历史区别就是：我们的人民民主专政是无产阶级领导的、人民大众的、反帝反封建反官僚资本的新民主主义革命，这种革命的社会性质，不是推翻一般资本主义，乃是建立新民主主义的社会，建立各个革命阶级联合专政的国家；而无产阶级专政

①《毛泽东选集》第4卷，人民出版社1991年版，第1467页。

②《毛泽东文集》第4卷，人民出版社1996年版，第320页。

则是推翻资本主义，建设社会主义。”[1]这里中共第一次提出了“人民民主专政”的概念。是年9月，毛泽东在中央政治局会议上，又进一步提出中共政权是“无产阶级领导的，以工农联盟为基础，但不是仅仅工农，还有资产阶级民主分子参加的人民民主专政”[2]。在这次会议上，毛泽东还强调：我们是人民民主专政，各级政府都要加上“人民”二字，各级政权机关都要加上“人民”二字，如法院叫人民法院，军队叫人民解放军，以示和蒋介石政权不同。我们有广大的统一战线，我们政权的任务是打倒帝国主义、封建主义和官僚资本主义，要打倒他们，就要打倒他们的国家，建立人民民主专政的国家。这标志着中共正式以“人民民主专政”取代了“各革命阶级联合专政”。此后中共领导人在不同场合多次重复说明。1949年1月，毛泽东为新华社撰写的新年献词，“如果要使革命进行到底，那就是用革命的方法，坚决彻底干净全部地消灭一切反动势力，不动摇地坚持打倒帝国主义，打倒封建主义，打倒官僚资本主义，在全国范围内建立无产阶级领导的以工农联盟为主体的人民民主专政的共和国。”[3]1949年6月30日，毛泽东发表《论人民民主专政》一文，标志着人民民主专政理论系统的形成。在这篇著名的文章中，毛泽东指出：中国人民在几十年中积累起来的一切经验，都叫我们实行人民民主专政，或曰人民民主独裁，总之是一样，就是剥夺反动派的发言权，只让人民有发言权。对人民内部的民主方面和反动派的专政方面，互相结合起来，就是人民民主专政……人民民主专政的基础是工人阶级、农民阶级和城市小资产阶级的联盟，而主要是工人和农民的联盟……民族资产阶级在现阶段上，有其很大的重要性[4]。

“人民民主专政”是“各革命阶级联合专政”在从资产阶级占优势到无产阶级占优势成为现实背景下合乎逻辑的发展。在阶级力量对比不同的情况下，“各革命阶级联合专政”是与“无产阶级领导或参加领导”相联系的，而“人民民主专政”是与“只能和必须由无产阶级和中国共产党充当领导者”相联系。另外，“各革命阶级联合专政”强调的是“几个反对帝国主义的阶级联合起来共同专政”，这其中就包括了倾向抗日的地主阶级和大

---

①《中共中央文件选集（1948—1949）》，中共中央党校出版社1992年版，第190页。

②《毛泽东文集》第5卷，人民出版社1996年版，第135页。

③《毛泽东选集》第4卷，人民出版社1991年版，第1375页。

④《毛泽东选集》第4卷，人民出版社1991年版，第1475页。

资产阶级。相比之下，“人民民主专政”强调的是“无产阶级领导的各民主阶级联盟的民主联合政府”，故而那些原本赞成民族革命而包括在“各革命阶级联合专政”中的地主阶级和大资产阶级，由于他们不赞同中共的民主革命，所以没有成为“人民民主专政”中的“民主阶级”而成为“人民民主专政”专政的对象[1]。

中共在提出人民民主专政之初，就一直强调它不同于无产阶级专政，力求说明它是新民主主义共和国的国家类型。不论是首先阐述人民民主专政概念的中宣部文件还是九月中央政治局会议，都在强调人民民主专政与无产阶级专政的差异，中央领导人在不同场合也在强调这一点。毛泽东在关于城市接管工作的指示中特别指出，“现在是人民民主专政，不是搞无产阶级专政”[2]。刘少奇在开国前夕提交给斯大林的报告中这种观点表现得相当明显，“人民民主专政，不是资产阶级专政，也不是无产阶级专政，这是不需要解释的。……中国人民民主专政的形式，是人民代表会议制，这不是资产阶级的议会制，而近于苏维埃制，但于无产阶级专政的苏维埃制也有区别，因为民族资产阶级的代表是参加人民代表会议的”[3]。在从苏联回国途中，在中共中央东北局干部会议上他再次强调，“不要想东欧搞无产阶级专政，我们就也要搞无产阶级专政，‘言必称希腊’那就变成教条主义，我们的问题要根据中国的具体情况决定”[4]。

这一观点随后就被改变。1949年1月31日，毛泽东会见了斯大林派来的特使米高扬和两个随行人员，在这之前，毛泽东曾四次计划去苏联跟斯大林探讨建国事宜，但由于种种原因都被斯大林拒绝，最终在新中国成立前夕派来特使来到西柏坡和中共领导人会晤。这是毛泽东第一次以中共主要领导人的身份同苏共代表面谈。毛泽东在与来访的米高扬谈及人民民主专政的性质时指出：在工农联盟基础上的人民民主专政，而究其实质就是无产阶级专政。不过对我们这个国家来说，称为人民民主专政更为合适、更为合情合理[5]。至此，毛泽东在二者关系上开始由侧重于区别的一点论转

① 潘焕昭：《中国共产党建国思想研究》，中共党史出版社2006年版，第203—204页。
② 薄一波：《若干重大决策与事件的回顾》（修订本）上卷，中共中央党校出版社1997年版，第5页。
③《中华人民共和国开国文选》，中央文献出版社1999年版，第67—68页。
④《刘少奇年谱（1898—1969）》下卷，中央文献出版社1996年版，第222页。
⑤ 师哲：《在历史巨人身边——师哲回忆录》（增订本），中共中央党校出版社1998年版，第336页。

向兼及区别与联系的两点论，完成了人民民主专政与无产阶级专政在理论上的对接[①]。随即，社会主义国家是无产阶级专政，新民主主义国家是人民民主专政，实质是无产阶级专政成为党内共识。从不同最终走向实质相同，苏联因素是关键。二战以后，苏联就压服实行人民民主制度的东欧各国承认苏维埃制度与人民民主制度是无产阶级专政的两种形式，同时，斯大林对中共的政治设计表示了怀疑与担心，认为是“铁托式的胜利”。源于马克思主义意识形态的关系，中共为了获得社会主义阵营尤其是苏联对新中国的认同并鉴于南斯拉夫的教训，显然，此时不同论的说法已不合时宜。当然，对于无产阶级专政实质论的认同，除去苏联因素外，人民民主专政体现的以工人阶级为领导、以工农联盟为基础的本质也确实与马克思无产阶级专政的实质相一致，这也是中共认识改变的原因之一。

2月7日，米高扬回国，对担任翻译的师哲说：毛主席有远大的眼光，高明的策略，是很了不起的领袖人物。米高扬在2月7日给斯大林的电报中指出：政治局委员们在一般政治、党务、农民及整体经济问题上完全是行家，并且都很有自信。但他们对生产业务知识了解不多，对工业、交通、银行的概念比较模糊……对那些准备接收的作为国家经济支柱的部门（大银行、大工业及其他）他们还没有提出具体的计划[②]。米高扬秘密来华拉近了中国和苏联的距离，也为新中国的筹划提供了宝贵的建议。

人民民主专政国体确定后，还需要一个合适的国名来体现。随着建国日程的邻近，中共领导人开始考虑这一问题。在“中华人民共和国”国名最终确立下来之前，“中华人民共和国”和“中华人民民主共和国”两个国号并存于党的各类文献当中。任弼时在1948年1月12日《土地改革中的几个问题》中谈到“中华人民共和国将在全国建立”，号召知识分子和学生“可以为着新民主主义的中华人民共和国国家服务”[③]。1948年1月18日，毛泽东起草了《关于目前党的政策中的几个重要问题》一文，指出：“这个人民大众组成自己的国家（中华人民共和国）并建立代表国家的政府（中华人民共和国的中央政府）”，“中华人民共和国的权力机关是各级人民代

① 潘焕昭：《中国共产党建国思想研究》，中共党史出版社2006年版，第215页。

② 庞松：《新中国诞生实录》，浙江人民出版社2001年版，第296页。

③《任弼时选集》，人民出版社1987年版，第431页。

表大会及其选出的各级政府”[1]。4月1日，他在《在晋绥干部会议上的讲话》中指出：“由这个人民大众所建立的国家及政府，就是中华人民民主共和国及代表各民主阶级联合专政的民主联合政府。”[2]1949年1月，中共中央政治局会议起草的《目前形势和党在一九四九年的任务》一文中提到，1949年必须召开政治协商会议，“宣告中华人民民主共和国的成立”[3]。直至6月15日在新政治协商会议筹备会的开幕典礼上发表讲话中，毛泽东仍然采用“人民民主共和国”的说法：“过去，中华民国是名不副实的。现在，我们要建立一个名副其实的中华人民民主共和国。”他在讲话结束时高呼的第一个口号就是“中华人民民主共和国万岁!”[4]而“中华人民共和国”的称呼虽未消失，却已不多见。1949年新年献词《将革命进行到底》中明确指出：“一九四九年将要召集没有反动分子参加的以完成人民革命任务为目标的政治协商会议，宣告中华人民共和国的成立，并组成共和国的中央政府。”他还将新中国的国体表述为：“在全国范围内建立无产阶级领导的以工农联盟为主体的人民民主专政的共和国。”[5]3月15日，新华社发表时评说：“建立一个独立的统一的人民民主的新中国，即中华人民共和国。”[6]这种交错运用的情形一直持续到新政治协商会议筹备会召开。为了确定新国家的名称，中共领导人和民主人士在政协筹备会上进行了比较和选择，黄炎培和张志让主张用“中华人民民主国”这个称呼，因为民主和共和在西方语言里意思相近，无须重复，张奚若主张“中华人民共和国”，因为“‘人民’二字在今天新民主主义的中国是指工、农、小资产阶级和民族资产阶级四个阶级及爱国民主分子，它有确定的解释，已经把人民民主专政的意思表达出来，不必再把‘民主’二字重复一次了”[7]。大多代表倾向于使用“中华人民共和国”这一名称，最终提交政协会议获得通过。周恩来于9月7日向政协代表做了《关于人民政协的几个问题》的报告，其中就国名问题解释说：在中央人民政府组织法的草案上去掉了中华人民民主共

---

①《毛泽东选集》第4卷，人民出版社1991年版，第1272页。

②《毛泽东选集》第4卷，人民出版社1991年版，第313页。

③《毛泽东文集》第5卷，人民出版社1996年版，第234页。

④《毛主席等七人在新的政治协商会议筹备会上的讲词》，《人民日报》1949年6月20日。

⑤《毛泽东选集》第4卷，人民出版社1991年版，第1375页。

⑥《中共中央文件选集(1948—1949)》，中共中央党校出版社1987年版，第599页。

⑦《中华人民共和国开国文选》，中央文献出版社1999年版，第254—255页。

和国的“民主”二字，去掉的原因是感觉到“民主”与“共和”有共同的意义，无须重复，作为国家还是用“共和”二字比较好。辛亥革命以后，中国的国名是“中华民国”，有共和的意思，但并不完全，可以做双关的解释，而且令人费解。现在我们应该把旧民主主义和新民主主义区别开来。因为在辛亥革命时期，俄国十月革命尚未成功，那时只能是旧民主主义的。在那以后由不完备的旧民主主义进步到完备的新民主主义。今天，为了使国家的名称合乎国家的本质，所以国名应该是中华人民共和国。我们的国家是属于四个民主阶级的人民民主专政，反动的封建阶级、官僚资产阶级的分子不能列入人民的范围。等到他们彻底悔悟和改造后才能取得人民的资格。中国的少数民族也应该包括在中华人民共和国之内，承认他们的自治权。因此，中华人民共和国这个国名是很恰当的[①]。

中华人民共和国的国名问题获得解决后，还有一个相连带的关于国名简称的问题。在起草共同纲领草案时，根据有的代表的提议，考虑到应照顾人民的传统和习惯，在中华人民共和国的全称后面，加了一个简称“中华民国”的括号。最初的中央人民政府组织法草案中，也有“中华人民民主共和国简称中华民国”这一条。周恩来解释说，“中华民国”叫了38年，一下子换了，会使落后的、政治水准很低的人不能接受。然而，“中华民国”这个简称，在政协代表中引起了很大的争论。9月21日，马叙伦、陈叔通、郭沫若等代表就提了一份提案。提案认为：这次新政协筹备会所通过的国名——中华人民共和国，确能代表中国革命伟大胜利后实行新民主主义的国家及人民。这一中国历史上划时代的大变革，必须把旧民主时代遗留下来的、本质上不同的，并且为汉奸、卖国贼用过的在中国人民中间已经没有一点好感的“中华民国”四个字，毫无留恋地予以取消。围绕这个提案，各位代表在分组讨论中发表了各种看法。政协主席团对国名简称问题采取了慎重态度，特别注意听取当年追随孙中山先生为建立“中华民国”而奋斗的老前辈的意见。9月26日，周恩来和林伯渠联名邀请了23位年过70的辛亥革命以来有影响的代表人物到东交民巷六国饭店午宴并征询意见。会间，黄炎培、何香凝等赞同保留简称，有些则提倡废除。年过八旬的美洲爱国华侨司徒美堂表示：他是参加辛亥革命的人，他尊重孙中山

①《中华人民共和国开国文选》，中央文献出版社1999年版，第237—238页。

先生，但对于“中华民国”这四个字则绝无好感。理由是“中华民国”与民无涉，22年更给蒋介石与CC派弄得天怒人怨，真是痛心疾首。试问，共产党领导的这次革命是不是跟辛亥革命不同？如果大家都认为不同，那么国号应该叫中华人民共和国，抛掉又臭又坏的“中华民国”的烂招牌。国号是一个非常庄严的东西，一改就要改好，为什么要三年以后再改？语曰，名不正则言不顺，言不顺则令不行。仍然叫“中华民国”，何以昭告天下百姓？司徒先生深有感触地说，我们好像偷偷摸摸似的，革命胜利了，连国号也不敢改。他表示坚决反对什么简称，坚决主张光明正大地用中华人民共和国！[①]司徒先生的发言得到了到场委员的热烈赞同，后提交政协一届全体会议获得通过，国名简称就这样废除了。

三、人民代表大会制度的形成和确立

确立人民代表大会制度为新中国的政体，毛泽东早在《新民主主义论》和《论联合政府》就已经明确。他说：“新民主主义的政权组织，应该采取民主集中制，由各级人民代表大会决定大政方针，选举政府。它是民主的，又是集中的，就是说，在民主基础上的集中，在集中指导下的民主。只有这个制度，才既能表现广泛的民主，使各级人民代表大会有更高的权力；又能集中处理国事，使各级政府能集中地处理被各级人民代表大会所委托的一切事务，并保障人民的一切必要的民主活动。”[②]开国前夕，这一制度设计在中共党内并没有异议，但在一些民主党派和民主人士中，仍存在实行资产阶级议会制的幻想，他们的主张是调和国共，兼亲苏美；政治上学习美国，经济上学习苏联。因而有必要进一步向他们解释清楚中共的主张。另外，由于军事斗争还在继续，国家尚未统一，解放区的土地改革也没有完成，人民的觉悟和文化程度还有待提高，所以，召开以普选为基础的人民代表大会还存在技术上的障碍。为此，开国前夕，中共为了统一认识，进一步确认人民代表大会制度来消除党内外各种疑惑就显得必要。

① 庞松：《新中国诞生实录》，浙江人民出版社2001年版，第355页。

②《毛泽东选集》第3卷，人民出版社1991年版，第1057页。

针对某些民主人士实行资产阶级议会制的幻想，毛泽东在不同场合把人民代表会议制与资产阶级议会制进行对比，指出资产阶级的议会制不适合中国国情，以此统一党内外的认识。“我们不采取资产阶级共和国的国会制度，而采取无产阶级共和国的苏维埃制度。代表会议就是苏维埃。自然，在内容上我们和苏联的无产阶级专政的苏维埃是有区别的，我们是以公民工农联盟为基础的人民苏维埃，‘苏维埃’这个外来语我们不用，而叫做人民代表会议。苏维埃是俄国人民创造的，列宁加以发扬。在中国，因为资产阶级共和国的国会制度在人民中已经臭了，我们不采用它，而采用社会主义国家的政权制度。”[①]各民主党派也在亲身的体验和对比中逐渐放弃了所谓第三条道路，接受了中共的主张。1947年10月，国民党宣布民盟为“非法团体”而加以取缔，11月6日民盟总部被迫解散，民建、九三学社也由公开活动转入地下。1948年1月，部分民盟领导人在香港召开一届三中全会，声明恢复其总部及其活动，承认和平合法斗争已宣告失败，表示要与为民主事业而奋斗的共产党携手合作，积极支持人民武装斗争。这标志着民主党派放弃了“调和国共，兼亲美苏”的中间路线，开始转向新民主主义革命立场。在中共宣布即将成立民主联合政府的同时，毛泽东提出了要各民主党派“都必须选择自己要走的路，都必须表明自己的态度。中国各民主党派、各人民团体是否能够真诚地合作，而不致半途拆伙，就是要看它们在这个问题上是否采取一致的意见，是否能够为着推翻中国人民的共同敌人而采取一致的步骤。这里是要一致，要合作，而不是建立什么‘反对派’，也不是走什么‘中间路线’”[②]。另外，毛泽东还强调人民代表大会与苏维埃的不同。在中央政治局九月会议上，毛泽东专门阐述了建立民主集中制的各级人民代表大会制度的问题，指出：我们的政权的制度是采取议会制呢，还是采取民主集中制？过去我们叫苏维埃代表大会制度，苏维埃就是代表会议，我们又叫“苏维埃”，又叫“代表大会”，“苏维埃代表大会”就成了“代表大会代表大会”。这是死搬外国名词，现在我们就是用“人民代表会议”这一名词[③]。显然，“人民苏维埃”就是指人民代表会

①《毛泽东文集》第5卷，人民出版社1996年版，第265页。
②《毛泽东选集》第4卷，人民出版社1991年版，第1375页。
③《毛泽东文集》第5卷，人民出版社1996年版，第136页。

议或人民代表大会，毛泽东使用此语既方便说明了人民代表会议与苏维埃制度的某种关联，更意在指出人民代表会议与无产阶级专政的苏维埃之差异。

人民代表大会制度的核心内容是召开人民代表大会来形成中央政府，这是政权合法性的前提。在当初中共设计的建国程序中也是以此路径为选择的。1948年4月30日，中共中央发布“五一”口号，“各民主党派、各人民团体及社会贤达，迅速召开政治协商会议，讨论并实现召集人民代表大会，成立民主联合政府”[①]。5月5日，各民主党派通电拥护召开政协。马叙伦看了中共“五一”口号后，异常兴奋，撰文指出：被压迫到香港的我们，幸运的先听了，我们感觉到无限的兴奋，这是真正的人民革命的领导者——中国共产党，给一个鼓励和安慰的启示。“五一”口号预示着太阳就要出来了[②]。毛泽东收到通电后，8月1日复电李济深、何香凝、沈钧儒、章伯钧等说：对诸先生赞同召开新的政治协商会议、建立民主联合政府的主张极为钦佩。他指出：现在革命形势日益开展，一切民主力量其亟宜加强团结，共同奋斗，以期早日消灭中国反动势力，制止美帝国主义的侵略，建立独立、自由、富强和统一的中华人民民主共和国。为此目的，实有召集各民主党派、各人民团体及各无党派民主人士的代表们共同协商的必要[③]。中共准备于1948年底或1949年初在哈尔滨召开一个规模比较小的政治协商性质的会议，拟由30个单位，每单位6人，共180人参加，先起草政治纲领，商定召开全国代表会议的办法，然后由全国人民代表会议选举民主联合政府，成立新中国。从1948年8月起，根据毛泽东的指示，在周恩来的周密安排下，在国统区的各民主党派、爱国民主人士和海外华侨代表陆续进入东北和华北解放区。然而，自1948年下半年起，战争形势发生了根本变化，使原来预计的胜利时间大大提前，在全国解放战争已成定局的情况下，迅速建立新中国就成为当务之急了，十二月会议只想到了这个问题，尚未作为议事日程来讨论。刘少奇在九月政治局扩大会议上指出：打倒国民党，统一全中国，以前是宣传口号，现在是摆在议事日程上来计划

①《中华人民共和国开国文选》，中央文献出版社1999年版，第4页。
②庞松：《新中国诞生实录》，浙江人民出版社2001年版，第85页。
③《毛泽东传（1893—1949）》，中央文献出版社1996年版，第856页。

了[1]。另一方面，召开经过全民普选的人民代表大会在开国前夕的条件下，还根本无法进行。在通过召开人民代表大会产生中央政府不可行的情况下，1948年10月，中共中央与民主党派人士不约而同想到了修改原来的建国程序，即直接经由政治协商会议产生临时中央政府。1948年11月3日，周恩来在为中央起草的致高岗、李富春的电报中说：依据目前形势的发展，临时中央人民政府有很大可能不需经全国临时人民代表会议即径由新政协会议产生[2]。由原来拟议的中国民主同盟、中国国民党革命委员会三党召集改为由中国共产党和赞成“五一”口号的各民主党派、各人民团体和无党派民主人士组成“新政协筹备会”共同发起召集；由最初设想的不过百八十位代表，最终增加到662人，分属于14个党派、9个区域、6个军队单位、16个团体单位和特别特邀人士。因此，政治协商会议以其规模和代表性而言，“实际上是一个全国各界人民代表会议”，“具有代表全国人民的性质”[3]。这一主张为中共七届二中全会批准，并得到各民主党派和人民团体的一致赞同。1949年6月15日，毛泽东在新政协筹备会上正式宣布：迅速召开新的政治协商会议，成立民主联合政府，以便领导全国人民，以最快的速度肃清国民党反动派的残余力量，统一全中国。与此同时，在地方实行人民代表会议来作为人民代表大会的过渡形式。这样就解决了开国前夕召开人民代表大会不可为与中共迅速组建人民政府愿望的矛盾问题。这一变通的过渡形式在《共同纲领》中得到了确认，《共同纲领》规定：在普选的全国人民代表大会召开以前，由中国人民政治协商会议的全体会议执行全国人民代表大会的职权，制定中华人民共和国中央人民政府组织法，选举中华人民共和国中央委员会并付之以行使国家权力的职权；在普选的地方人民代表大会召开以前，由地方各界人民代表会议逐步地代行人民代表大会的职权。中央要求3万人口以上的城市和各县均应召开各界代表会议，每月至少开一次。1949年8月9日至14日，北平市召开第一届各界代表会议，出席代表330人，13号下午，毛泽东亲临会议现场做了发言，会上，毛泽东取出一封随身带来的未署名的市民来信，是向他反映物价高涨、捐

①《毛泽东传(1893—1949)》,中央文献出版社1996年版,第860页。
②《周恩来年谱(1898—1949)》,中央文献出版社1998年版,第815页。
③《中华人民共和国开国文选》,中央文献出版社1999年版,第201、292页。

税多和失业等问题的，当即交代表会议处理。清华大学教授费孝通参加这次会议之后，深感上了六天的“民主课”。1949年12月，中央人民政府委员会第四次会议通过省、市、县各界人民代表会议组织通则，规定了地方各届人民代表会议的性质、职权及组织。刘少奇在1951年2月召开的北京市第三届人民代表会议上指出：“人民代表会议与人民代表大会制度，是我们国家的基本制度，是人民民主政权的最好的基本的组织形式。我们的国家，就是人民代表会议与人民代表大会制的国家。目前的各级人民代表会议已在代行各级人民代表大会的职权，在不久的将来，就要直接地过渡为各级人民代表大会。”[①]在中国共产党的推动下，全国各地相继召开各界人民代表会议，成立了各级人民政府。到1953年，“全国有19个省，85个市，436个县和28万多个乡（村）里面的大部分乡（村），已由各界人民代表会议或乡（村）农民代表会议选举出各该级的人民政府。”[②]

《共同纲领》规定，新中国的最高政权机关是全国人民代表大会，这是新中国政治制度最本质的特征。但是，由于建国的特定历史背景和中央政府产生的特殊程序，当时并没有形成各级人民代表大会组成的国家权力系统，为此，当时采取了一系列过渡性办法。在中央一级，中国人民政治协商会议全体会议代行全国人民代表大会职权，通过《共同纲领》和《中央人民政府组织法》，选举产生中央人民政府委员会，并授权中央人民政府行使国家最高权力。一方面，中央人民政府委员会负责组织政务院、人民革命军事委员会、最高人民法院和最高人民检察署，并责成国家政务最高执行机关政务院对它负责并报告工作。此外，它还具有制定国家法律并监督其执行，任免国家最高行政执行、军事、审判和检察机关主要负责人等权限。这些表明中央人民政府主要执行的是国家权力机关即全国人民代表大会的职能。另一方面，中央人民政府委员会又有规定整个国家的施政方针的职权，而且在对全国发布政令以及同地方各级人民政府的领导关系方面，它又行使着国家最高行政管理的职能，其最高国家权力机关与最高国家行政机关之间的职权范围划分和相互关系，还不是十分明确。因此，中

①《刘少奇选集》下卷，人民出版社1985年版，第56页。

② 周恩来：《在中国人民政治协商会议第一届全国委员会第4次会议上的报告》，《人民日报》1953年2月5日。

央人民政府委员会拥有双重职能：它既是国家最高行政机关，又是国家最高权力机关。这都体现了当时权力机关的过渡性质，这种中央人民政府代行国家最高权力的过渡形式直到1954年第一届全国人民代表大会的召开才被终止。

为适应社会主义改造和社会主义建设的需要，建立社会主义政治制度的条件日益成熟，中国共产党开始将新民主主义政治制度逐渐转变为社会主义政治制度。1953年1月13日，中央人民政府委员会第20次会议通过的《关于召开全国人民代表大会及地方各级人民代表大会的决议》规定："于1953年召开由人民用普选方法产生的乡、县、省（市）各级人民代表大会，并在此基础上接着召开全国人民代表大会。在这次全国人民代表大会上，将制定宪法，批准国家五年建设计划纲要和选举新的中央人民政府。"毛泽东在会上指出："根据中国人民政治协商会议共同纲领的规定，召开全国人民代表大会及地方各级人民代表大会的条件已经成熟了。"[①]会议通过了《关于召开全国人民代表大会及地方各级人民代表大会的决议》。年底，中共中央成立了以毛泽东为主席，由朱德、宋庆龄、李济深、邓小平等32人组成的宪法起草委员会[②]。2月11日，中央人民政府委员会第22次会议通过了《中华人民共和国全国人民代表大会及地方各级人民代表大会选举法》。随后，各地进行了中国有史以来第一次全国人口普查，以便在全国范围内开展普选活动。到1954年8月，除个别地方外，各乡、县、省（市）都召开了普选的第一届人民代表大会，选举产生了地方各级国家机关及出席全国人民代表大会的代表。在此基础上，1954年9月，中华人民共和国第一届全国人民代表大会第一次会议在北京隆重召开。大会通过了《中华人民共和国宪法》《中华人民共和国全国人民代表大会组织法》《中华人民共和国国务院组织法》《中华人民共和国人民法院组织法》《中华人民共和国检察院组织法》《中华人民共和国地方各级人民代表大会和地方各级人民委员会组织法》等。以上述宪法和法律为基础，政治体制做出了重大调整。

《中华人民共和国宪法》阐明了中华人民共和国国体、根本制度、过渡时期总任务及实现这一总任务的重要途径。该宪法规定："中华人民共和国

①《毛泽东传(1949—1976)》(上)，中央文献出版社2003年版，第310页。

②《建国以来重要文献选编》第4册，中央文献出版社1993年版，第17页。

是工人阶级领导的、以工农联盟为基础的人民民主国家。”这指明了中华人民共和国的国体是人民民主专政。“中华人民共和国的一切权力属于人民。人民行使权力的机关是全国人民代表大会和地方各级人民代表大会。”“全国人民代表大会、地方各级人民代表大会和其他国家机关，一律实行民主集中制。”[①]《中华人民共和国宪法》将人民代表大会制度确立为中华人民共和国的根本政治制度。在国家权力结构方面，全国人民代表大会是最高国家权力机关，是行使国家立法权的唯一机关；全国人民代表大会常务委员会是其常设机关。国务院即中央人民政府，为最高国家行政机关，统一领导全国地方各级国家行政机关的工作。国务院对全国人民代表大会负责并报告工作；在全国人民代表大会闭幕期间，对全国人大常委会负责并报告工作。这样就结束了过渡时期中央人民政府委员会为行使国家政权的最高机关，政务院对中央人民政府委员会负责并报告工作的过渡状态，改变了中央人民政府下辖政务院的两级政府的过渡体制。

1954年第一届全国人民代表大会的召开，标志着中国人民政治协商会议在特定历史条件下代行全国人民代表大会职权的历史使命宣告终结。代行最高权力机关职权的中国人民政治协商会议成为非权力性的多党派商议机关。这次会议以及所通过的《中华人民共和国宪法》，结束了由中国人民政治协商会议代行全国人民代表大会职权、以《共同纲领》代替国家根本大法的过渡状态，比较完整地规定了国家政权的性质及国家的根本政治制度，全面明确了国家各级权力机构和各级行政机构的基本职能及其在工作运行中的相互关系。它的制定及颁布施行，表明中国社会主义政治制度正式确立。

四、共产党领导的多党合作制度的形成和确立

中共从成立后，就面对要如何处理与其他党派关系的问题。中共一大采取了排斥其他党派的政策，表示“我们应始终站在完全独立的立场，只维护无产阶级的利益，不同其他党派建立任何联系”[②]。二大以后，中共很

---

①《建国以来重要文献选编》第5册，中央文献出版社1993年版，第522页。

②《中共中央文件选集（1921—1925）》，中央党校出版社1982年版，第9页。

快改变了这一政策，明确提出建立“联合战线”的思想，并与国民党实现了第一次国共合作，开创了国共两党合作的政党体制。从1927到1935年，由于对民族资产阶级的错误认识，中共统一战线仅限于工农两个阶级，从党派上讲，实质上是共产党的一党政权。1935年8月1日，中共发表《八一宣言》呼吁各党派停止内战，建立抗日民主政府。中共瓦窑堡会议制定了建立抗日民族统一战线的政策。毛泽东在《团结到底》一文中指出：“在政权问题上，我们主张统一战线政权，既不赞成别的党派的一党专政，也不主张共产党的一党专政，而主张各党、各派、各界、各军的联合专政，这就是统一战线的政权。”①在《论联合政府》的报告中，毛泽东把成立多党联合政府视为，“这是一个历史法则，是一个必然的、不可避免的趋势，任何力量，都是扭转不过来的”②。“有人怀疑共产党得势之后，是否会学俄国那样，来一个无产阶级专政和一党制度。我们的答复是：几个革命阶级联盟的新民主主义国家，和无产阶级专政的社会主义国家，是有原则上的不同。毫无疑义，我们这个新民主主义制度是在无产阶级领导之下，在共产党的领导之下建立起来的，但是中国在整个新民主主义制度期间，不可能，因此就不应该是一个阶级专政和一党独占政府机构的制度。只要共产党以外的其他任何政党，任何社会集团和个人，对于共产党是采取合作的而不是采取敌对的态度，我们是没有理由不和他们合作的。”③但随着国共关系恶化、共产党在力量对比具有绝对优势的新的历史条件下，政党制度如何设计？这摆在了以毛泽东为首的中共领导层面前。

毛泽东在1947年11月30日发往莫斯科的一封电报中说：“中国革命取得彻底胜利之后，要像苏联和南斯拉夫那样，除中共之外，所有政党都要离开政治舞台，这样会大大巩固中国革命。”④这表明毛泽东在一阶段曾有瞬间考虑借鉴一党制的念头。毛泽东的考虑主要是基于以下两点：首先，1947年10月，国民党宣布民盟为“非法团体”而加以取缔，而民盟又是民主党派的主体和核心，民盟的解散使毛泽东有了除中共之外的所有政党均

①《毛泽东选集》第2卷，人民出版社1991年版，第760页。

②《毛泽东选集》第3卷，人民出版社1991年版，第1069页。

③《毛泽东选集》第3卷，人民出版社1991年版，第1061—1062页。

④［俄］A.列多夫斯基编，马贵凡译：《毛泽东同斯大林往来书信中的两份电报》，《中共党史研究》，2001年第2期。

应离开历史舞台的念头；另外，苏联及社会主义阵营的政党模式影响了毛泽东的选择，斯大林在宣布苏联建成社会主义的1936年同时宣布在苏联只有一个党可以存在，受意识形态的影响，南斯拉夫及东欧一些社会主义国家都仿效苏联向一党制转变。源于意识形态的关系，苏联及社会主义阵营的政党模式影响了毛泽东的选择。

但这只能说是中共瞬间的左顾右盼，中共很快就放弃了这种想法。一来是成立多党合作的民主联合政府一直是中共坚持的主张；二来是民盟迅速恢复活动并在其后宣布放弃中间路线，拥护新民主主义并接受共产党的领导，其他民主党派也同样表达了这一心愿。这些背景使中共又回到政策的原点。在1947年12月会议上，毛泽东延续了中共一直以来的主张，强调成立各党派合作的民主联合政府，“这就是人民解放军的、也是中国共产党的最基本的政治纲领”①。之后，这个主张就没有动摇过。1948年4月30日，中共中央发布“五一”口号，“各民主党派、各人民团体及社会贤达，迅速召开政治协商会议，讨论并实现召集人民代表大会，成立民主联合政府”。各民主党派也公开表示拥护新民主主义并接受共产党的领导，“愿在中共领导下，献其绵薄，共策进行”，这表明共产党领导的多党合作制度定型。1949年3月，毛泽东在中共七届二中全会上指出，新中国政府的组成是各党派、社会知名人士参加的民主联合政府。对于民主党派，我们准备继续团结他们，照顾他们，给他们在政府部门的岗位留一定的位置。但国家政权的领导权是在共产党手里，这是确定不移的，丝毫不能动摇的。全会要求全党把与民主党派的合作作为长期政策，在思想上和工作上确定下来。

除中共以外，筹备和参加中国人民政治协商会议的还有12个党派，即中国国民党革命委员会（简称“民革”）、中国民主同盟（简称“民盟”）、民主建国会（简称“民建”）、中国民主促进会（简称“民进”）、中国农工民主党、中国人民救国会、三民主义同志联合会、中国国民党民主促进会、中国致公党、九三学社、台湾民主自治同盟（简称“台盟”）和无党派民主人士。1949年11月，中国国民党革命委员、三民主义同志联合会、中国国民党民主促进会统一成为一个组织——中国国民党革命委员会。1949年12月，中国人民救国会宣布解散，这样就形成了我国的八个民

①《毛泽东选集》第4卷，人民出版社1991年版，第1256页。

主党派和一个带有党派性质的阶层——无党派民主人士。新中国成立之初，中共领导下多党之间以《共同纲领》为准则进行的通力合作、民主协商，构筑了一种完全新型的政党关系格局，奠定了民主政治的坚实基础。各民主党派与中共组成“联合政府”，参加国家政权，参与国家事务的管理。中央规定：“中国新的政权机构中，必须包括工人、农民、小资产阶级、民族资产阶级及爱国民主人士。在各级人民代表大会或代表会议中，特别是在县以上的政权机关机构中，都应该有他们的代表参加，并且有职有权。”[①]在中央人民政府六名副主席中，有宋庆龄、李济深（民革主席）、张澜（民盟主席）非中共爱国人士和民主党派领导人，占50%。在中央人民政府委员会56名委员中，有民主党派、无党派人士28人，占委员总数50%。在人民革命军事委员会28人中，有民主党派人士5人，无党派民主人士2人，占总数的25%。在政务院4名副总理中，有民主党派、无党派民主人士各1人，他们是郭沫若、黄炎培，占50%。在15名政务委员中，有民主党派、无党派民主人士9人，占60%。政务院34个部委中，有14名民主党派、无党派民主人士担任正职，42人担任副职。另外，民盟主要领导人沈钧儒担任最高人民法院院长。对民主党派参加政府并担任主要领导职务，中共党内非友人表示不理解，甚至认为这样做有右倾嫌疑，认为民主党派只是“一根头发的功劳”。针对这些质疑，毛泽东强调：不能再长征了，要千秋万代坐北京，没有党外人士进入政府不行，安置他们（如傅作义、程潜等）要各得其所，要用大位置才能安置[②]。

中央要求准确处理和各民主党派的合作共事关系。1950年政务院制定《关于与党外人士合作的综合意见》要求：党组的会议不能代替行政会议，要健全政务院各部门的行政会议制度，不可党内外不分，要公事公办，同时要使党外负责人加强责任感，在其分工的职权范围内敢于作主；党的干部要有与党外人士长期合作的思想准备。1950年3月，中共第一次全国统战工作会议专门研究了党与非党民主人士的合作共事问题。在会议期间，毛泽东指出：要团结民主党派，使他们进步。要给事做，尊重他们。当做自

① 《中华人民共和国开国文选》，中央文献出版社1999年版，第202页。

② 薄一波：《若干重大决策与事件的回顾》（修订本）上卷，中共中央党校出版社1997年版，第34页。

己的干部一样，手心手背都是肉，不能有厚薄。对他们要平等，不能莲花出水有高低。要实行民主，敞开来让他们说[①]。新中国成立前夕，中国共产党曾设想不领国家的钱，自己吃自己的，通过经营党产实现党费自立，以实现党政分开。当考虑到新政府是联合政府，如果共产党不领国家的钱，其他民主党派怎么办呢？经过权衡，1949年1月的中共政治局会议上，毛泽东最后明确做出结论：对待民主人士各重要问题，应该公开坦诚地和他们合作，统统吃国家的。党产的问题，以不搞为好，有饭大家吃[②]。

民主党派与中国共产党合作、联合执政，既保证中共对国家提供强有力的领导，又扩大了新政权的社会基础，增强了政府的合法性和权威性；同时，为社会各阶级、阶层提供了广泛的政治参与途径，削减了中小资产阶级及其知识分子对执政党与新生政权的疑虑，有利于新中国成立初期的社会政治稳定；另外，还扩大了执政党的执政资源，增进了国际社会对新中国的理解和认同，提高了中华人民共和国的政治声誉。新中国成立初的政党体制既不同于一党制，又不同于多党制，与1954年宪法制定以后中国的政党体制也有区别。

五、民族区域自治制度的形成和确立

中国共产党自成立之日起，就面临着国家结构选择的难题。源于苏联采用了联邦制的关系，中共在很长一段时间内也借鉴采用了这种模式。中共二大宣言就指出：统一中国本部（包括东三省）为真正民主共和国……用自由联邦制，统一中国本部、蒙古、西藏、回疆，建立“中华联邦共和国”[③]。抗日战争爆发后，针对日本帝国主义分裂中国的图谋，中共开始提出民族区域自治政策，以维护国家的统一。1938年中共六届六中全会指出：允许蒙、回、藏、苗、瑶、夷、番各民族与汉族有平等权利，在共同对日原则之下，有自己管理自己事务之权，同时与汉族联合建立统一的国家[④]。1941年5月1日，陕甘宁边区政府就颁布了《陕甘宁边区施政纲领》，

---

①《历次全国统战工作会议概况和文献》，档案出版社1988年版，第6页。

② 杨尚昆：《杨尚昆回忆录》，中央文献出版社2001年版，第295页。

③《中共中央文件选集（1921—1925）》，中央党校出版社1982年版，第78页。

④《民族问题文献汇编》，中共中央党校出版社1991年版，第595页。

规定“依据民族平等原则，实行蒙回民族与汉族在政治经济文化上的平等权利，建立蒙回民族的自治区”①。这实际上已明确民族区域自治是陕甘宁边区的一项基本政策，但这儿强调实行自治政策的少数民族仅限于陕甘宁边区的蒙古族和回族，至于陕甘宁边区的其他少数民族以及边区以外的少数民族实行怎样的民族政策，中共没有做出明确的回答。随着实践的深入，特别是少数民族地区解放斗争的开展，这一问题被提上议事日程。

解放战争开始后，少数民族地区的斗争日趋激烈，制定正确的民族政策就显得非常重要。在国家制度上究竟采取什么类型的国家结构形式，是采取以民族区域自治为补充形式的单一制还是采取联邦制？但是，在政协筹备会议召开以前，中共在发展了抗日战争时期就已形成的民族区域自治政策的同时，始终没有放弃对联邦制的期待。开国前夕，中共领导层对其进行了认真研究和反复思考，最终确定于新中国诞生前的最后一刻。

1946年1月，中国共产党代表团在政治协商会议上提出《和平建国纲领草案》，其中规定：“收复区的各级地方政府，应与当地各抗日党派及无党派民主人士协商，先成立临时的、民主联合的省、市、县政府，再筹备经过自由普选产生正式的省、市、县政府，在少数民族区域，应承认各民族的平等地位及自治权。”②1946年4月，李维汉领导边区政策研究室的同志，在深入实际调查研究认真总结经验的基础上，起草了《陕甘宁边区宪法原则》，规定：“边区各少数民族，在居住集中地区，得划成民族区，组织民族自治政权，在不与省宪抵触的原则下，得订立自治法规。”③《陕甘宁边区宪法原则》明显比《陕甘宁边区施政纲领》有所进步，它把从实行民族区域自治的两个对象扩展到整个边区少数民族，并以地方性法规的形式加以规定，从而使得边区民族自治政权有了地方性法规依据，并逐渐运用到边区以外的少数民族。

抗战胜利后，内蒙古大部分已摆脱了国民党的控制，所以内蒙古的解放工作率先提到了议事日程，中共把民族区域自治理论成功落实到内蒙古自治政府的构建过程中。1945年9月16日，中央在《中共中央关于组织蒙

①《民族问题文献汇编》，中共中央党校出版社1991年版，第678页。
②《民族问题文献汇编》，中共中央党校出版社1991年版，第991页。
③《民族问题文献汇编》，中共中央党校出版社1991年版，第1047页。

人地方自治政府及军队给贺龙、林枫同志的指示》中指出："在绥远蒙人地区，可以组织蒙人地方性的自治政府，并建立蒙人的军队（可以我骑兵一部分为骨干，但必须吸收蒙人参加）。"①10月23日，中央在关于内蒙古工作方针给晋察冀中央局的指示中强调："对内蒙的基本方针，在目前是实行区域自治。"②11月10日，中央在《中共中央关于同意成立内蒙自治运动联合会复晋察冀中央局电》中指示："关于内蒙工作，同意你们先成立内蒙自治运动联合会，宣布纲领，发动广大蒙民，准备将来建立内蒙自治政府的方针，目前在各省区内之蒙民可成立地方性质之自治政府，分别归绥、察、热省政府领导。"③

1946年2月18日，中央在《中共中央关于内蒙民族问题应取慎重态度的指示电》中强调："我们对蒙古民族问题应取慎重态度，根据和平建国纲领要求民族平等自治，但不应提出独立自决口号。"④针对东蒙一些上层人物策划东蒙独立的行为，中央特此给东北局、西满分局和热河分局发出指示，强调，"成立这种自治共和国式的政府仍然是过左的"，"东蒙今天应依和平建国纲领第三节第六条实行地方自治，在辽北省与热河省省政府下成立自治区，至多要求成立一单独的省，作为普通地方政府出现，而不应与中国形成所谓宗主国与类似自治共和国的关系，不必要求单独的货币单独的军队，甚至单独的国旗（有此谣传，请查确否）"⑤。

1946年和1947年3月23日，中央两次发布《关于内蒙古自治问题的指示》，规定："内蒙民族自治政府与中国的关系问题，在大会宣言中应确定内蒙古自治政府非独立政府，它在内蒙民族自治区仍属中国版图，并愿为中国真正民主联合政府之一部分，它所反对的为蒋介石国民党独裁政府及其所制定的取消民族自治权利的伪宪与其卖国内战反动的政策。"中央在内蒙自治区与解放区的关系问题提出了区域划分和权属原则，规定："即是完全蒙族的地方成立各地区的民族自治政府，蒙汉杂居汉人少数的地方即隶民族自治政府，但这些地方政府中须有汉人代表，蒙汉杂居汉人居多数的

---

①《民族问题文献汇编》，中共中央党校出版社1991年版，第960页。
②《民族问题文献汇编》，中共中央党校出版社1991年版，第964页。
③《民族问题文献汇编》，中共中央党校出版社1991年版，第976页。
④《民族问题文献汇编》，中共中央党校出版社1991年版，第1000页。
⑤《民族问题文献汇编》，中共中央党校出版社1991年版，第1011页。

地方，仍隶属解放区政府，这些地方政府中须组织蒙民委员会处理蒙民事务。”[①]这些原则都为后来的民族区域自治制度所延承。在中央的一系列指示下，1947年4月23日，内蒙古人民代表会议召开，成立了内蒙古自治政府，内蒙古自治区的建立标志着民族区域自治政策从边区少数民族地域落实到省一级自治区域，这为中央最终把民族区域自治政策上升到国家制度的高度奠定了基础。

这一时期，以民族区域自治理论为指导，中共又先后在山东鲁中解放区建立了回民自治政权，河北宣化市二区建立了回族自治区，山东枣庄和河北孟村建立了回民自治镇，海南岛琼崖解放区建立了民族自治区。这些民族自治区的建立，都为我国解决国内民族问题积累了经验。

但是，这些民族自治区的相继建立并不表明中共此时就已彻底放弃了联邦制的主张，完全接受了单一制。直到中华人民共和国成立前，有关联邦与自治的字眼同时还出现在党的历史文献中，中共也没有明确确认哪一种取向。查阅抗战后期特别是解放战争时期中国共产党有关民族问题的文献，可以发现："民族自治""民族区域"虽然较多地出现在党的决议指示中，但涉及的文字明显带有地域性、政策性、具体工作性三个特点。即此时的中共民族区域自治理论往往是针对某个或某些地区的民族而言的，还没有把这一理论写进国家基本政纲从而上升到国家制度的高度来加以明确。正因如此，有关联邦制的字眼这一时期还常常出现在中共的指示当中，并在不同的场合强调民族区域自治是一种过渡形式，联邦制才是中共的最终选择。

1945年，毛泽东在《论联合政府》中强调，“在新民主主义的国家问题与政权问题上，包含着联邦的问题。中国境内各民族，应根据自愿与民主的原则，组织中华民主共和国联邦，并在这个联邦基础上组织联邦的中央政府”。“改善国内少数民族的待遇，允许各少数民族有民族自决权及在自愿原则下和汉族联合建立联邦国家的权利”[②]。把联邦制上升到国家问题与政权问题的高度并通过中共最高级别的大会形式——中共七大向外界公布，显然，这较之于同一时期针对某个或某些地区实行民族区域自治政策

①《民族问题文献汇编》，中共中央党校出版社1991年版，第1034页。

②《毛泽东选集》，东北书店1948年版，第313页。

更具有普遍意义。

1947年3月27日，云泽在就宪法中关于少数民族问题致电中央，认为，“承认中国境内各民族的自决权，建立各民族自由联合的平等的民主的联邦”。“在中国联邦组成之前，国会及中央政府宜建立管理少数民族事务机关，由各民族人员组成之”。他虽然也认为，“在目前实行民族的区域自治，各民族在自己的居住区域建立统一的自治政府，并制定地方宪法，某些与汉族杂居的民族人民聚居区，在地方政府下建立自治区”[①]。显然，云泽是向中央建议把实行联邦制作为国家结构的最后选择写进宪法，民族区域自治只是在联邦没有组成之前的过渡形式。同年的解放军双十宣言把此列为八项政策之一，强调：“承认中国境内各少数民族有平等自治及自由加入中国联邦的权利”[②]。1948年8月3日，中共中央东北局副书记高岗在内蒙古干部会议上指出：“在全国解放后，则将‘按照自愿和民主的原则，由中国境内各民族组成中华民主共和国联邦’（毛主席《论联合政府》）。内蒙古自治政府，将是这个联邦在国境北部的主要组成部分。”[③]讲话贯彻了中共七大和双十宣言精神，认为联邦制是新中国成立后的最终目标，内蒙古民族自治区是新中国成立前的过渡形式，最终要转化为联邦制并成为中国联邦北部的主要组成部分，这反映了中共党内高级干部在这个问题上的认识同中央认识的一致性。由此可见，直到开国前夕，中共还没有放弃联邦制的设想。

1949年6月15日，新政治协商会议筹备会议召开。在这之前，有关新中国的国体、政体、政党制度都已定论，而有关国家结构问题，即联邦制和单一制孰优孰劣的问题，中共还一直没有明确的取向。1949年初，中共在会见米高扬时还指出关于民族问题将会在最近制定出一套相应的方针、政策。甚至到1949年8月22日，在《新民主主义的共同纲领（草案初稿）》中还有这样的论述，“使各民族在国家政权中皆享有平等地位，实现

①《民族问题文献汇编》，中共中央党校出版社1991年版，第1324页。

②《中国人民解放军宣言 总部于辛亥革命三十六周年纪念日发出》，《人民日报》1947年10月10日。

③《民族问题文献汇编》，中共中央党校出版社1991年版，第1144页。

各民族的自治权，并根据自愿与民主的原则，组成中华各民族联邦”[①]。新中国诞生在即，如何确立新中国的国家结构问题也迫在眉睫。据李维汉同志回忆，在1949年人民政协筹备期间，毛泽东就中国能否实行联邦制的问题还征求了他的意见[②]。周恩来也强调，“关于国家制度方面，还有一个问题就是我们的国家是不是多民族联邦制。现在可以把起草时的想法提出来，请大家考虑”[③]。最终，中共在政协筹备会议期间进行了抉择。

李维汉的意见起到了催化剂的作用。由于李维汉在革命战争年代长期主管民族事务，在民族事务方面积累了一定的经验，所以在政协筹备期间，毛泽东就中国能否实行联邦制的问题还征求了他的意见。李维汉同志做了深入的研究，认为我国同苏联国情不同，不宜实行联邦制。理由是：第一，苏联少数民族约占全国总人口的47%，与俄罗斯民族相差不远。我国少数民族只占全国总人口的6%，并且呈现出大分散小聚居的状态，汉族和少数民族之间以及几个少数民族之间往往互相杂居或交错聚居。第二，苏联实行联邦制是由当时的形势决定的。本来，马克思、恩格斯、列宁、斯大林都主张在统一的（单一制的）国家内实行地方自治和民族区域自治，只在例外情况下允许联邦制。列宁说：只要各个不同的民族组成统一的国家，马克思主义者决不主张实行任何联邦制原则。列宁又说：民主集中不仅不排除地方自治和具有特殊的经济和生活条件，特殊的民族、成分等的区域自治，相反地，它必须既要求地方自治，也要求区域自治。俄国经过二月革命和十月革命，许多民族实际上已经分离成为不同国家，不得不采取联邦制把按照苏维埃型式组成的各个国家联合起来，作为走向完全统一的过渡形式。我国则是各民族在中国共产党领导下由平等联合进行革命，到平等联合建立统一的人民共和国，并没有经过民族分离。因此，单一制的国家结构形式，更加符合中国的实际情况，在统一的国家内实行民族区域自治，更有利于民族平等原则的实现[④]。李维汉通过把中国同苏联相比较，以马克思主义解决民族问题的基本原则为基本理论依据，以少数民族

①《关于周恩来与共同纲领起草过程的一组文献》(一九四九年六月—九月)，《党的文献》2003年第2期。

②《民族问题文献汇编》，中共中央党校出版社1991年版，前言部分第10页。

③《中华人民共和国开国文选》，中央文献出版社1999年版，第238页。

④《民族问题文献汇编》，中共中央党校出版社1991年版，前言部分第10页。

多但人数少的人口特点和大杂居小聚居的民族分布格局为客观依据，以各民族联合共同斗争的历史为政治因素，认为新中国只能采取单一制的国家结构形式。由于李维汉在民族工作方面的特殊地位，“中央采纳了这个意见”[①]。

防止帝国主义对各民族的挑拨分化是中共选择以民族区域自治为补充形式单一制的现实出发点。开国前夕，国内外敌对势力对国家统一和民族团结所构成的威胁依然存在，包括美国对台湾及海南岛的分裂阴谋，英国对西藏及新疆南部的阴谋等，特别是政协筹备会议期间的7月8日发生了西藏地方当权者驱逐汉族人民及国民党驻藏人员事件，这个事件就是在英、美帝国主义及其追随者印度尼赫鲁政府的策划下发动的，这一事件加速了中共对单一制的选择。9月2日，新华社发表《决不容许外国侵略者吞并中国的领土——西藏》的社论，严正说明：西藏是中国的领土，决不容许任何外国侵略；西藏人民是中国人民的一个不可分离的组成部分，决不容许任何外国分割[②]。9月7日，周恩来就在政协筹备会上指出：“中国是多民族的国家，但其特点是汉族人口的最大多数，有四亿人以上；少数民族有蒙古族、回族、藏族、维吾尔族、苗族、夷族、高山族等，总起来，还不到全国人口的百分之十。当然，不管人数多少，各民族间是平等的。首先是汉族应该尊重其他民族的宗教、语言、风俗、习惯。这里主要的问题在于民族政策是以自治为目标，还是超过自治范围。我们主张民族自治，但一定要防止帝国主义利用民族问题来挑拨离间中国的统一。如英帝国主义对西藏及新疆南部的阴谋，美帝国主义对于台湾及海南岛的阴谋。不错，这些地方是有少数民族的，但是他们一向是在中国领土之内。清朝压迫少数民族的政策，是对满族以外的民族进行欺骗和屠杀。北洋军阀政府继续了这样的政策，国民党反对政府更加深了这样的政策。我们应该改变这样的政策，把各民族团结成一个大家庭，防止帝国主义的挑拨分化。陈嘉庚先生这次到东北参观同时也到了内蒙古自治区，他回来后说现在内蒙古的汉、蒙二族合作得很好，犹如兄弟一样。这消息我们听了非常高兴，这足以证明我们民族政策的成功。任何民族都是有自决权的，这是毫无疑问的

---

①《民族问题文献汇编》，中共中央党校出版社1991年版，前言部分第10页。

②《民族问题文献汇编》，中共中央党校出版社1991年版，第1263页。

事。但是今天帝国主义者又想分裂我们的西藏、台湾甚至新疆，在这种情况下，我们希望各民族不要听帝国主义的挑拨。为了这一点，我们国家的名称，叫中华人民共和国，而不叫联邦。今天到会的许多人是民族代表，我们特地向大家解释，同时也希望大家能同意这个意见。我们虽然不是联邦，但却主张民族区域自治，行使民族自治的权力。”①周恩来的讲话延续了李维汉讲话的精神，同样认为，中国少数民族多但人数少的人口特点和大杂居小聚居的民族分布格局是新中国采取单一制的客观依据。但由于事态的发展，他着重从有利于实现和保证国家的统一的角度来阐述新中国实行单一制国家结构形式。周恩来的讲话消除了人们的疑惑，起到了总结作用，表明中共决策层对新中国的国家结构形式已达成共识。

虽然，中共在政协筹备会议期间对国家结构问题已做出了抉择，但是这更多是在中共领导层面形成的共识，一些基层群众和官员还没来得及了解中央政策的转变。如1949年9月21日，中共成都市委书记曹荻秋在关于少数民族问题的讲话中还提到，“在将来，我们可以看到，某些少数民族建立了独立的国家（如西藏、新疆、外蒙等）并加入新民主主义的‘中华民国’，建立一个新民主主义的联邦共和国”②。显然，曹荻秋是在阐述中共中央已经弃用的观点，这表明包括他在内的基层群众和官员还没有来得及获知中共党内的最新政策，这就要求中国共产党必须及时把“民族区域自治”以国家大法的形式颁布并传达下去。

1949年9月21日，举世瞩目的中国人民政治协商会议在北京召开，662名代表对国家的大政方针进行了讨论和决定，这其中就包括在筹备会议期间所形成的民族区域自治政治制度。

在政协筹备会议期间，中共广泛听取各方面的意见，对新中国实行民族区域自治制度达成了共识，但还需要政协全体会议讨论和通过。正如9月22日周恩来在政协会议第一届全体会议上所指出的，“草案初稿写出来以后，经过七次的反复讨论和修改，计由先后到达北平的政协代表五六百人分组讨论两次，第三组本身讨论了三次，筹备会常务委员会讨论了两次，广泛地吸收了各方面的意见，然后将草案稿提交筹备会第二次全体会议作

①《中华人民共和国开国文选》，中央文献出版社1999年版，第238—239页。
②《民族问题文献汇编》，中共中央党校出版社1991年版，第1348页。

了基本通过，现在提交政协全体会议讨论”[①]。12名少数民族代表对《共同纲领》中民族政策部分特别关心和高度重视，反应非常热烈。少数民族代表刘春在回忆时说，代表们讨论“民族区域自治”问题时，发言踊跃，充满喜悦，因为这意味着我们国家中的少数民族在其聚居的地方可以实行自治。把“民族区域自治”确定为解决国内民族问题的一项基本政策，是非常正确的，完全符合我国的国情和国内民族关系的实际[②]。乌兰夫通过内蒙古自治政府成立两年多以来所发生的变化，指出：“所有这些明显的事实，充分说明着中国共产党的民族政策及其实施是完全正确的，并已获得了巨大的胜利。……现在，这一个不仅适合于蒙古民族，而是完全适合于中国各少数民族的民族政策，业已把它加以总结，成为我们必须共同遵守的纲领了，我们应该热烈地庆祝这一胜利，热烈地庆祝中华人民共和国的成立。”[③]少数民族首席代表刘格平在大会上呼吁：政协会议上制定的共同纲领、政府组织法、政协组织法，“我们少数民族要百分之百地、全心全意地拥护它，执行它”[④]。当然，这其中就包括了民族区域自治政策在内。

经过广泛讨论，9月29日，政协大会通过了《共同纲领》，最终完成了对民族区域自治为补充形式的单一制的确认。它以国家根本法的形式明确规定：“各少数民族聚居的地区，应实行民族的区域自治，按照民族聚居的人口多少和区域大小，分别建立各种民族自治机关。凡各民族杂居的地方及民族自治区内，各民族在当地政权机关中均应有相当名额的代表。”并规定：“各少数民族均有发展其语言文字保持或改革其风俗习惯及宗教信仰的自由。人民政府应帮助各少数民族的人民大众发展其政治、经济、文化、教育的建设事业。”[⑤]

至此，民族区域自治作为新中国的一项基本国策，在法律上得到了确立，成为新中国政治制度的重要组成部分。虽然《共同纲领》的制定略显仓促，这表现在对民族区域自治的基本原则、基本内容和民族自治机关的具体形式等各方面规定的缺失，但它终究从国家结构的高度确定民族区域

①《中华人民共和国开国文选》，中央文献出版社1999年版，第247页。
② 石光树：《迎来曙光的盛会》，中国文史出版社1987年版，第177页。
③《中华人民共和国开国文选》，中央文献出版社1999年版，第346页。
④《中华人民共和国开国文选》，中央文献出版社1999年版，第363页。
⑤《中华人民共和国开国文选》，中央文献出版社1999年版，第286页。

自治为补充形式的单一制为新中国的选择，从而完成了从局部政策到国策的转变。随着实践和中国共产党认识的发展，民族区域自治制度也不断丰富和发展。在单一制的国家中实行民族区域自治制度，是中国共产党在国家结构形式上的伟大创造。这种国家结构形式既有利于国家的统一和各民族的团结，又有利于地方各项事业的发展和各少数民族自主地管理自己的事务。实践已经证明并将长期证明，开国前夕中共的抉择是英明的。

从新中国政治制度形成的历史考察中可以看出：新中国初期的政治体制，不是共产党的主观设计，也不是外部意志的压力，而是由当时中国的社会条件、阶级状况和历史条件决定的。这种选择既能保证中共对国家提供强有力的领导，又扩大了新政权的社会基础，增强了政府的合法性和权威性；另外，为社会各阶级、阶层提供了广泛的政治参与途径，扩大了执政党的执政资源，削减了中小资产阶级及其知识分子对执政党与新生政权的疑虑，有利于新中国成立初期的社会政治稳定。实践证明，它是适合中国国情的具有中国特色的基本政治制度。美国著名中国学家费正清在其著作《剑桥中华人民共和国史》中指出：到1949年中国共产党取得全国政权时，中国的爱国者们已经花了整整两代人的时间借鉴西方的政治模式和社会秩序理论。1949年，毛泽东与他的中国共产党同事，作为获得成功的革命者，意识到了自己的创造力以及新时代的新需要。他们在更新历史的进程中的根本任务就是如何挣脱中国以往的政治定势。年轻的中国共产党在直到1949年以后的很长时间内，都保留着显著的领导集团的内聚力……证明它完全有能力在20世纪建立一个适应中国当代环境的统治系统。庞大的中国仍然是一个统一的国家就是一个证明。

中共十八大报告强调：我们要永远铭记，改革开放伟大事业，是在以毛泽东同志为核心的党的第一代中央领导集体创立毛泽东思想，带领全党全国各族人民建立新中国，取得社会主义革命和建设伟大成就以及艰辛探索社会主义建设规律取得宝贵经验的基础上进行的。新民主主义革命的胜利，社会主义基本制度的建立，为当代中国一切发展进步奠定了根本政治前提和制度基础。

第四章　历史的“桥”和“船”

——从新民主主义向社会主义是如何过渡的

从1949年10月中华人民共和国成立到1956年社会主义改造基本完成，是由新民主主义社会向社会主义社会过渡的历史时期。这一时期，大致可分为两个阶段。第一个阶段从新中国成立到1952年底，习惯上称为国民经济恢复时期，也是新民主主义建国纲领的全面实施阶段；第二阶段从1953年到1956年，是全国人民在过渡时期总路线的指引下进行社会主义改造，建立起社会主义基本制度，从此，中国进入了社会主义初级阶段。考察这一过程，总结其经验教训，对于坚定不移地走中国特色社会主义道路，具有重要的现实意义。

一、新民主主义社会的建国实践

新民主革命胜利后将建立一个什么样的社会，如何建设这个社会？以毛泽东为代表的中国共产党人在20世纪40年代就提出了新民主主义社会的构想。1940年1月，毛泽东在《新民主主义论》一文中指出：“这个革命的第一步、第一阶段，决不是也不能建立中国资产阶级专政的资本主义社会，而是要建立以中国无产阶级为首领的中国各个革命阶级联合专政的新民主主义社会，以完结其第一阶段。然后，再使之发展到第二阶段，以建立中国社会主义的社会。”[①]这标志着新民主主义社会构想的正式提出。

那么，新民主主义社会到底是一个什么性质的社会，它与资本主义和社会主义有怎样的关系？对于这个问题，毛泽东做了明确的阐述。1943年8

---

①《毛泽东选集》第2卷，人民出版社1991年版，第672页。

月，毛泽东在中央党校二部开学典礼上指出："我们要建立的新民主主义社会，它的基本性质仍是资本主义的，破坏了封建秩序，推翻了帝国主义和封建制度的压迫，而在无产阶级的领导之下，人民群众充分发动起来了。"[①]1944年3月，毛泽东又指出："现在我们建立新民主主义社会，性质是资本主义的，但又是人民大众的，不是社会主义，也不是老资本主义，而是新资本主义，或者说是新民主主义。"[②]为什么中国共产党领导的民主革命，要把建立基本性质是资本主义的新民主主义社会作为自己的目标，而不是紧接着进行社会主义革命，建立社会主义社会呢？毛泽东指出："没有一个新民主主义的联合统一的国家，没有新民主主义的国家经济的发展，没有私人资本主义经济和合作社经济的发展，没有民族的科学的大众的文化即新民主主义的文化的发展，没有几万万人民的个性解放和个性发展，一句话，没有一个由中国共产党领导的新式资产阶级性质的彻底的民主革命，要想在半殖民地半封建的废墟上建立起社会主义社会来，那只是完全的空想。"[③]这段话还说明了从新民主主义社会向社会主义社会过渡所应具备的基本条件，那就是要经过新民主主义社会在政治、经济、文化的全面发展，并根据中国人民的需要和意愿，才能实现社会形态的过渡。

那么，为什么新民主主义社会的性质仍是资本主义，是"新资本主义"呢？毛泽东分析指出：第一，中国的新民主主义革命不再属于旧式的资产阶级民主主义革命范畴，而属于世界无产阶级社会主义革命的范畴。第二，在新民主主义社会内，资本主义不是像欧美资本主义那样无限制发展，而是在有利于国民生计的轨道上发展，这种发展不但有利于资产阶级，而且有利于无产阶级，或者说更有利于无产阶级。第三，新民主主义社会，领导力量是无产阶级而不是资产阶级，经济基础即生产关系是多种经济成分并存，其中社会主义性质的国营经济起主导作用。第四，新民主主义社会的发展方向，是建立社会主义社会。但是在1948年9月的政治局会议上，毛泽东认为新资本主义"我看这个名词是不妥当的……我们的社会经济的名字还是叫'新民主主义经济'好"[④]。可以看出，毛泽东提出的

①《毛泽东文集》第3卷，人民出版社1996年版，第56页。
②《毛泽东文集》第3卷，人民出版社1996年版，第110页。
③《毛泽东选集》第3卷，人民出版社1991年版，第1060页。
④《毛泽东文集》第5卷，人民出版社1993年版，第139页。

新民主主义社会既不是资本主义社会，也不是社会主义社会，而是介于半殖民地半封建社会和社会主义社会之间的一种过渡社会形态，这种社会形态是由无产阶级来领导的，各个革命阶级联合专政，多种经济成分并存，最终前途是建立社会主义社会。这种社会形态在新中国成立以前已经在共产党领导的解放区付诸实践。

中华人民共和国成立后，按照《共同纲领》的要求，建国头三年，党领导人民全面实施新民主主义的建国纲领，进行了政治、经济、文化等各方面的建设。

第一，政治上，建立起人民民主专政的国家政权和各级人民政权。

解放战争胜利前夕，建国的任务提到党中央的重要日程上来。在1948年9月的中央政治局会议上，毛泽东把即将建立的新政权性质表述为："无产阶级领导的，以工农联盟为基础，但不是仅仅工农，还有资产阶级民主分子参加的人民民主专政。" 1949年6月30日，在《论人民民主专政》一文中，毛泽东系统阐述了人民民主专政的建国理论。在这一理论指导下，《共同纲领》规定："中华人民共和国为新民主主义即人民民主主义的国家，实行工人阶级领导的，以工农联盟为基础的、团结各民主阶级和国内各民族的人民民主专政"；"中华人民共和国的国家政权属于人民。人民行使国家政权的机关为各级人民代表大会和各级人民政府"。"各级政权机关一律实行民主集中制"。中华人民共和国境内各民族一律平等，实行民族的区域自治。《共同纲领》明确规定新中国政权的性质，是无产阶级领导的，包括工人阶级、农民阶级、小资产阶级和民族资产阶级的四个阶级联盟的人民民主专政，建立的是人民民主统一战线的联合政权。这既不同于西方的资产阶级共和国，也不同于苏联的社会主义联邦共和国。

第二，经济上，以保护和发展生产力为中心，实行新民主主义的各项经济政策，恢复和发展国民经济。

《共同纲领》规定新民主主义经济建设的基本方针为：公私兼顾、劳资两利、城乡互助、内外交流（"四面八方"政策）。在经济建设中，实行国营经济、合作社经济、农业和手工业的个体经济、私人资本主义经济和国家资本主义经济分工合作，各得其所，共同发展。在土地改革中，保护富农经济，确保中农的土地所有权和财产不受侵犯；在城市中坚决没收官僚资本，保护民族资本，发挥其积极作用。核心目的是保护和发展生产力，以利于国民经济的恢复和发展。即使在抗美援朝斗争中，也坚持“边打、边稳、边建”的方针，不失时机地进行重点建设，使国民经济迅速得到了恢复。

第三，思想文化上，以建设新民主主义的文化，即民族的、科学的、大众的文化为中心。

党的思想文化工作的主要目标，是确立马克思主义在国家意识形态中的指导地位，重点清除帝国主义、封建主义和官僚资本主义的思想影响，反对过早提出“消灭资产阶级思想”的口号。同时，开展知识分子思想改造运动，对旧有的教育科学文化事业进行改革。

总之，在头绪复杂的新中国成立之初，以毛泽东为核心的中共中央曾真心实意地领导并开展了新民主主义的建设实践，国民经济得到恢复，中国的政治、经济、文化和社会面貌发生了巨大变化，为向社会主义过渡创造了有利条件。

二、过渡时期总路线的提出及原因

从1952年下半年开始，随着国民经济恢复任务的基本完成，在对不法资本家的“五毒”行为进行打击之后，毛泽东在向社会主义过渡问题上产生了新的想法，逐步提出了党在过渡时期的总路线。

（一）新中国成立前后关于过渡时间、条件、方式等问题的设想

在1948年9月的中共中央政治局会议上，毛泽东第一次比较具体地估计了向社会主义过渡的时间。当刘少奇在会议上讲到不能过早地采取社会主义政策时，毛泽东插话：“到底何时开始全线进攻？也许全国胜利后还要十五年。”在为会议做结论时，毛泽东说：“关于完成新民主主义到社会主义的过渡的准备，苏联是会帮助我们的，首先帮助我们发展经济。我国在经济上完成民族独立，还要一二十年时间。我们要努力发展经济，由发展新民主主义经济过渡到社会主义。”他指出：“这些观点是可以宣传的。”[1]

①《毛泽东文集》第5卷，人民出版社1996年版，第146页。

1949年4月，刘少奇在同天津工商业家座谈时说，将来到中国的工业生产过剩的时候，就是要搞社会主义的时候，但那将是几十年以后的事情。

1949年3月党的七届二中全会决议规定："在革命胜利以后，迅速地恢复和发展生产，对付国外的帝国主义，使中国稳步地由农业国转变为工业国，由新民主主义国家转变为社会主义国家。"这一精神在建国初期具有临时宪法作用的《共同纲领》中得到了充分体现。《共同纲领》并没有把社会主义前途写进去。

中华人民共和国成立后，毛泽东在七届三中全会上指出，在中国实行私营工业国有化和农业社会化，"还在很远的将来"。他说："我们的国家就是这样地稳步前进，经过战争，经过新民主主义的改革，而在将来，在国家经济事业和文化事业大为兴盛了以后，在各种条件具备了以后，在全国人民考虑成熟并在大家同意了以后，就可以从容地和妥善地走进社会主义的新时期。"①

1951年2月，中共中央政治局扩大会议正式决议：三年准备，十年计划经济建设。刘少奇在几次会议上对此做了解释，大致是：经过三年准备、十年建设，可能再加上几年，进入社会主义。周恩来也做过类似的说明。1952年10月，他说："前途问题，过去我曾经讲过多次，毛主席的方针是稳步前进，三年恢复，十年、二十年发展。发展新民主主义经济可能要十年、二十年，不能把时间说得那么准，马克思主义不是刘伯温的'推背图'。"

总之，新中国成立前夕直至1952年，毛泽东和中央其他领导人的认识是一致的，即新中国成立后要搞十年至二十年甚至更长一段时间的新民主主义，集中精力恢复和发展经济，实现国家的工业化。只有实现了国家工业化，生产力发展到一定水平，农村也有条件实现机械化，才能实行私营工业国有化和集体化。具体方式是：在条件具备的情况下，依靠国营经济的强大实力，由国家发布一道命令，一举消灭资本主义经济。

（二）过渡时期总路线的提出及对原来设想的改变

过渡时期总路线的提出有一个过程。1952年6月，毛泽东在中央统战部

①《毛泽东文集》第6卷，人民出版社1996年版，第80页。

的一个文件上批示：在打倒地主阶级和官僚资产阶级之后，中国内部的主要矛盾即工人阶级与民族资产阶级的矛盾，故不应再将民族资产阶级称为中间阶级。同年9月，在中共中央书记处的一次会议上，毛泽东第一次明确提出开始向社会主义过渡的新主张。他说：用10年到15年基本上完成向社会主义的过渡，不是10年以后才开始过渡。这显然是一个新思考，对此，与会的中央其他领导没有提出明确异议，并连续召开中央书记处会议进行讨论。10月，趁刘少奇率中共中央代表团去参加苏共十九大的机会，毛泽东委托刘少奇就向社会主义过渡问题征求斯大林的意见。斯大林说，当我们掌握政权以后，过渡到社会主义去应该采取逐步的办法。

此后，毛泽东又多次谈到向社会主义过渡的问题。1953年2月，在中央政治局会议上，毛泽东谈到在湖北视察时同孝感地委负责人谈话的内容时说：在十年到十五年或者还多一些的时间内，基本上完成国家工业化及对农业、手工业、资本主义工商业的社会主义改造，要防止急躁情绪[①]。

经过酝酿，1953年6月15日，毛泽东在中央政治局会议上明确提出了党在过渡时期的总路线和总任务，并为中央政治局所接受。

1953年12月28日，由中宣部起草、经毛泽东修改的《关于党在过渡时期总路线的学习和宣传提纲》正式公布了总路线的内容，即“从中华人民共和国成立，到社会主义改造基本完成，这是一个过渡时期。党在这个过渡时期的总路线和总任务，是要在一个相当长的时期内，逐步实现国家的社会主义工业化，并逐步实现国家对农业、对手工业和对资本主义工商业的社会主义改造。这条总路线是照耀我们各项工作的灯塔，各项工作离开它，就要犯右倾或‘左’倾的错误”[②]。1954年2月，中共七届四中全会正式批准了这条总路线，并于当年载入《中华人民共和国宪法》。

党在过渡时期的总路线，概括起来，就是“一化三改造”。过渡时期总路线与原来的设想相比，在过渡的性质、过渡的方向，实现国家工业化，以及转变为社会主义的规划时间方面，大体一致。如由新民主主义过渡到社会主义所需的大概时间，党内明确总路线中所说的“相当长的时期内”是指三个五年计划即15年，加上国民经济恢复时期的3年，共18年。这与

①《毛泽东传(1949—1976)》(上)，中央文献出版社2003年版，第249页。
②《建国以来重要文献选编》第4册，中央文献出版社1993年版，第700—701页。

原来设想先进行10年到20年的新民主主义建设再开始过渡，在时间上大体一致。

但总路线在过渡的步骤、方式方法等方面做出了新的重要改变。

第一，改变了中华人民共和国成立后需要经过一个相当长的新民主主义建设阶段，然后再向社会主义过渡的设想，认为新民主主义建设时期，就是过渡时期，中华人民共和国成立之日，就是开始向社会主义过渡之时。两个阶段合一了。

第二，改变了先实现国家工业化，然后再进行社会主义改造的设想，提出社会主义工业化和社会主义改造同步进行。毛泽东把国家的工业化和社会主义三大改造的关系比作“主体和两翼”。“主体”和“两翼”是密不可分、互为前提的。

第三，改变了对资本主义工商业先利用、限制，在条件成熟时通过国有化命令一举消灭的设想，而提出了对其实行利用、限制和改造的方针，通过国家资本主义形式，逐步地将其引导上社会主义的轨道。

（三）过渡时期总路线提出的原因

为什么新中国刚成立三年，毛泽东和党中央就改变了原来向社会主义过渡的设想，提出过渡时期总路线呢？

第一，中国社会经济的现实变化，超出原来的预料，为毛泽东思考、决策并提出过渡时期总路线提供了重要的依据和支持。

经过三年的经济恢复发展，到1952年夏秋之交，中国的社会经济已经发生一些超出原来预料的变化。第一个变化，在以巨大财力支持抗美援朝战争的情况下，恢复国民经济的任务奇迹般地提前完成。工农业总产值比新中国成立前最高水平的1936年增长20%。第二个变化，国营工商业和私营工商业的产值比例发生了根本性的变化。1949年中国工业生产总值的公私比例是，国营占43.8%，私营占56.2%；到1952年9月，国营上升到67.3%，私营下降到32.7%。第三个变化，在土地改革以后，农村中的互助合作事业普遍发展起来。这三个重要社会经济现象，促使毛泽东做出新的理论思考和决策。其中最引起他注意的，是工商业公私比例的变化。在1952年9月的中央书记处会议上，他就指出：“二中全会提出限制和反限制，现在这个内容就更加丰富了。工业，私营占32.7%，国营占67.3%，是三七开；商业零售是倒四六开。再发展五年比例会更小（资小我大），但绝对数字（指资）仍会有些发展，这还不是社会主义。五年以后如此，十年以后会怎么样，十五年以后会怎么样，要想一想。”[①]可以说，中国工商业产值中公私比例数字的变化，成为毛泽东提出向社会主义过渡的重要依据。

第二，提出向社会主义过渡，同毛泽东对当时中国社会阶级状况和社会主要矛盾的基本分析直接相关。

革命性质的变化，决定于阶级关系的变化，决定于社会主要矛盾的变化。1952年6月，在“三反”“五反”即将结束、土地改革基本完成的时候，毛泽东就提出：“在打倒地主阶级和官僚资产阶级以后，中国内部的主要矛盾即是工人阶级与民族资产阶级的矛盾，故不应再将民族资产阶级称为中间阶级。”把资产阶级作为革命的对象，标志着社会主义革命即将开始。

第三，国际环境和苏联过渡时期的理论与实践，也对毛泽东及党中央提出过渡时期总路线产生了重要影响。

当时，毛泽东对国际形势的估计是，争取十五年不打仗是可能的。同时，朝鲜战争接近尾声，国内各种社会改革已基本完成并转入建设时期。这样，就有可能提出过渡的问题。此外，在两大阵营对峙的冷战格局下，党中央在考虑向社会主义过渡时，很自然地以苏联过渡时期的理论与实践为蓝本。党中央认为，我国过渡时期的情况“和苏联十月革命后一个时期的历史一样”[②]。鉴于苏联的经验，为推进国家工业化的进程，为保证社会主义经济成分逐步取代资本主义成分并使之成为全社会唯一的经济基础，中央决定转向实现国家工业化和社会主义改造同时并举——直接向社会主义过渡的战略。

第四，新民主主义社会理论的局限性。新民主主义社会论也有其不足之处。它存在着两个革命阶段转变时间衔接的模糊性，存在着主要矛盾与中心任务的二元论，存在着对新民主主义社会性质认识的不确定性，还存在着对新民主主义社会形态设想的时间过短的缺陷。这就容易使党的领导

①《毛泽东传(1949—1976)》(上)，中央文献出版社2003年版，第236—237页。
②《中共党史参考资料(八)》，人民出版社1980年版，第41页。

人的认识在实践中发生改变。

总之，过渡时期总路线是在当时历史条件下提出的，有其合理的历史根据。特别是提出马上开始向社会主义过渡，符合当时多数人的心理和国际共产主义运动的需要。它的实施，不仅提前一年完成了“一五”计划，而且创造性地开辟了一条适合中国特点的社会主义改造道路。

然而，鉴于当时的认识水平，总路线的提出又不免带有求纯求快的问题。

一是在过渡的目标上追求单一的社会主义公有制。毛泽东在1953年6月15日的政治局会议上，就讲到了“十年到十五年后资本主义绝种”问题。总路线宣传提纲也说：“党在过渡时期的总路线的实质，就是使生产资料的社会主义所有制成为我国国家和社会的唯一的经济基础。”

二是在工业化与社会主义改造的关系上，虽有“主体”（国家工业化）和“两翼”（三大改造）之说，但实际上是把重点放在所有制的改造上面。其结果，必然使“两翼”超前“主体”，生产关系的改变超出生产力发展水平所允许的程度。

三是对向社会主义过渡的艰巨性认识不足，把过渡的时间估计过短。在工业化问题上，对社会化大生产的工业体系也缺乏足够的认识。

三、社会主义改造的完成及其认识

按照党的过渡时期总路线的要求，从1953年起，我国开始了大规模的对农业、手工业和资本主义工商业的社会主义改造运动。

（一）社会主义改造的实践及其加速完成

党对农业的社会主义改造在土地改革后期就已经开始。土地改革后，一些刚刚获得土地的贫苦农民就开始组织起来，成立各种形式的互助合作组织。1950年，全国农村有互助组272.4万多个，参加农户1131.3万多户。到1951年，互助组发展到467.5万多个，参加农户有2100万户。农业生产合作社也从1950年的19个，增加到1951年的130个[①]。1951年9月，全国第一

①《中国农业年鉴(1980)》,农业出版社1981年版,第4页。

次互助合作会议召开，会议形成《关于农业互助合作的决议（草案）》。决议草案分析和肯定了农民在土地改革基础上产生的两个积极性：个体经济的积极性和劳动互助的积极性。但决议的重点，是放在发展互助合作运动方面。决议要求按照自愿互利、典型示范和国家帮助的原则，大量发展互助组，有重点地试办初级农业生产合作社。到1952年底，全国有40%的农户参加了互助组，建立了3600多个农业生产合作社。根据这种形势，1952年11月，中央决定在省委以上领导机关建立农村工作部，并指定邓子恢担任中央农村工作部部长，其任务是组织与领导广大农民的互助合作运动。经过一年的发展，1953年12月，中共中央又通过了《关于发展农业生产合作社的决定》，为提高农业合作化运动程度确定新的指导方针。决议第一次对我国个体农业的改造道路做了明确的表述，即引导个体农民经过具有社会主义萌芽的互助组，到半社会主义性质的初级社，再到完全社会主义性质的高级社。在农业进行社会主义改造过程中，要贯彻"积极领导，稳步前进"的方针，既要反对放任自流，也要反对任何强迫命令和剥夺农民的行为。决议规定初级农业生产合作社的发展数字，1954年秋前由现有的14000多个发展到35800多个，到1957年争取发展到80万个左右，参加的农户争取达到农村总户数的20%左右。到1955年上半年，全国建立并巩固了65万个初级农业合作社。

在手工业方面，到1953年底，全国共组织起手工业生产合作社4800多个，社员29.8万多人。1953年底，第三次全国手工业生产合作会议提出，对手工业改造的方针是坚持积极领导，稳步前进；组织形式是由低级形式的手工业生产小组、过渡形式的手工业供销生产合作社到高级形式的手工业生产合作社。到1955年上半年，全国手工业生产合作组织发展到近5万个，从业人员近150万人。

在国民经济恢复时期，为了帮助私营工商业克服生产经营上的困难，国家采取了加工订货、统购包销、经销代销等形式，这实际上就开始了对资本主义工商业的社会主义改造。到1952年底，加工订货、统购包销的产值占私营工业总产值的56%，私营工业中有997户实行了公私合营。1953年春，中央统战部部长李维汉率调查组到武汉、南京、上海等地进行调查后，向中央报送了《资本主义工业中的公私关系问题》的报告，明确指出国家资本主义的各种形式，是利用和限制工业资本主义的主要形式，是改造资本主义工业使它逐步过渡到社会主义的主要形式。中央采纳了这个意见。从1954年起，对私营工商业的改造转入重点发展公私合营的高级形式。公私合营后，利润分配实行“四马分肥”（即把企业的利润分成四份：所得税34.5%，福利费15%，公积金30%，资方红利20.5%）。公私合营的企业，一般是规模较大和生产经营较好的企业，而绝大多数分散落后的私营中小企业在国家优先照顾国营和公私合营企业生产任务的情况下，处境困难，主动要求合营。在这种情况下，1954年12月，中央提出统筹兼顾、统一安排、个别合营与按行业改造相结合的方针。1955年，北京、上海、天津等地出现了部分行业的全行业的公私合营。

从总体情况看，到1955年夏季之前，由于党中央采取的措施得当，社会主义改造运动循序渐进，健康发展，取得了比较好的效果。

正当社会主义改造顺利进行的时候，从1955年5月起，党内对农业合作化形势的估计及合作化发展速度产生了较大分歧。毛泽东认为邓子恢和中央农村工作部思想保守了，并在7月中央召集的省、市、自治区党委书记会议上，把邓子恢等人主张稳步前进的意见看作墨守成规的“小脚女人”“右倾”，认为“农村中不久就将出现一个全国性的社会主义改造的高潮”。会后，全国开展了反右倾保守斗争，合作化运动迅猛发展。于是，从当年夏季开始，初级社迅速向全国普及，1956年春又掀起大办高级社的高潮。到1956年底，全国有96.3%的农户入了社，加入高级社的农户高达87.8%，农业合作化运动基本完成。

在农业合作化高潮的影响下，资本主义工商业的改造步伐也开始大大加快。1955年11月，党中央通过了《中共中央关于资本主义工商业改造问题的决议（草案）》，决定把私营工商业的社会主义改造推进到全行业公私合营阶段。1956年1月，全国掀起了资本主义工商业改造的高潮。到年底，全国私营工业户的99%、商业户的82.2%、运输业的99%、饮食业的86%、服务业的77%都实行了全行业的公私合营。同时，手工业改造的步伐也急剧加快。到1956年底，全国91.7%的手工业生产者加入了手工业生产合作社，手工业的改造基本完成。

这样，设想用15年左右时间完成的社会主义改造，不到4年就超计划完成，而且主要是在农村社会主义高潮以后近一年半的时间里完成的，步子显然太快了。生产关系的急剧变革，不可避免地带来一些问题。

（二）对社会主义改造的认识

1956年社会主义改造任务的完成，标志着社会主义制度在中国的确立。同年9月党的八大正式宣布，我国已经进入社会主义社会。在新中国成立以后几年的时间，我们党就在一个人口众多的农业国实现了生产资料所有制的社会主义改造，进入了社会主义初级阶段，这是怎么估计都不过分的巨大成就。正如1981年6月党的十一届六中全会通过的《关于建国以来党的若干历史问题的决议》所说："在一个几亿人口的大国中比较顺利地实现了如此复杂、困难和深刻的社会变革，促进了工农业和整个国民经济的发展，这的确是伟大的历史性胜利。"决议同时指出："这项工作中也有缺点和偏差。在一九五五年夏季之后，农业合作化以及手工业和个体工商业的改造要求过急，工作过粗，改变过快，形式也过于简单划一，以致在长时期遗留了一些问题。"[①]这种经过深刻反思做出的历史结论，应该说是客观的。

首先应该看到，社会主义改造将农民、手工业者的个体经济转变为社会主义集体经济，将资本主义私有制转变为社会主义公有制，消灭了剥削制度和剥削阶级，建立了以生产资料公有制和按劳分配为主要形式和特点的社会主义经济制度，社会主义制度在中国得到了确立，从而实现了中国历史上几千年来最伟大最深刻的社会变革，实现了中国共产党领导中国革命的基本目标。习近平总书记在纪念毛泽东诞辰120周年座谈会上讲话指出：中华人民共和国成立后，以毛泽东同志为核心的党的第一代中央领导集体带领人民，在迅速医治战争创伤、恢复国民经济的基础上，不失时机提出了过渡时期总路线，创造性地完成了由新民主主义革命向社会主义革命的转变，使中国这个占世界四分之一人口的东方大国进入了社会主义社会，成功实现了中国历史上最深刻最伟大的社会变革。新民主主义革命的胜利，社会主义基本制度的确立，为当代中国一切发展进步奠定了根本政治前提和制度基础。

① 《关于建国以来党的若干历史问题的决议注释本》，人民出版社1986年版，第18页。

其次，作为一场涉及亿万人民的社会制度的大变革，不但没有造成大的社会动荡和生产力的破坏，而且是在国民经济稳定增长和人民普遍拥护的情况下实现的，促进了社会生产力的发展。通过社会主义改造将农民、手工业者的个体经济转变为社会主义集体经济，将资本主义私有制转变为社会主义公有制，消灭了剥削制度和剥削阶级，建立了以生产资料公有制和按劳分配为主要形式和特点的社会主义经济制度，社会主义制度在中国得到了确立，从而实现了中国历史上几千年来最伟大最深刻的社会变革，实现了中国共产党领导中国革命的基本目标。作为一场涉及亿万人民的社会制度的大变革，不但没有造成大的社会动荡和生产力的破坏，而且是在国民经济稳定增长和人民普遍拥护的情况下实现的，促进了社会生产力的发展。随着社会主义经济制度的确立，第一个五年计划原定的主要指标，大都提前完成了。一大批旧中国没有的基础工业部门，开始一个个建立起来。“一五”期间工业生产所取得的成就，远远超过了旧中国的一百年。同世界其他国家工业起飞时期的增长速度相比，也是名列前茅。这一切都为当代中国的发展奠定了初步的物质基础。

最后，从中国的基本国情出发，创造了一系列由低级到高级的改造形式，走出了一条有中国特色的社会主义改造道路，在理论和实践上丰富和发展了马克思列宁主义。特别是在资本主义工商业改造方面，利用各种形式的国家资本主义，成功地实现了对资产阶级的和平赎买，并把资本家改造成为自食其力的劳动者，这是国际共产主义运动史上的一个创举。

客观地评价，社会主义改造也的确有一些缺点和偏差，主要表现在：

第一，在生产关系的变革方面脱离生产力的发展水平，盲目求纯，基本上建立了单一的社会主义所有制。这就脱离了中国生产力落后的实际。

第二，误以为社会主义经济就是计划经济，而计划经济就是由国家下达指令计划，限制以至取消了商品经济和市场调节的积极作用。

第三，在农村经济的生产经营管理方面，照搬苏联集体农庄的某些经验，不利于社员生产积极性的发挥。对个体手工业和私营工商业改组合并过多，不利于经济的发展。

对于社会主义改造中的遗留问题，党中央在1956年前后开始有了一定程度的认识，并提出了一些改进措施，但不久就被一系列政治运动所打断。直到十一届三中全会以后，党对社会主义的认识才有了历史性的飞跃，提出了中国特色社会主义理论。

四、几点启示

以史为鉴，可以知兴替。考察党领导人民从新民主主义向社会主义过渡的理论和实践，其中的经验教训对我们今天建设中国特色社会主义有重要的借鉴意义。

第一，从人民的利益出发，坚持以经济建设为中心，正确处理其他各项工作与经济工作的关系。

中华人民共和国成立后，面对错综复杂的局面，党和政府从人民的根本利益出发，始终把发展生产、繁荣经济作为中心工作来抓，制定实施了“四面八方”的经济政策和“不要四面出击”的策略方针。抗美援朝战争开始后，又制定了“边打、边稳、边建”的方针，而后过渡时期总路线又把进行社会主义改造和实现工业化同时并举，采取一系列逐步过渡的改造形式以避免破坏生产力。尽管这七年中党的工作出现了偏差和失误，但总体上经济建设的中心主线贯彻始终，人民生活水平有了很大提高，因而党能够取信于民，得到人民的拥护和支持。这一经验对于我们今天在实际工作中，如何坚定不移地坚持以经济建设为中心，正确处理改革、发展、稳定的关系富有启发意义。

第二，在经济落后的中国进行社会主义革命和建设，必须从中国的实际出发，创造性地运用马列主义理论和外国经验，不能一概照抄照搬。

当时，中国共产党对社会主义的认识主要来自经典作家关于社会主义的理论和苏联建设社会主义的实践这两个方面。在向社会主义过渡、进行社会主义改造问题上，对马列主义的理论和苏联经验既有创造性运用，又有照搬。当时苏联作为世界上第一个社会主义国家已经搞了30多年的建设，在斯大林的领导下，建立起了高度集中的计划经济体制和中央高度集权的政治体制。由于苏联在20世纪30年代就迅速地实现了由农业国到工业国的转变，并在40年代又赢得了打败德国法西斯的伟大胜利，从一定角度体现了苏联社会主义制度的优越性，因而成为当时世界上公认的唯一的社会主义理想模式。我们要建立社会主义制度，就要学习苏联。随着“一五”计划完成建立起的高度集中统一的计划经济体制对我国的经济发展产生了长远的消极影响。正反两方面的经验再次证明，马克思主义必须与中国实际相结合，走中国特色的社会主义建设道路。

第三，要正确处理好社会主义同资本主义的关系问题，利用资本主义来发展社会主义经济。

在中共党内，很长一个时期没有解决好社会主义同资本主义的关系问题，因而形成一种“左”的顽症。从党的七大、七届二中全会一直到新中国成立初期，在对待资本主义的问题上，毛泽东和党中央都是谨慎的，多次强调在中国发展资本主义的意义，对资本主义采取了利用、限制的方针。然而，随着过渡时期总路线的实施，提出要使资本主义绝种，小生产也绝种，这就脱离了中国的国情和生产力发展水平，不利于中国经济的发展。在社会主义改造完成以后很长时间内，我们把市场及市场经济等不是资本主义特有的东西当作资本主义，在理论上造成了认识上的失误，严重阻碍了生产力的发展。

第四，无论领导革命或建设工作，都必须一切从实际出发，调查研究，绝不能急于求成，犯主观性急的毛病。

我国由原来设想的经过新民主主义的建设阶段，到过渡时期总路线的提出，再到社会主义改造速度的突然加快，时间一再提前，这就难免出现问题。如薄一波所说：毛主席、党中央根据中国的实际情况曾设想，“必须搞一个阶段的新民主主义，在这一过程中，逐步增加社会主义成分，等条件成熟以后，再顺利地向社会主义过渡。后来的发展说明，当时的这一设想是符合实际的，是正确的。如果按《共同纲领》坚持10年20年，我国的社会主义经济发展虽然仍难免遇到各种复杂的情况，但有可能避免那些由于急于求成而遭致的曲折”[①]。这说明，社会发展阶段是不可逾越的，欲速则不达。生产关系的变革要同生产力发展水平相适应的原理，不能违背。当年没能坚持按设想的过渡时间来搞建设，特别是社会主义改造后期急躁

① 薄一波：《列席中央书记处会议》，《中共党史研究》1997年第6期。

冒进留下的教训，已经成为今天我们长期建设初级阶段社会主义的宝贵借鉴。

历史和前人不能苛求，但我们可以站在今天的高度重温历史，重新认识历史和前人的得失，目的是为了避免再犯同样的错误，更好地开辟未来。

第五章　生命线的传承

——新中国成立初期党的思想政治工作是如何开展的

1949—1956年，中国社会制度发生了两次巨变：由半殖民地半封建社会到新民主主义社会，再由新民主主义社会到社会主义社会，每一次变革都引起了道德上和精神上的巨大高涨。为了使转变的合法性为全国各阶层群众所承认和支持，党继承和发扬了革命年代重视思想政治工作的传统，采用宣传网等制度方式，围绕不同时期的不同中心工作，加强了党的思想政治工作，从而使得新中国成立初期党执政的合法性和各项工作的顺利开展有了思想上的保证。这些经验值得我们认真总结和学习借鉴。

一、强化思想政治宣传及教育

新中国成立初期，新旧政权更替，各种思想相互激荡，共产党从农村走进了城市，成为新中国的执政党。在新的历史条件下，如何保持自己的先进性，如何使全国各阶级、阶层接受新政权，如何使其合法性得到广泛承认？面对这些问题，共产党强化了思想政治宣传及教育工作。

首先，提出了“思想政治工作”的概念。思想政治教育是中国共产党的传家宝，其正是靠着思想政治教育工作起家并发展壮大的。在思想政治教育史上，共产党先后使用过“政治工作”“政治教育”“思想教育”等概念，但这些概念都没有完整地表达出思想政治工作的内涵。1951年5月在中国共产党第一次全国宣传工作会议上，刘少奇首次提出“思想政治工作”概念，他指出，“今天，思想政治工作的必要性更加提高了，更加需要加强党的思想领导……实际工作任务更加重了"[1]。思想政治工作概念的提出是一个重大的进步，它从字面上突出了两个极为关键的字眼，即"政治"和"思想"，将二者结合成一个概念。这一概念的提出，使思想工作和政治工作在内容上有所交叉和互补，从而增加了其所能概括的内容范围，使之更加清晰、科学化。该概念不仅包含了政治工作中的思想工作，而且包含了政治工作之外的思想工作，还包含了政治工作中的非思想工作，并突出了思想工作的政治性[2]。

其次，中央高度重视思想政治宣传及教育工作。一般来说，新制度刚刚代替旧制度之时，执政者势必会加强思想政治宣传及教育，为的是破旧立新，新中国建立之初也不例外。在1951年5月召开的第一次全国宣传工作会议上，刘少奇强调要加强党的宣传工作，他指出，"每个党员要把党的主张、党的政策向人民作解释、作宣传，宣传我们党的基本观点，以马列主义的观点反对一切错误的观点。每个党员都要这样做"[3]。为了避免实践过程中各级领导一手硬一手软而忽视思想政治工作的现象，毛泽东特别强调，"我希望，所有的省委书记、市委书记、地委书记以及中央各部门的负责同志，都要奋发努力，在提高马克思列宁主义水平的基础上，使自己成为政治工作和经济工作的专家。一方面要搞好政治思想工作，一方面要搞好经济建设工作。"[4]中央的高度重视，使得在每一个运动中、在每一处地方，都有成千上万的宣传人员向群众进行宣传活动。这导致全国人民个人的生活和思想都发生了从来未有的根本变化，比民主革命的影响要广泛和强烈得多[5]。

最后，建立宣传网制度。为了更好地做好新中国成立初期的思想政治宣传工作，党中央创立了一种思想政治教育的有效形式，即宣传网制度，使"全国每一处，每一人都能受到适当的宣传教育"，"使我们的国家整个地变为一座伟大的学校"[6]。建立宣传网的目的是在新中国政治社会化过程

①《刘少奇选集》下卷，人民出版社1985年版，第90页。

② 许启贤：《中国共产党思想政治教育史》，中国人民大学出版社1999年版，第521页。

③《刘少奇选集》下卷，人民出版社1985年版，第83页。

④《毛泽东文集》第6卷，人民出版社1999年版，第396页。

⑤ 中央宣传部办公厅：《党的宣传工作会议概况和文献(1951—1992)》，中共中央党校出版社1994年版，第46页。

⑥ 王炎：《论建国初期政治社会化的初步尝试与历史经验》，《教学与研究》2004年第9期。

中，建立党领导的、以报告员和宣传员为核心骨干的群众宣传工作队伍及其组织制度。中宣部于1950年初开始在东北、华北、华东、中南等地区试行建立宣传网的工作。1951年1月1日，中共中央迅速将这一制度推向全国。到1952年底，全国共发展宣传员379万人，报告员75万人。一个在各级党委领导下，以报告员和宣传员为骨干，从上到下、层层沟通联系，覆盖机关、厂矿、农村、街道、学校等一切社会组织细胞的庞大政治社会化组织制度和工作机制开始形成。“正是因为有了这样一支有组织的、经常起作用的、强有力的宣传队伍，党的群众宣传工作才能逐渐克服了过去所存在着的缺乏经常性和组织性的缺点，而迅速地加强和发展起来。”[①]

新中国成立初期的宣传网制度作为党实现政治社会化的重要渠道，在宣传党的意识形态，推动全体人民达成共识，激励动员人民群众积极投身新中国的各项工作，激发政治热情和主人翁态度等方面起到了重要作用。

二、思想政治工作和中心工作并举

党的思想政治工作是党事业的一部分，思想政治工作应与党的基本路线和中心任务相一致，为中心工作提供思想保证和精神动力。新中国成立初期，党的思想政治工作始终是围绕党的中心工作开展的，具体体现在以下几个方面。

第一，思想政治工作围绕经济恢复工作展开。革命胜利的曙光来临之际，党确定以发展经济为中心任务。“从我们接管城市的第一天起，我们的眼睛就要向着这个城市的生产事业的恢复和发展”，“城市中其他的工作，例如党的组织工作，政权机关的工作，工会的工作，其他各种民众团体的工作，文化教育方面的工作，肃反工作，通讯社报纸广播电台的工作，都是围绕着生产建设这一个中心工作并为这个中心工作服务的。”[②]围绕着恢复国民经济这个中心工作，共产党教育全党全国人民要树立战胜困难的信心，指出“这一生产任务是必须而且可能实现的”[③]。

---

①《进一步加强党的宣传网，使它更好地为生产建设服务》，《人民日报》1953年1月3日。
②《毛泽东选集》第4卷，人民出版社1991年版，第1428页。
③《毛泽东文集》第6卷，人民出版社1999年版，第27页。

第二，思想政治工作围绕抗美援朝运动展开。朝鲜战争爆发后，1950年10月，中共中央发出《关于时事宣传的指示》，在全国范围内发起了声势浩大的抗美援朝运动，同时广泛开展国际主义、爱国主义和革命英雄主义教育。深入的宣传和思想教育，使广大人民群众在抗美援朝中表现出空前的积极性，广大群众以实际行动参加抗美援朝。1951年5月1日，全国有2.29亿人参加了支持抗美援朝、保卫世界和平的示威游行与签名活动。大批青年和学生争相报名参加志愿军或军事干校，成千上万的铁路职工、汽车司机和民工到朝鲜担负战地的各种运输与服务工作，医护工作者组织了大批医疗队为中朝部队服务。各阶层人民热烈响应党的号召，捐献飞机大炮。到1952年5月，全国人民捐献了价值相当于3710架飞机的款项，加强了我军装备①。

第三，思想政治工作围绕土地改革展开。为了使全国人民都能深刻领会土改精神，党中央以《中华人民共和国土地改革法》为指导文件，就土改的政策、法规、方法等问题向群众做思想政治工作。刘少奇在《关于土地改革问题的报告》中指出，“在土地改革时期，除开在农村中进行广泛的宣传解释外，还应该在城市的各界人民中，在人民解放军的部队中，进行广泛的宣传解释。”②为了加强对土改运动的领导，党和政府派出了约30万人的土改工作队，分赴各地区领导土改，教育农民做一个革命派，开展“自下而上”的斗争，进行了“吐苦水、挖穷根”“算剥削账”“谁养活谁”等形式的反封建主义思想政治工作。通过教育，农民的阶级觉悟、政治觉悟得到提高，从而为土地改革的顺利开展提供了强大的精神动力和思想保证。

第四，思想政治工作围绕镇压反革命运动展开。为了保证镇压反革命运动的顺利开展，毛泽东特别强调，“镇压反革命无论在城市在乡村均须大张旗鼓，广泛宣传，使人民家喻户晓”③。同时，在镇反运动中，对人民又进行了“纠偏”教育，党中央于1950年10月10日发出了《关于纠正镇压反革命活动的右倾偏向的指示》，1951年2月21日又发布了《中华人民共和国惩治反革命条例》，规定了处理反革命分子的原则和方法。另外，在教育形

① 李光辉:《中国共产党思想政治工作史论》,法律出版社2005年版,第148—149页。
②《刘少奇选集》下卷,人民出版社1985年版,第45页。
③《毛泽东文集》第6卷,人民出版社1999年版,第120页。

式上也摸索了诸如公审大会的形式，通过公审大会，对人民群众进行活生生的阶级斗争教育，不仅密切了党群关系，而且进一步推动了镇反工作的顺利开展。

第五，思想政治工作围绕社会主义改造展开。1953年，党中央正式提出过渡时期总路线，进行对农业、手工业和资本主义工商业的社会主义改造。为了给社会主义改造的顺利开展提供强大的思想保证和精神动力，在全国开展普遍的思想政治教育工作势在必行。1953年12月，党中央批准并转发了中宣部《为动员一切力量把我国建设成为一个伟大的社会主义国家而斗争——关于党在过渡时期总路线的学习和宣传提纲》。这次总路线的宣传教育活动，是新中国成立初期规模最大、范围最广、时间最长，效果也是很好的一次思想政治教育活动，使全国人民受到了一次深刻的社会主义思想教育。正如1954年共产党在七届四中全会上总结指出的：这个宣传教育活动，使党在过渡时期的总路线获得了全国大多数人民的热烈拥护，使社会主义思想在国内树立了压倒一切的优势，使资本主义思想受到了深刻的批判。

三、注意区分社会主义思想教育和新民主主义思想教育的层次关系

早在1940年，毛泽东在《新民主主义论》中就明确地指出，“但是我们既应把对于共产主义的思想体系和社会制度的宣传，同对于新民主主义的行动纲领的实践区别开来；又应把作为观察问题、研究学问、处理工作、训练干部的共产主义的理论和方法，同作为整个国民文化的新民主主义的方针区别开来。”[①]在新民主主义革命时期，正是由于党正确区分了新民主主义思想和社会主义思想的关系，从而团结了一切可以团结的对象，才取得了革命的胜利。新中国成立初期，思想政治工作在内容上十分广泛，涉及不同的领域和层次，这就要求思想政治工作要把握广泛性和重点性的统一。要做到这一点，就应当注意区分社会主义思想教育和新民主主义思想教育的层次关系。

国民经济恢复时期，共产党主要围绕《共同纲领》来开展思想政治工

①《毛泽东选集》第2卷，人民出版社1991年版，第706页。

作，目的是通过大力宣传《共同纲领》的基本思想，获取最广大民众对新民主主义政权的支持与认同。同时，为配合抗美援朝、土地改革、“镇反”、“三反”、“五反”及知识分子思想改造等运动，党和政府通过多渠道，采取多种形式在党内和国民中开展了改造旧社会意识形态的宣传教育活动，包括肃清帝国主义文化影响、批判封建主义意识形态，学习宣传马克思主义、毛泽东思想，批判意识形态领域的错误倾向等方面。通过这些意识形态的宣传教育活动，中共政权很快得到了社会各阶级、阶层的支持与认同。

从1953到1956年，这一时期思想政治工作主要是围绕过渡时期总路线精神和社会主义改造而展开的，重点是对全国人民进行社会主义思想教育。为了赢得民众对社会主义道路的支持与认同，各级党组织和政府围绕“总路线”进行了强有力的宣传。但即使这样，党中央依然注意思想政治工作的层次性，在强调社会主义思想的同时，照旧宣传新民主主义思想，对资本主义及资本主义思想的存在仍是允许的：“学习是自愿的，不能强制。对马列主义有的人信得多，有的人信得少，比如有的政协常委他只爱国，不愿意学习马列主义，也没有办法。”①

令人遗憾的是，这些正确思想未能在后来的思想政治工作中得到始终如一的坚持和贯彻。在改造后期，由于意识形态领域求急、求纯、求同的“左”倾指导思想急剧增长，出现单纯地通过不断的群众运动强硬灌输社会主义思想、片面追求“资本主义绝种，小生产也绝种”的现象，基本忽视了思想政治工作的层次性。

四、对当下的启示

思想政治工作是中国共产党的优良传统和政治优势。当下，我国正处在改革开放的关键时期，经济体制在进行深刻变革，社会结构在进行深刻变化，利益格局在进行深刻调整，发展方式在进行深刻转型，社会价值观念也在日趋多元化。这种情况下，我们必须不断加强和改进思想政治工作，不断提高新形势下做好思想政治工作的能力和水平。尽管时代条件不一样，面对的问题也不一样，但我们还是可以从党在新中国成立初期思想

①《毛泽东文集》第6卷，人民出版社1999年版，第387页。

政治工作的基本经验中得到一些有益的启示，为当前的工作提供借鉴。

首先，全党要高度重视以社会主义核心价值体系为核心内容的思想政治工作。全球化时代，各种思潮相互激荡和影响，在此背景下，社会主义核心价值体系的提出有着立魂、寻根、开源、固本的作用。正如党的十八大报告所强调的，社会主义核心价值体系是兴国之魂，决定着中国特色社会主义发展方向。要深入开展社会主义核心价值体系学习教育，用社会主义核心价值体系引领社会思潮、凝聚社会共识。各级党组织和政府要高度重视倡导社会主义核心价值体系，运用各种新闻媒体，发挥先进典型的示范引导作用，从中央到地方在全社会共同营造形成共同价值观的良好氛围。用马克思主义中国化最新成果武装全党、教育人民，用中国特色社会主义共同理想凝聚力量，用爱国主义为核心的民族精神和改革创新为核心的时代精神鼓舞斗志，用社会主义荣辱观引领风尚。牢牢掌握意识形态工作领导权和主导权，坚持正确导向，提高引导能力，壮大主流思想舆论[①]。

其次，坚持从实际出发，把先进性要求同广泛性要求结合起来。当代社会，社会分层加剧，人们的利益追求越来越多元化，不同阶层存在着不同的思想问题。这就要求在思想政治工作对象上，要注意分层次，把先进性要求同广泛性要求结合起来。比如在价值观宣传方面，国家层面要倡导富强、民主、文明、和谐；社会层面要倡导自由、平等、公正、法治；公民层面要倡导爱国、敬业、诚信、友善。再比如，应当区分党的价值观和社会价值观，先进分子价值观和人民群众价值观，共产主义价值观和中国特色社会主义价值观，一定要避免混淆大类和小类之嫌。

最后，要进一步加强思想政治工作队伍建设。新中国成立初期的思想政治工作之所以抓得好，一个重要原因是有一支过硬的思想政治工作队伍。在和平发展的新时代，我们更要重视这一工作。思想政治工作队伍一是必须坚定正确的政治方向，全面深入掌握中国特色社会主义理论体系，学贯中西，与时俱进。二是要能够理论联系实际，践行群众路线，热爱祖国和人民。正如江泽民同志指出的："要切实重视宣传思想工作队伍建设，不断提高这支队伍的政治业务水平……我们的事业就大有希望。"[②]

---

① 本书编写组:《中国共产党第十八次全国代表大会文件汇编》,人民出版社2012年版,第29页。

② 中共中央政策研究室:《江泽民论社会主义精神文明建设》,中央文献出版社1999年版,第403页。

第六章　淹没在历史的洪流之中

——中国共产党对官僚资本是怎么认识的

一、中国共产党对官僚资本概念的界定

中国的官僚资本是伴随着外国资本主义的入侵，在外国资本主义的直接豢养和扶持下形成和发展起来的。中国的官僚资本先后经历了晚清政府的官僚资本形态、北洋军阀时期的官僚资本形态，最后形成以四大家族为代表的官僚资本。与其发展相对应，中国共产党对官僚资本的认识也经历了一段演变的过程。

（一）"官僚资本"主要指清政府和北洋军阀的官办企业（1921—1937）

中国共产党成立以后，从1921年到1937年对官僚资本也逐渐获得了初步的认识。早在大革命时期，就开始有"官僚资本"的提法，1923年，瞿秋白在《前线》杂志上以"屈维它"的笔名发表《论中国之资产阶级的发展》一文，将洋务派经办的官办企业称为"官僚资本之第一种"，将官商合办企业称为"官僚资本之第二种"。同年，蔡和森在《美国资本奴隶中国的新计划》一文中也指出：外国帝国主义经济侵略的新方式之一，就是扶持一班奴性的官僚资本家如梁士诒、周自齐、曹汝霖、王正廷等，使之代替外国资本出面以掠夺中国的财富。1929年，李达在《中国产业革命概况》一文中，揭露清代官僚举借外债时"从中渔利，自肥私囊，形成官僚资本"。1936年，吕振羽在《中国政治思想史》一书中，将清政府创办的"国营事业的萌芽"统称为官僚资本。由于当时国民党的国家垄断资本刚刚形

成，尚未暴露其腐败性和危害性，因此，这个名词还没有引起人们的注意和深入研究，自然也就没有成为中国革命对象之一的代名词。总的说来，这一期间所说的“官僚资本”主要指清政府和北洋军阀的官办企业。正如毛泽东指出的那样，“六大决议案有一些错误，但根本上是对的。它根据对于当时形势的估计提出了中国革命的十大纲领，……但这十条里面没有没收官僚资本，没有联合中小资产阶级。那时这个纲领对中国资产阶级，在政权上根本不要它，在经济上根本不动它”①。当时，官僚资本刚刚在形成过程中，中共还不可能认识到它同民族资本的区别，并提出相应的政策。直到1940年1月，“写《新民主主义论》时，民族资本与官僚资本的区别在我们脑子里尚不明晰”②。

（二）“官僚资本”主要指国民党官僚的私人资本以及私人经济活动（1937—1946）

抗日战争爆发后，由于国民党实行战时经济统制政策，使得以四大家族为首的国民党官僚资本迅速膨胀，“这二十年，特别是在抗战八年中，官僚资本有了很大发展”③。

首先，金融行业垄断进一步加深。1937年8月，设立中央、中国、交通、中国农民四家银行的联合办事处。1939年9月，又以抗战需要为名，改组“四联总处”，设理事会为最高决策机构，由蒋介石任理事会主席，并规定“财政部授权联合总处理事会主席，在非常时期内，对中央、中国、交通、中国农民四行，可为便宜之措施，并代行职权”。这样，就表明国民党的独裁政权与金融垄断结为一体。据统计，在全国金融业中（包括外商资本），1894年还没有官僚资本；1911年官僚资本仅占6.3%，约0.45亿元；1920年占16%，约2.33亿元。进入国民党政权后，1936年上升到58.9%，约5.64亿元（不包括东北）。战后1947—1948年更增至88.9%，可谓登峰造极④。

其次，是对工业的垄断。1935年成立资源委员会，就开始工业垄断活动，国家资本迅速膨胀。1937年9月，国民党政府成立工矿调整委员会，规

①《毛泽东文集》第5卷，人民出版社1996年版，第139页。
②《毛泽东文集》第5卷，人民出版社1996年版，第140页。
③《毛泽东文集》第5卷，人民出版社1996年版，第140页。
④ 李定：《中国资本主义工商业的社会主义改造》，当代中国出版社1997年版，第7—8页。

定对于原有或新设立民营厂矿，采用接管或加入股份的办法，由政府统筹办理或共同经营之。1938年又颁布《非常时期农工矿工商管理条例》，规定：为适应非常时期的需要，各矿业、制造军用品的工业和电气事业，分别收归政府办理或由政府投资合办。这样，自洋务派、北洋军阀以来官僚资本没有实现的国家垄断，国民党政府实现了。在全国近代工业和交通业资本中（包括外商资本）官僚资本所占比重：1894年为39.1%，约0.48亿元；1911年降为26.8%，约4.78亿元；1920年再降为26%，约6.7亿元。进入国民党政权后，1936年增长为35.9%，约19.89亿元（不包括东北）；战后1947—1948年，陡增至64.1%，折战前币值约42亿元[①]。

最后，是对商业的垄断。1938年和1942年国民党政府相继颁布了《非常时期农矿工商管理条例》和《国家总动员法》，借抗战名义把人民生活必需品和对外出口物资统制起来，不准自由经营和运销。1941年国民党中央全会又决议创设专卖制度，从1942年起对盐、糖、烟、火柴等重要消费品实行专卖。这样，四大家族控制了大量商品，操纵市场价格，进行囤积居奇、走私贩私的活动。

在解放战争爆发以前，中国共产党的“官僚资本”主要指的是官僚私人资本。因为在抗日战争中，国民党和共产党还在联手抗日，共产党也承认并拥护国民党抗日，自然，在政治上承认国民党的同时，以经济形式存在的国民党国家资本就还不会成为共产党攻击、批判的对象。而在危难关头，由于国民党政治腐败而导致的政府官员假公济私、以权谋私、化公为私现象日益严重，引起人们的公愤，人们纷纷揭露国民党政府官僚将国家资本据为己有的腐败行径。尤其是1941年12月22日重庆《大公报》披露某大员夫人用飞机从香港“箱笼、老妈与洋狗”到重庆后，掀起反官僚资本高潮[②]。中国共产党也参加了用“官僚资本”来批判国民党私人资本的投机性和腐败性。1941年7月7日，周恩来在为《新华日报》撰写的社论《“七七”四年》中指出：官僚资本的危害，最主要的是投机事业，他利用一切权位和便利，破坏了民族工商业的正常发展，破坏了银行的正常业务和资

① 李定:《中国资本主义工商业的社会主义改造》，当代中国出版社1997年版，第7—8页。

② 许涤新、吴承明:《中国资本主义发展史 第3卷 新民主主义革命时期的中国资本主义》，社会科学文献出版社2007年版，第533页。

金内流，破坏了商业市场的正常贸易，造成了恶性的通货膨胀，影响了物价的昂贵，助长了营私舞弊和贪污腐化，破坏了国家紧急需要及其财政经济政策……我们在国民经济上，便应集中火力反对这种危害最大的官僚资本[①]。1942年2月8日，延安《解放日报》发表陈伯达《中国工业与中国资产阶级》一文，指出官僚与买办二位一体，从金融垄断向工业垄断发展，这类官办的企业，“官营就是‘国营’，‘国营’就是官营”。1945年4月，毛泽东在中国共产党第七次全国代表大会上所做的政治报告中指出：官僚资本“亦即大地主、大银行家、大买办的资本，垄断中国的主要经济命脉，而残酷地压迫农民，压迫工人，压迫小资产阶级和自由资产阶级”[②]，并把“要求取缔官僚资本”列入了党的具体纲领。1946年1月16日，在国内各党派参加的政治协商会议上，中国共产党代表提出，“防止官僚资本发展，严禁官吏用其权势地位，从事投机垄断，逃税走私，利用公款与非法使用交通工具的活动”[③]。以上所说的“官僚资本”主要还是指国民党官僚的私人资本以及私人经济活动。

（三）“官僚资本”主要指国民党政府的国家资本和私人官僚资本（1946—1951）

抗日战争结束以后，国民党政府的官僚资本因接收巨额的敌伪产业和接受大量的美援而急剧地膨胀起来。据统计，日本在中国企业的投资，1944年总额高达61.63亿美元，其中东北为52.79亿美元，关内为8.84亿美元。战后，这些敌产除一部分机器设备为进入中国东北的苏联红军拆走（约值10.094亿美元）外，基本上被国民党政府及其官员所接收。被接收的敌伪工厂达2411个，价值估计达20亿美元。除厂矿外，还有大批的物资、金银、房地产、仓库等。仅以包括上海在内的苏浙皖区一个区来说，照1946年底的估价，除逆产外，就达8162亿元之巨。按当时法币3350元合一美元的官定汇率折算，合24000余万美元。估计全国七个接收区总计，当在10亿美元以上。此外，还接收了敌伪的商业。到1946年11月，除东北有关情况不明外，共接收商业企业326家，资产估值47784万元[④]。除了接收敌伪

① 沙健孙:《中国共产党和资本主义、资产阶级》,山东人民出版社2005年版,第367页。
②《毛泽东选集》第3卷,人民出版社1991年版,第1046页。
③《新华日报》,1946年1月7日。
④ 沙健孙:《中国共产党和资本主义、资产阶级》,山东人民出版社2005年版,第386页。

产业和美援外，国民党政府还通过无限度地发行纸币来扩充官僚资本。这样就使抗战时期已经开始膨胀的官僚资本在战后达到了高度垄断。

到1949年新中国成立前夕，国民党统治集团官僚资本在工业、银行和交通运输业上所占百分比：工业中的电力为67，煤33，石油100，钢铁90，有色金属100，水泥45，纺锭（设备）40，纺织机（设备）60，糖90；银行中的资本总额为59，交通运输中的铁路为100，公路100，航运100，轮船（吨位）45。总起来说，国民党统治集团官僚资本在中国工业及交通运输业的固定资产中的比重，上升到了80%[①]。至新中国成立前夕，官僚资本已经急剧膨胀到了100—200亿美元。

1946年下半年，国民党撕毁政协协议，挑起内战。国共两党政治斗争日益尖锐，为了更好地揭露国民党官僚资本的实质，共产党人开始将国民党政府的国家资本和私人官僚资本统称为官僚资本。1946年10月，陈伯达《中国四大家族》一书出版，揭露官僚资本的实质，"代表帝国主义和封建主义的利益而在政治上当权的人物，他们在大地主大买办的基础上，利用政治的公开强制手段，一方面加速掠夺农民及其他小生产者，一方面压迫民族工业而集中起来的金融资本"。该书还特别强调：蒋、宋、孔、陈四大家族把持了国民党的国家资本，是官僚资本中最集中的代表[②]。1947年许涤新出版《官僚资本论》一书，将"官僚资本"划为六种类型：官僚的私人资本；被四大家族控制的国家资本；与国家资本结合的官僚资本；与民间资本结合的官僚资本；与国家资本及民间资本相结合的官僚资本；与外国资本结合的官僚资本。毛泽东也在1947年时指出：官僚资本就是蒋介石、宋子文、孔祥熙、陈立夫为首的垄断资本，"蒋宋孔陈四大家族，在他们当权的二十年中，已经集中了价值达一百万万至二百万万美元的巨大财产，垄断了全国的经济命脉。这个垄断资本，和国家政权结合在一起，成为国家垄断资本主义。这个垄断资本主义，同外国帝国主义、本国地主阶级和旧式富农密切地结合着，成为买办的封建的国家垄断资本主义。这就是蒋介石反动政权的经济基础。"[③]

① 许涤新:《许涤新经济文选》,上海人民出版社1980年版,第52—53页。
② 顾龙生:《中国共产党经济思想发展史》,山西经济出版社1996年版,第285—286页。
③《毛泽东选集》第4卷,人民出版社1991年版,第1253页。

至此，官僚资本的内涵就从当初特指洋务派和北洋军阀的官办企业，再到国民党的私人官僚资本发展到专指国民党政府国家资本和私人官僚资本。

二、没收官僚资本

随着对官僚资本封建性、买办性、垄断性本质认识的深化，中共确立了没收官僚资本的政策。1946年7月，中共中央再次提出“取缔官僚资本”的任务[①]。1947年10月10日颁布的中国人民解放军宣言，正式宣布“没收蒋介石、宋子文、孔祥熙、陈立夫兄弟等四大家族和其他首要战犯的财产，没收官僚资本”[②]。同年12月25日，毛泽东在《目前形势和我们的任务》的报告中，明确指出，“没收蒋介石、宋子文、孔祥熙、陈立夫为首的垄断资本归新民主主义的国家所有”[③]是新民主主义革命的三大经济纲领之一。

由于中共所指的官僚资本包括国民党的全部国家资本及私人官僚资本，所以在没收官僚资本时，如何界定官僚资本特别是官僚私人资本就是一件重要的事。为此，中共对没收官僚资本的政策及原则做了详细说明。

1948年4月，中共中央在给洛阳前线指挥部的电报中指出：“对于官僚资本要有明确界限，不要将国民党人经营的工商业都叫作官僚资本而加以没收。对于那些查明确实是由国民党中央政府、省政府、县市政府经营的，即完全官办的工商业，应该确定归民主政府接管营业的原则。”“对于小官僚和地主所办的工商业，则不在没收之列。一切民族资产阶级经营的企业，严禁侵犯。”[④]同年12月21日，中国人民解放军平津前线司令部发表布告，规定：没收官僚资本。凡属国民党反动政府经营的工厂、商店、银行、仓库、铁路、邮政、电报、电灯、电话、自来水等，均由民主政府接管，如有一部分私人资本经调查属实者，当承认其所有权[⑤]。可以看出，对

①《中共中央文件选集》第13册，中共中央党校出版社1987年版，第445页。

②《毛泽东选集》第4卷，人民出版社1991年版，第1238页。

③《毛泽东选集》第4卷，人民出版社1991年版，第1253页。

④《毛泽东选集》第4卷，人民出版社1991年版，第1323—1324页。

⑤《中共中央文件选集》第17册，中共中央党校出版社1987年版，第469页。

于所有权属于国民党政府及党团组织的国家资本，中共从一开始就明确将其列入官僚资本，立即没收。但是对于私人资本中哪些是官僚资本，哪些是一般私人资本，还没有明确的界限，从而给没收工作带来不便，所以如何界定私人官僚资本的问题就突出出来了。

1949年4月15日，由中国共产党代表在同国民党政府代表团谈判时提出的《国内和平协定（最后修正案）》中对私人官僚资本做了初步规定："凡属南京国民党政府统治时期倚仗政治特权及豪门势力而获得或侵占的官僚资本企业（包括银行、工厂、矿山、船舶、公司、商店等）及财产，应没收为国家所有。""凡官僚资本属于南京国民政府统治时期以前及属于南京国民政府统治时期而为不大的企业且与国计民生无害者，不予没收。但其中若干人物，由于犯罪行为，例如罪大恶极的反动分子而为人民告发并审查属实者，仍应没收其企业及财产。"[①]1949年4月，周恩来也指出："我们对没收官僚资本做了解释，即没收国民党统治时期取得的官僚资本。"[②]但即使有了这样的规定，中共在界定私人官僚资本时还是相当谨慎。1949年11月，中共中央华北局关于战犯房产问题致天津市委电中就说明，"战犯名单尚未经中央人民政府正式公布，关于他们的房产原则上可由军管会决定，交房产管理处统一接收，按中央房产管理决定分配使用，暂不宜明令宣布没收"[③]。

中华人民共和国成立后，为了更好地解决私人官僚资本的没收问题，中财委制定了更为明确具体的标准。这集中体现在《中财委私营企业局关于处理官僚资本的初步意见》中，标准认为，"一、官僚资本的定义应该是凡利用政治特权，积累巨大财富者谓之官僚资本，时期则以国民党反动统治时期起算，国统以前的官僚资本（除汉奸外）概不追究。如果把北洋军阀时代以来的官僚资本都算上，那它所牵涉的范围，就非常广泛，我们的打击面也一定很大。同时在国民党统治时代，所有的公私企业多多少少不免要与国民党官僚资本有些勾结，否则就不能存在。我们今天清算官僚资本，在政治上要考虑他们今天的政治倾向，凡它向人民低头，愿意在人民

①《毛泽东选集》第4卷，人民出版社1991年版，第1454—1455页注释[1]。

②《周恩来选集》上卷，人民出版社1980年版，第321页。

③ 中国社会科学院、中央档案馆：《中华人民共和国经济档案资料选编（1949—1952）》工商体制卷，中国社会科学出版社1993年版，第106页。

政府领导下积极参加生产工作的，除罪大恶极的以外，均不清算；在经济上要考虑到不致使私人投资有所顾虑，不至影响到他们的生产情绪，同时更重要的还要争取台湾之更有利的解放，争取外逃资金之返回国内，从事生产。因此，在原则上，清算官僚资本所要打击的面是愈小愈好！”[①]在这个中财委处理官僚资本的初步意见中，规定官僚资本分为14种情况加以处理，根据这个标准，新中国成立后所要没收的官僚资本范围大致包括：（1）国民党政府及党团开办的企业；（2）四大家族及利用其国民党时期之特殊政治地位、经济地位与社会地位，运用国家资金，作私人投资者；（3）在国民党统治时期利用职权，侵占、盗窃或隐匿公有财产，据为己有者；（4）凭借特殊地位，利用人事关系，套购外汇或四行贷款，而博取巨额利润，较为突出者，及假公济私，化国家资本为私人资本者；（5）国统时期，贪污有据，臭名昭彰，而积蓄财富者；（6）国民党党团特工假借私人名义经营的企业；（7）战犯财产。与此同时，为了避免各地在没收私人官僚资本中因标准掌握不准导致处理方法上不一致而产生偏差，中共规定了审查没收程序。1951年2月4日，政务院发布《政务院关于没收战犯、汉奸、官僚资本家及反革命分子财产的指示》，指示规定，“一、凡公私合营企业和私营企业中有战犯、汉奸、官僚资本家的股份和财产，应予依法没收时，必须报经大行政区人民政府（军政委员会）审核后转请中央人民政府政务院批准，方得执行。在未得批准前，为了防止破坏、转移、隐匿，只能予以登记、冻结或查封，不得宣布没收。二、属于前条以外的一般土匪、特务、恶霸、反革命分子在企业中的股份和财产，经县（市）人民法庭或人民法院判决没收时，应由省人民政府（或省人民政府特令指定之专署）批准执行；经省（市）人民法院或人民法庭判决者，得不经报请批准手续”[②]。由此可见，中共对私人官僚资本的界定没收问题态度相当谨慎，政策也相当严谨。所以，从总体上看，这项工作完成得还是比较好，基本上避免了没收工作中产生偏差。

另外，对于海外的官僚资本，中央人民政府新中国成立后也发表声

① 中国社会科学院、中央档案馆：《中华人民共和国经济档案资料选编（1949—1952）》工商体制卷，中国社会科学出版社1993年版，第107页。

② 中国社会科学院、中央档案馆：《中华人民共和国经济档案资料选编（1949—1952）》工商体制卷，中国社会科学出版社1993年版，第111页。

明，明确指出它们归中华人民共和国所有。1950年1月9日，政务院发布命令，指出，“令驻在香港的原属国民党中央政府和地方政府的一切政治、外交、财政、经济、文化、教育、侨务等机构的主管人员及全体员工：你们务须各守岗位，保护国家财产档案，听候接收，不让反动分子有任何偷窃破毁、转移、隐匿等情事。原有员工，均可量才录用。其中保护国家财产有功者，将予以奖励。其有偷窃、破毁、转移、隐匿等情者，必予究办”[①]。1950年2月，交通部也发表声明，指出，最近起义驶往新加坡的海玄轮，及在香港起义的各轮，和在各国港口原属于伪国民党政府及中国官僚资本所有的各轮，均应为中华人民共和国所有，受中央人民政府交通部直接管辖。各轮只有我中央人民政府和我中央人民政府所委托的人员，才有权处置，决不容许任何人以任何手段侵犯、损坏、扣留、转移或干涉其行动。我中央人民政府的此项神圣产权，应受到新加坡政府、香港政府，和各国政府的尊重。如在新加坡、中国香港和各国港口的各轮有被侵犯、损坏、扣留，转移或干涉行动情事，则各该政府必须负完全责任，并将引起相应的后果。特此声明[②]。

在没收官僚资本过程中，中共发现相当官僚资本以股权形式隐匿于私营企业和公私合营企业之中。为此，1951年2月4日，政务院通过《企业中公股公产清理办法》，该办法明确规定以下几种财产属于公股公产，应予没收。（1）国民党政府及其国家经济机关、金融机关等在企业中的股份及财产；（2）前敌国政府及其侨民在企业中的股份及财产；（3）业经依法没收归公的战犯、汉奸、官僚资本家等在企业中的股份及财产，以及其他依法没收归公的股份及财产；（4）新中国成立后人民政府及国家经济机关、企业机关对企业的投资，亦应转作公股，合并处理[③]。

---

① 中国社会科学院、中央档案馆：《中华人民共和国经济档案资料选编（1949—1952）》工商体制卷，中国社会科学出版社1993年版，第125页。

② 中国社会科学院、中央档案馆：《中华人民共和国经济档案资料选编（1949—1952）》工商体制卷，中国社会科学出版社1993年版，第106—107页。

③ 中国社会科学院、中央档案馆：《中华人民共和国经济档案资料选编（1949—1952）》工商体制卷，中国社会科学出版社1993年版，第452页。

三、小结：对中国共产党这一认识和政策的总体评价

从中共对官僚资本内涵的界定过程来看，官僚资本的内涵主要是侧重于政治意义。从当初特指清朝洋务派和北洋军阀时期的官办企业到专指国民党私人官僚资本，最后定格为国民党政府国家资本和私人官僚资本，这就使得官僚资本、国家资本和私人官僚资本之间画上了等号。把官僚资本的范畴定格为国民党的国家资本和私人官僚资本，中共的用意是用其来揭露国民党统治的腐朽和黑暗，揭露国民党统治时期大官僚特别是四大家族以权谋私、化公为私、假公济私的丑恶性。这样，官僚资本就成为腐朽、投机、生产力发展桎梏的代名词。共产党这种侧重政治上的界定应该说是符合了当时政治斗争的需要，但是这样一种政治上的界定，往往使得人们一提到官僚资本，就会自然而然地同落后、腐朽、投机的事物联系起来，这样就会使得人们认为国民党的国家资本和私人官僚资本甚至国民党和国民政府的一切资产都是落后、腐朽、投机的东西，这显然是不科学的。另外，将官僚资本界定为国民党政府国家资本和私人官僚资本，就使得官僚资本的内涵和外延变得模糊不清，对到底什么是官僚资本特别是私人资本中官僚资本难以把握，往往干脆就拿它代指国民党和国民政府的一切资产。正如武力撰文所言，从中国共产党的“官僚资本”概念的内容形成来看，一方面它真实反映出在国民党统治下，国家资本为少数人控制，以权谋私，公私不分，化公为私盛行，可以说这个名词是时代的产物；另一方面，它适应了政治斗争的需要，这个名词既能深刻揭露国民党的独裁统治和腐败，又通俗易懂，容易为人民大众所理解和接收。但是，如果从纯粹经济学的角度来看，“官僚资本”的概念又是不够科学、不够明白的，例如“官僚资本”的内涵，能否容纳国家资本，对“官僚资本”中属于私人所有那部分资本如何界定等[①]。

虽然中共的“官僚资本”概念侧重于政治意义，但是在执行没收官僚资本政策过程中，还是侧重于经济意义的。在私人官僚资本的界定过程中，中共要求严格区分民族资本和官僚资本的界限，在确定为私人官僚资

① 武力：《“官僚资本”概念及没收过程中的界定问题》，《中共党史研究》1991年第2期。

本以前只能由军管会代管，不准宣布没收。确定依法没收后，必须报经大行政区人民政府（军政委员会）审核后转请中央人民政府政务院批准，方能执行，在未得批准前，为了防止破坏、转移、隐匿，只能予以登记、冻结或查封，不得宣布没收。可见，中共对私人官僚资本的界定相当谨慎。在接收官僚资本过程中，中共不是单纯从政治意义出发，砸烂一切，而是认为官僚资本企业的组织系统和管理机构具有两重性，有适应生产发展的一面。从恢复生产力的角度出发，规定“不要砸烂旧机构”，“保持原职原薪原制度”，同时规定要把接收工作和恢复生产工作并举，“保障生产能照旧进行”，从而避免了生产力的破坏，使原有的官僚资本生产力转变为国营经济生产力。根据新中国成立初期清产核算的统计，全国国营和公私合营企业资产原值191.6亿元，其中大部分为没收和接管的原国民党官僚资本的资产[①]。在没收官僚资本之后，社会主义性质的国营经济就掌握了国家的经济命脉，确立了自己在整个国民经济中的领导地位。据统计，1949年，国营工业的产值在全国大型工业的总产值中已占41.3%，它拥有全国发电量的58%，原煤产量的68%，生铁产量的92%，钢产量的97%，水泥产量的68%，棉纱产量的53%。国营经济控制了全国的金融、对外贸易、铁路、邮电、电信和大部分的现代交通运输事业[②]。1949年社会主义国有工业的总产值为36.8亿元，到1952年增长到142.6亿元，1952年社会主义工业占全国工业（不含手工业）总产值从34.7%（1949年）上升为56%[③]。

另外，没收官僚资本具有新民主主义和社会主义双重革命性质。一方面，官僚资本是封建买办资本，所以没收它是完成民主革命的任务；另一方面，官僚资本是中国大资产阶级的资本，没收它，使它成为社会主义国营经济，又是社会主义革命的任务。正如毛泽东指出：“反对官僚资本主义的斗争，包含着两重性：一方面，反官僚资本就是反买办资本，是民主革命的性质；另一方面，反官僚资本就是反对大资产阶级，又带有社会主义革命的性质。”[④]此外，通过没收官僚资本，壮大了社会主义经济，削弱了资本主义经济，这就为中共日后实行对资本主义工商业的社会主义改造提

① 董志凯：《1949—1952年中国经济分析》，中国社会科学出版社1996年版，第29页。
② 董志凯：《1949—1952年中国经济分析》，中国社会科学出版社1996年版，第7—8页。
③ 沙健孙：《中国共产党和资本主义、资产阶级》，山东人民出版社2005年版，第570—571页。
④《毛泽东文集》第8卷，人民出版社1999年版，第113页。

供了前提和物质基础。“我们把官僚资产阶级这个大头吃掉了，民族资产阶级这个小头，想反抗也没有力量。他们看到中国无产阶级力量强大，同时我们又采取适当的政策对待它们，所以在民主革命胜利后，他们就有可能接受社会主义改造”。“我们用战争推翻了国民党的统治，接着没收了在整个资本主义经济中占百分之八十的官僚资本，这样才使我们有可能对占百分之二十的民族资本，采取和平的方式，逐步地进行社会主义改造，并且利用他们的经济、文化来为社会主义建设服务”[①]。

①《毛泽东文集》第8卷，人民出版社1999年版，第111—112页。

第七章　历史的扬弃

——社会主义改造完成后中国共产党对个体、私营经济是怎么认识的

对于1949—1978中国共产党个体、私营经济政策的研究，大多学者只考察了1949—1957这个小的阶段，研究也比较透彻充分。但对于1957年以后中共对个体、私营经济的政策及认识，学界却普遍缺乏具体深入的研究，一般只是简单地将其归结为：1957年中共八届三中全会以后，中共由于错误认识了国内的主要矛盾，导致阶级斗争扩大化，所以对个体、私营经济就持彻底否定的态度，致力于割“资本主义尾巴”了。这儿就涉及一个问题，即1957年后中共对个体、私营经济的政策及认识是否就是如此简单纯粹呢？回答是否定的。其实，中共这一阶段的认识历经曲折，多次反复，“资本主义尾巴”也一直没有被彻底割断，一直到1978年十一届三中全会前夕，全国仍有个体工商业者14万人。既然认识如此曲折复杂，就更应该去深入研究。

一、灭资本主义残余

肇始于1957年4月的反右派斗争改变了中共在八大前后对个体、私营经济的正确认识。这种变化开始于主要矛盾观的改变。1957年10月八届三中全会上毛泽东指出：“无产阶级和资产阶级的矛盾，社会主义道路和资本主义道路的矛盾，毫无疑问，这是当前我国社会的主要矛盾。”[①]

主要矛盾观的改变促使了中国共产党对个体、私营经济认识的改变。

① 薄一波：《若干重大决策与事件的回顾》（修订本）下卷，中共中央党校出版社1997年版，第651页。

中国共产党继1957年开展“反右派”斗争之后，又于1958年春掀起了“大跃进”和人民公社化运动，给残存的个体私营经济以毁灭性的打击，力图在中国建立起一个生产关系高度公有化的“一大二公”的经济制度，彻底铲除产生资本主义的经济基础。公社化初期，家庭副业就作为私有制的残余而被列入消除的对象。1958年8月，中共中央政治局北戴河会议通过的《中共中央关于在农村建立人民公社问题的决议》明确指出，建立人民公社“是形势发展的必然趋势”，并提出自留地“在并社中变为集体经营，零星果树暂时仍归私有，过些时候再处理，股份基金等可以再拖一、二年，随着生产的发展、收入的增加和人们觉悟的提高，自然地变为公有”[①]。毛泽东在会上指出：“人民公社的特点是两个，一为大，二为公，叫大公社。人多，几千户，一万户，几万户；地大，地大物博，综合经营，工农商学兵，农林牧副渔。农林牧副渔，农业合作社原来就有的，工农商学兵，是人民公社才有的。这些就是大。大，这个东西可了不起，人多势众，办不到的事情就可以办到。公，就是比合作社更要社会主义，把资本主义的残余，比如自留地，自养牲口可以逐步取消。”[②]1958年9月4日，《人民日报》发表社论，认为在所有制方面进一步向“公有”发展，全部自留地、私有的房基、牲畜、林木等逐步转为全社公有，这样，个体经济的残余就进一步消灭了。党中央认为，“看来，共产主义在我国的实现，已经不是什么遥远将来的事情了，我们应该积极地运用人民公社的形式，摸索出一条过渡到共产主义的具体途径”[③]。这样，家庭副业、个体经济是私有制的残余，是多余和无用的。

与农村人民公社化浪潮相呼应，党和政府对城镇残存的个体、私营经济采取了消灭政策。1958年4月2日，中共中央发出《关于继续加强对残存的私营工业、个体手工业和对小商小贩进行社会主义改造的指示》，要求“在这些残存的私营工业、个体手工业和小商小贩中间有领导地展开以反对资本主义道路为中心的整风运动，经过大鸣、大放、大争，在政治上彻底

---

① 国家农委办公厅：《农业集体化重要文件汇编（1958—1981）》（下），中共中央党校出版社1981年版，第71页。

②《毛泽东传（1949—1976）》（上），中央文献出版社2003年版，第836—837页。

③ 国家农委办公厅：《农业集体化重要文件汇编（1958—1981）》（下），中共中央党校出版社1981年版，第72页。

把资本主义搞臭”，“对于资本主义性质的工业，原则上不允许继续存在”[①]。

虽然从1958年11月郑州会议开始，党中央就开始对灭资本主义残余政策做了适当的调整。但令人遗憾的是，党的调整政策措施还没来得及很好地贯彻执行下去，就被旋即而来的政治运动所中断。1959年8月庐山会议召开后，中国共产党开展了旨在反对所谓党内资本主义势力的“反右倾”运动，致使党的政策再次发生逆转。中共中央在《批转农业部党组关于庐山会议以来农村形势的报告》中尖锐地指出，“今年五、六、七月间，农村中曾经出现了一股右倾的邪风、歪风”，“利用‘小私有’、‘小自由’，大搞私人副业，破坏集体经济”，这“实际是猖狂的反对社会主义道路的逆流”，我们必须“彻底加以揭发和批判”[②]。1960年3月，全国城市监察工作会议召开，会议认为，全国许多城市出现了地下工厂、地下运输队、地下旅馆和地下商业投机集团，他们发展资本主义，严重地破坏国家的经济建设。4月16日，中共中央做出批示要对这些“坏人坏事要彻底检查认真处理”[③]。

在“左”的思想支配下，导致了个体手工业和小商小贩的急剧萎缩。据统计，在1958年和1959两年，全国10万多个手工业合作社（组）的500多万社员中，转产过渡占人数的86.7%，其中过渡为地方国营工厂的占37.8%，转为合作工厂的占13.6%，还有一部分转到了人民公社。到1959年7月底，全国合作商店、合作小组中的小商小贩（不包括并入国营商业的）还有206万人，比1957年减少大约150万人，在减少的人中，并入国营商业的100万左右，转入工农业生产的大约50万，至1960年底，留在合作商店、合作小组的小商小贩仅剩90万人[④]。实践证明，个体、私营经济的急剧萎缩，不仅没有推动国民经济的更大发展，反而带来了严重的经济困难。

①《建国以来重要文献选编》第11册，中央文献出版社1995年版，第236页。

② 国家农委办公厅：《农业集体化重要文件汇编（1958—1981）》（下），中共中央党校出版社1981年版，第248页。

③ 马齐彬、陈文斌等：《中国共产党执政四十年（1949—1989）》，中共党史资料出版社1989年版，第183页。

④ 刘雪明：《1957—1966党的个体私营经济政策评述》，《当代中国史研究》2001年第2期。

二、允许小私有

如火如荼的“大跃进”、人民公社化运动强行利刀斩断私有制，消灭所谓的资本主义残余的做法，给生产力带来了巨大的破坏，人民生活水平急剧下降。面对严峻形势，为了尽快克服困难，从1958年11月郑州会议开始，党中央不得不对现行政策做适当的调整，党的个体、私营经济政策也发生了相应的变化。

1958年底，中国共产党召开八届六中全会，全会通过了《关于人民公社若干问题的决议》。决议指出：“社员个人所有的生活资料（包括房屋、衣被、家具等）和在银行、信用社的存款，在公社化以后，仍然归社员所有，而且永远归社员所有”，“社员可以保留宅旁的零星树木、小农具、小工具、小家畜和家禽等”，“可以在不妨碍参加集体劳动的条件下，继续经营一些家庭小副业”[①]。随后，中共的政策又有了进一步的松动。1959年5月7日，中共中央发出了《关于农业的五条紧急指示》和《关于分配私人自留地以利发展猪、鸡、鹅、鸭问题的指示》，宣布应当把80%—90%的猪“放到承包单位和私人喂养”，“恢复社员的自留地”，“要社员私养猪、鸡、鹅、鸭，就要给社员一定数量的自留地”[②]。毛泽东在审定《关于农业的五条紧急指示》稿时，加写了一句话，强调恢复自留地的必要性：“没有自留地不能大量发展私人喂养的猪鸡鹅鸭，不能实行公养私养两条腿走路的方针。”[③]

为了贯彻这两个指示，1959年6月11日，中央发布《关于社员私养家禽、家畜、自留地等四个问题的指示》，9月23日，与国务院联合发布《关于组织农村集市贸易的指示》，旨在利用个体、私营经济恢复和发展生产。“这种大集体当中的小私有，在一个长时期内是必要的，有利于生产的发展，也有利于人民生活的安排”，“允许这种小私有，实际是保护社员在集

---

① 国家农委办公厅：《农业集体化重要文件汇编》(1958—1981)(下)，中共中央党校出版社1981年版，第119—120页。

②《建国以来重要文献选编》第12册，中央文献出版社1996年版，第293—294页。

③《毛泽东传(1949—1976)》下卷，中央文献出版社2003年版，第946页。

体劳动时间以外的劳动果实，并不是什么‘发展资本主义’”[1]。《关于组织农村集市贸易的指示》规定：一、二类物资以及国家规定某些有交售任务的三类物资，在完成交售任务以后，剩余部分可以拿到集市进行交易。社员家庭个人生产的产品，都可以在集市上出售。

虽然庐山会议后，中共的政策发生了逆转，要对刚刚恢复起来的个体私营经济“彻底加以揭发和批判”[2]。但现实中的挫折使党中央和毛泽东意识到这种做法不符合当时的实际。1960年7月，毛泽东在北戴河会议上指出，在集体所有制占优势的前提下，要有部分的个人所有制，总要给每个社员留点自留地。多少一定要给他们留一点，使社员能够种菜、喂猪，养鸭，“只有大集体，没有小自由，不行”[3]。1960年11月，中央发布《关于农村人民公社当前政策问题的紧急指示信》（即十二条），明确宣布要恢复农村“小自由”，规定自留地的政策长期不变，允许和鼓励社员发展家庭副业，有领导地有计划地组织集市贸易，重申“允许社员经营少量的自留地和小规模的家庭副业”[4]。

1961年3月，中央发布《农村人民公社工作条例（草案）》（简称农业六十条），规定指出，家庭副业是社会主义经济必要的补充，它从属于集体或全民所有制经济，是它们的助手；社员可以经营自留地、零星开垦荒地，饲养猪、羊、兔、鸡、鸭等家禽家畜，也可以饲养母猪。分配给社员的自留地，一般占当地耕地面积的5%，长期归社员使用。社员家庭副业的产品和收入，都归社员所有，归社员支配。除了国家统购的农副产品外，其他的农副产品，在完成国家规定的交售任务以后，都可以拿到集市上进行交易[5]。另外，农业六十条还取消了供给制和公共食堂。在这种情况下，农村开始了家庭承包责任制的探索。当时主持农业工作的邓子恢对包产到户表示支持，主张给农民多一点“小自由、小私有”，“在这种条件下允许

---

①《建国以来重要文献选编》第12册，中央文献出版社1996年版，第382—383页。

② 国家农委办公厅：《农业集体化重要文件汇编（1958—1981）》（下），中共中央党校出版社1981年版，第248页。

③ 顾龙生：《毛泽东经济年谱》，中共中央党校出版社1993年版，第520页。

④ 国家农委办公厅：《农业集体化重要文件汇编（1958—1981）》（下），中共中央党校出版社1981年版，第381页。

⑤ 薄一波：《若干重大决策与事件的回顾》（修订本）下卷，人民出版社1997年版，第949页。

社员在一定范围内经营一些小自由小私有，是只有好处没有坏处的”[①]。

在农业六十条的各种调整政策的指引下，各种形式的包产到户在一些农村自发地搞起来。例如，当时搞各种形式包产到户的，安徽全省达80%，甘肃、宁夏地区达74%，浙江新昌县、四川江北县达70%，广西的龙胜县达42.3%，福建的连城县达42%，贵州全省达40%，广东、湖南、河北和东北三省也都出现了这种形式。据估计，当时全国实行包产到户的约占20%[②]。由于包产到户较好地解决了户与户的平均主义问题，更有利于激发农民生产的积极性、主动性，因而普遍受到农民和基层干部的欢迎。中国共产党的许多领导干部，经过广泛调查研究，也明确支持这种形式责任制。

与此同时，从1961年6月19日，中央颁布《关于城乡手工业若干政策问题的规定（试行草案）》（即手工业四十条），规定：“社会主义经济领导下的个体手工业，是社会主义经济的必要补充和助手。”应积极发展城乡家庭手工业，“家庭手工业的收入，归个人所有，归个人支配”[③]。对于个体商业，1961年6月，中央决定，将“大跃进”期间升级过渡、并入国营商业和供销合作社的小商小贩重新划出去，恢复合作商店和合作小组，这给个体商业的发展创造了机会。

中国共产党个体、私营经济政策的重新调整，促使了家庭副业、个体手工业、商业、城乡集市贸易的发展，对国民经济的恢复起到了重要作用。

三、割“资本主义尾巴”

1962年以后，随着国际国内政治气氛的日益紧张，中国共产党对个体、私营经济的政策又发生了变化。中央相继开展了社会主义教育运动和“文化大革命”，主要目的就是进行以反对资本主义为目的的大规模的阶级斗争。在强烈的政治运动中，个体、私营经济当作“资本主义尾巴”而被强行割得干干净净。

20世纪60年代初国际国内政治气氛的紧张，使得以毛泽东为代表的中

①《邓子恢文集》，人民出版社1996年版，第594—595页。

② 宋紫：《中国共产党与私营经济》，湖南人民出版社2006年版，第211页。

③《中共党史教学参考资料》第23册，国防大学出版社1986年版，第478—480页。

国共产党人在理论上就把发展个体、私营经济与资本主义等同起来，对列宁的“小生产是经常地、每日每时地、自发地和大批地产生着资本主义和资产阶级”[①]深信不疑。1962年8月毛泽东就说：“小商品生产者不断产生资本主义和资产阶级。今年1月也发生了，以后还会发生的。”[②]

1962年上半年，正当党内其他领导人对包产到户进行支持的时候，毛泽东深深感受到包产到户所形成的强烈冲击，毕竟这些想法与他自己所想的竟是那样的不同。对于包产到户问题，毛泽东在1961年曾一度采取试试看的态度。据薄一波说：“曾希圣同志于三月十五、十六日向毛主席汇报这个问题时，毛主席说：‘你们实验嘛！搞坏了检讨就是了。’曾立即打电话告诉省委：‘现在已经通天力量，可以搞。’广州会议尚未结束，毛主席又通过柯庆施同志转告曾希圣同志说：可以在小范围内实验。三月二十日，曾希圣同志又给毛主席并少奇、恩来、小平、彭真、庆施同志写信，如实分析了实行‘责任田’的好处和坏处，认为好处明显，大于坏处。毛主席并未表态。一九六一年七月，曾又赶到蚌埠向毛主席汇报，毛主席勉强说了一句：‘你们认为没有毛病就可以普遍推广。’”[③]1961年12月，中央确定农村人民公社以生产队为基本核算单位，毛泽东的态度就发生了变化，对包产到户采取了否定态度。到1962年六七月份，毛泽东看到一些省份夏收情况比预料的好得多，面对党内高层却有相当一部分人主张包产到户或分田单干，他就觉得这个问题非解决不可。

1962年6月底，当田家英从湖南调查回来向他汇报农民有包产到户的要求的情况时，毛泽东反应冷漠，对田家英说：“我们是要走群众路线的，但有的时候，也不能完全听群众的，比如要搞包产到户就不能听。”[④]1962年7月6日，当陈云向他申述主张实行分田到户的理由时，谈话以后，毛泽东同志很生气。为了彻底解决党内高层主张分田到户的思想，1962年7月8日，毛泽东在他的住处召开由刘少奇、周恩来、邓小平、陈伯达、田家英等人参加的会议。毛泽东在会上表明了他对包产到户的反对态度，批评田家英

① 《列宁选集》第4卷，人民出版社1995年版，第135页。
② 顾龙生：《毛泽东经济年谱》，中共中央党校出版社1993年版，第594页。
③ 薄一波：《若干重大决策与事件的回顾》（修订本）下卷，人民出版社1997年版，第1114页。
④ 《毛泽东传（1949—1976）》（下），中央文献出版社2003年版，第1229页。

回到北京不修改“六十条”，却热心搞什么包产到户、分田单干。他指定陈伯达为中央起草关于巩固人民公社集体经济、发展农业生产的决定[①]。由于毛泽东明确表明了他对包产到户和分田到户的态度，1962年7月18日，中央紧急下发了《关于不要在报纸上宣传“包产到户”等问题的通知》。

随即，在中央北戴河会议期间，就对“单干风”进行了更加严厉的批评，“还是到社会主义，还是到资本主义，农村合作化还要不要？还是搞分田到户、包产到户，还是集体化？主要就是这样一个问题”[②]。讲到分田到户，毛泽东说：有的人主张百分之六十分田到户，有的人主张部分分田到户。这就是说，基本上单干或者全部单干。也就是说，把五亿多农民都变成小资产阶级，让小资产阶级当权，让小资产阶级专政，可是历史上从来没有过这样的事。他说：看来允许百分之几到百分之十几单干是可以的，还有百分之九十是集体的嘛！如果全部闹单干，或者大部分闹单干，他是不赞成的。如果那样搞，党内势必分裂[③]。据此，可以看出毛泽东认为“责任田”就是搞资本主义，他是绝对不允许的。随之，邓子恢等人就被指责为“鼓吹单干”而遭到错误的批判。毛泽东在1964年2月两次接见外宾时都指出：“中央农村工作部有人主张‘三自一包’（自留地、自由市场、自负盈亏；包产到户）的目的是要解散社会主义农业集体经济，要搞垮社会主义制度。”[④]

在批判农村“单干风”的同时，党中央又在城市开展了对个体工商业的批判。1963年3月28日，中央发出《关于严格管理大中城市集市贸易和坚决打击投机倒把的指示》，决定对大中城市的集市贸易采取“加强管理、缩小范围、逐步代替、区别对待、因地制宜的方针”。1964年4月13日，中共中央和国务院联合发出《进一步开展代替私商工作的指示》，提出代替私商工作“是一场经济斗争，也是一场阶级斗争，必须打好这一仗”。1964年开展四清运动后，对小商小贩的限制更加严厉。1964年12月15日，中央工商行政管理局发出《关于配合“四清”、“五反”运动加强市场管理工作的通知》，要求各地做好代替私商工作，不断地巩固和扩大社会主义阵地，只

①《毛泽东和他的秘书田家英》（增订本），中央文献出版社1996年版，第93页。
② 薄一波：《若干重大决策与事件的回顾》（修订本）下卷，人民出版社1997年版，第1122页。
③《毛泽东传（1949—1976）》（下），中央文献出版社2003年版，第1238—1239页。
④ 顾龙生：《毛泽东经济年谱》，中共中央党校出版社1993年版，第590页。

能前进，不能后退。1965年1月，全国财贸工作座谈会召开，会议强调要加强对合作商店、合作小组和个体商贩的社会主义改造。同年9月，商业部、中华全国供销合作总社、中央工商行政管理局联合发出《关于加强小商小贩社会主义改造若干问题的意见》，明确提出对保留下来的小商小贩实行“七不准”的政策，使他们的人数“只能减少，不能增加”[①]。

“文化大革命”开始后，《人民日报》就发表《横扫一切牛鬼蛇神》的社论，批判“三自一包”“四大自由”，认为“三自一包”是“走资本主义道路当权派推行修正主义，复辟资本主义的产物”，“撮合城乡资本主义势力向农村社会主义阵地发起猖狂进攻的一股黑风”，于是，自留地、家庭副业、集市贸易等都被当作“资本主义尾巴”割掉。1967年12月29日，国务院转发北京市革命委员会《关于加强市场管理，坚决打击投机倒把的通令》。通令指出，“坚决取缔自由市场，城市近郊区严禁聚众买卖，也不准农村社、队和社员个人进城出售或交换农副产品”[②]。随即，各地即组织群众用群众运动的方法和专政手段，强行关闭集市。1970年2月5日，中央发布《关于反对贪污盗窃、投机倒把的指示》，规定“除了国营商业、合作社商业和有证商贩以外，任何单位和个人，一律不准从事商业活动”，并且重申“一切地下工厂、地下商店、地下包工队、地下运输队、地下俱乐部，必须坚决取缔”[③]。于是对个体工商业进行大清理，认为个体工商业是产生资产阶级的温床和土壤，强制个体商业者去农村安家落户。经过大清理，个体工商户濒临灭绝，所剩无几。据1975年统计，全国有证的个体商贩只剩8万人，比1964年50多万人减少85%。

1976年“文化大革命”结束后，中国共产党对“文革”那些极“左”的做法有些反思，认识有些进步。1977年底到1978年初，安徽、四川在万里和赵紫阳的主持下，相继制定了《关于当前农村经济政策几个问题的规定》《关于目前农村经济政策几个主要问题的规定》，认为可以允许和鼓励社员经营家庭副业，种好自留地，可以建立不同的生产责任制。邓小平在看到报告后，表示支持，他说：“农业的路子要宽一些，思想要解放，只是

① 郭今吾：《当代中国商业》(上)，中国社会科学出版社1987年版，第95页。
② 费开龙、左平：《当代中国的工商行政管理》，当代中国出版社1991年版，第122页。
③ 费开龙、左平：《当代中国的工商行政管理》，当代中国出版社1991年版，第127页。

老观点不解决问题，要有新概念。”“只要所有制不动，怕什么！工业如此，农业如此。要多想门路，不能只在老概念中打圈子。”[①]1978年4月21日，《人民日报》发表《怎样看待正当的家庭副业?》，认为正当家庭副业不是“资本主义尾巴”，“即使多搞一点，是好事，不是坏事，对国家、集体和个人都有利，应当给予支持和鼓励”。

为缓解就业压力，1978年城镇个体经济政策也有了松动。开始时，只对“文革”以前有证照并实际保留下来的个体工商业户进行登记发照，许多做法仍然服从“利用、限制、改造”的方针，如经营行业范围，仅限于从事个体手工业和修配业，不允许经营商业和饮食业。但是，在两年徘徊期间，以华国锋为代表的一些领导人仍然坚持“两个凡是”，对上述正确做法进行批判，认为“要打击资本主义势力的进攻，认真解决人民内部的资本主义倾向”。“实现基本核算单位由生产队向大队的过渡，进一步发挥‘人民公社’的优越性，是前进的方向，是大势所趋”[②]。1978年5月，《人民日报》发表《昔阳调动社会主义积极性的经验好》一文。文章认为，“资本主义歪风的存在，对一部分思想落后的农民是有诱惑力的，而对许多想真正干社会主义的老实农民又是个打击；领导态度不明朗，群众思想就会乱，社会主义经济就会受破坏”。“干部不是挂羊头卖狗肉，不是嘴上说社会主义，实际干资本主义，不管什么生产积极性都去鼓励，都去提倡”。这些文字明显是对安徽、四川的做法的批判。正是由于“左”的思想在两年徘徊时期仍然存在，所以个体、私营经济的发展仍然举步维艰。到1978年底，全国城镇个体工商户只有14万人，当时，上海市有13000人，北京市有259人，武汉市242人。

压制乃至取消个体私营经济的做法给人民生活带来十分不便，群众吃饭难、住店难、缝衣难、修车难、购物难等现象在各地普遍存在。正如著名经济学家薛暮桥在举例北京所说：许多小商品被挤掉了，不少具有北京风味的小吃也很难吃到，一些驰名中外的特色工艺品，如“葡萄常五处女”制作的料器葡萄，泥人张捏的泥人等，都被搞掉了，商业、饮食、服务网点大量减少，如拆洗缝补、粉刷房屋、修理门窗、安装水电、修理家

---

① 武力:《中华人民共和国经济史(1949—1999)》上册,中国经济出版社1999年版,第778页。
② 武力:《中华人民共和国经济史(1949—1999)》上册,中国经济出版社1999年版,第769页。

具等都找不到人干。城市生活有许多难处。尤其以“饮食难”“成衣难”“修理难”三难最为典型。以饮食难为例，新中国成立初有商业、饮食、服务网点73000万个，1978年只剩下10524个，减少85.6%。1949年全市有大小饭店10200个，现在只有679家，减少93.3%，同期顾客增加三倍多。全市城市人口平均6700个人才有一家饭馆，加上流动人口，比例更大。许多饭馆顾客拥挤，排队现象严重。1949年有粮店1561个，每200户有一家粮店，现在只有784个，平均每1400户才有一家粮店[①]。

事物的发展总是相对的，矛盾的一面总有向其对立面转化的可能。在压制乃至取消个体私营经济带来的众难中，以及“文革”结束以后就业危机的日益凸显中，实际上已蕴藏着个体私营经济发展的契机。当然，契机的破土而出要归结为党的政策上的拨乱反正，这当属十一届三中全会之后的事了。

四、改革开放以来关于私营经济发展的五次大争论

改革开放以来，围绕私营经济的发展，思想理论界发生了五次大争论。每一次大争论都促进了思想的大解放，从而促使了党的私营经济理论的重大发展。

（一）雇工之争

20世纪70年代末，随着党的政策的变化，个体经济逐渐破土而出。个体经济的发展壮大，雇工现象就出现了，并且很快出现了雇工大户，雇工人数超过国家规定的8个人的限额。如安徽芜湖市的年广久（绰号“傻子”）经营“傻子瓜子”，雇工最多时达103人，家庭财产达几百万元，仅1984年就纳税30多万元。广东省高要县沙浦公社农民陈志雄1979年开始承包鱼塘8亩，1980年增加到105亩，雇长工1人，临时工400个工作日。1981年陈志雄将其鱼塘扩大到357亩，雇长工5人，临时工2300个工作日，年净收入达4万元。雇工问题一时成为思想界、理论界关注的焦点，因而引发了一场激烈的争论。

① 薛暮桥：《城市集体经济大有可为》，《经济研究参考资料》1979年第155期。

有人说，雇工经营就是剥削，它同资本主义制度下的雇工没有本质区别，我们社会主义社会是绝对不能允许雇工、剥削。

另一种意见认为，今天的雇工虽存在剥削，但不能等同于资本主义的雇工经营，它仍是社会主义性质的。这种剥削在现阶段是应该允许的，但需要加以限制。建议各地先对雇工情况，包括雇工的收益和劳保福利情况进行调查，组织专题研究，然后提出意见或做出适当的规定。

还有人否认有剥削，他们认为这是社会主义公有制条件下的一种新的经济形式和经营管理方式，我们应该积极支持。

总的来看，这次关于雇工问题的争论，否定、怀疑的声音较多，而肯定的较少。概括地说，争论的问题主要反映在雇工经营是不是剥削?雇主和雇工之间收入悬殊，是否会导致两极分化?

雇工现象同样引起了中央高层的高度重视，一方面组织调查组进行调研，一方面对其采取了极为谨慎的态度。

1982年，由邓小平提议，中央政治局讨论并通过了对雇工大户采取“看一看、等一等”的方针。

1983年1月2日，中共中央印发《当前农村经济政策的若干问题》的通知。这个1983年的1号文件明确指出：我国是社会主义国家，不能允许剥削制度存在。但是我们又是一个发展中的国家，尤其在农村，生产力水平还比较低，商品生产不发达，允许资金、技术、劳力一定程度的流动和多种方式的结合，对发展社会主义经济是有利的。因此，对农村中新出现的某些经济现象，应当区别对待。例如，农户与农户之间的换工，丧失劳动能力或劳力不足者为维持生活所请的零工，合作经济之间请季节工或专业工、技术工，等等，均属群众之间的劳动互助或技术协作，都应当允许。农村个体工商户和种养业的能手，请帮手、带徒弟，可参照《国务院关于城镇非农业个体经济若干政策性规定》执行。对于超过上述规定雇请较多帮工的，不宜提倡，不要公开宣传，也不要急于取缔，而应因势利导，使之向不同形式的合作经济方向发展。

1984年1月1日，中共中央发出关于一九八四年农村工作的通知，指出：目前雇请工人超过规定人数的企业，有的实行了一些有别于私人企业的制度……可以不按资本主义的雇工经营看待。实行经理承包责任制的社队企业，有的虽然采取招雇工人的形式，但只要按照下列原则管理，就仍然是合作经济，不能看作私人雇工经营。

1984年10月22日，邓小平在听取有关方面负责人汇报当前经济情况时指出：雇工问题，他的意见是放两年再看。那个能影响大局吗？如果一动，群众就说政策变了，人心就不安了。解决了一个“傻子瓜子”，会牵动人心不安，没有益处。让“傻子瓜子”经营一段，怕什么？伤害了社会主义吗？

邓小平的谈话和中央的政策都从改革的全局出发，强调政策的稳定性。对于雇工问题，允许其存在和发展，社会主义条件下的雇工与资本主义雇工是不同的，同时要采取一系列的措施尽量避免雇主与雇工收入的过分悬殊。由于国家有了明确的政策，到了1984年的下半年，关于雇工问题的争论就渐渐平息了。

（二）“社”“资”之争

1989年下半年，国内发生政治风波，国际政治气候发生剧变。在批判资产阶级自由化思潮中，思想理论界发生了一场姓“社”还是姓“资”的争论。在这场争论中，如何认识私营经济等非公有制经济成分的地位和作用，一度成为争论的焦点。

1990年2月22日，《人民日报》上刊登了《关于反对资产阶级自由化》一文。文中提出这样一个问题：搞资产阶级自由化的人……有没有经济上的根源？有没有一种经济上的力量支持他们？文章指出：中产阶级、私营企业和个体户就是资产阶级自由化的经济根源。这是较早提出问一问姓“社”姓“资”的一篇文章。

不久，北京《当代思潮》杂志1990年第1期发表《用四项基本原则指导和规范改革开放》一文。文章说：私营经济和个体经济……如果任其自由发展，就会冲击社会主义经济。文章还进一步指出：有些人正是想通过发展私营经济妄图把我国的社会主义制度通过改革开放，和平演变为资本主义制度。

随后，《真理的追求》杂志连续发表了《社会主义社会中的阶级斗争是一个客观存在》《“和平演变”战略与经济》《重提姓“社”与姓“资”》

等文章，将反对和平演变和资产阶级自由化的矛头指向经济领域，把私营经济等非公有制经济看作阶级斗争的假想敌。

各类报刊上关于姓“社”姓“资”争论的文章，一时间闹得人心惶惶。针对这场争论，作为我国改革开放总设计师的邓小平一直关注着。1991年2月15日至3月22日，上海《解放日报》根据邓小平1991年初视察上海的讲话，先后发表《做改革开放的“带头羊”》《改革开放要有新思路》《扩大开放的意识要更强些》《改革开放需要大批德才兼备的干部》等四篇署名皇甫平的评论，提出要继续坚持解放思想，敢冒风险，大胆改革，不要再囿于姓“社”姓“资”的诘难。结果，皇甫平的文章遭到了指责和围攻。

《当代思潮》1991年第2期发表《改革开放可以不问姓“社”姓“资”吗?》一文，强调不问姓“社”姓“资”，必然把改革开放引向资本主义道路而葬送社会主义事业。

随后，《真理的追求》1991年第7期发表《重提姓“社”与姓“资”》一文，文章指出：一切不愿做双重奴隶的中国人，在改革大道上前进时，有责任也有权力问一问姓“社”姓“资”，时刻提防不要偏离改革的方向。

《高校理论战线》1991年第3期发表《问一问姓“社”还是姓“资”》一文，指出：实行改革开放必须区分姓“社”还是姓“资”。原因很简单，因为现实生活中确实存在着姓“社”和姓“资”两种不同的改革观。

思想理论界关于姓“社”与姓“资”的争论，对私营经济等非公有制经济的发展产生了重大影响。不少私营企业主担心党和国家的政策会发生变化，因此，私营经济的发展出现了大幅度滑坡。1989年年底，全国登记注册的私营企业有90581户，从业人员1640051人，注册资金844776万元。但到1990年6月底，私营企业的户数下降到了8.8万户，直到这年年底才回升到9.8万户。直到1991年底，私营企业的发展速度还达不到1987年的水平。

正当“左”的东西泛滥一时，人们心头充满了疑云的关键时刻，1992年1月至2月，邓小平88岁高龄，视察南方，发表重要讲话，明确回答解决了长期困扰人们思想的许多重大认识问题。针对一段时间以来姓“社”姓“资”的争论，邓小平说：“改革开放迈不开步子，不敢闯，说来说去就是怕资本主义的东西多了，走了资本主义道路。要害是姓‘资’还是姓‘社’的问题。判断的标准，应该主要看是否有利于发展社会主义社会的生产力，是否有利于增强社会主义国家的综合国力，是否有利于提高人民的生活水平。”

针对全国上下对党的私营经济政策发生质疑的问题，邓小平一语破天机：“农村改革初期，安徽出了个‘傻子瓜子’问题。当时许多人不舒服，说他赚了一百万，主张动他。我说不能动，一动人们就会说政策变了，得不偿失。像这一类的问题还有不少，如果处理不当，就很容易动摇我们的方针，影响改革的全局。城乡改革的基本政策，一定要长期保持稳定”。

邓小平的南方谈话极大了解放了人们的思想，从而为私营经济发展扫清了思想障碍。打破了困扰人们姓“社”姓“资”的禁锢。1993年，私营企业迅速走出低谷，超过1988年的水平，达23.7万家。1994年，增至43.2万家。至于私营企业的注册资金，在1989年和1990年间几乎没有增加，从1992年到1995年，增加了大约20倍，达到2400多亿元。

（三）“公”“私”之争

1992年邓小平南方谈话解除了人们思想上的羁绊，暂时平息了思想理论界关于姓“社”姓“资”的争论。但是随着私营经济等非公经济的迅猛发展，从1995年开始，思想理论界又演发了一场新的争论，即姓“公”姓“私”的争论。

1995年初，京城内外开始广泛流传名为《影响我国国家安全的若干因素》的“万言书”，指出：近三年来，许多地方干部把发展私营经济看成是实现经济增长的主要途径。他们置国有经济于不顾，把精力、干部、资金、物资、市场等主要投向外资企业和私营企业，争相为私营企业和外资企业提供优惠条件，争相提出什么发展私有经济的几个“不限制”。这些干部虽然没讲私有化理论，但是却在行动上促进着私有化。并且此书认为，我国重新出现的私有经济将成为新生资产阶级政治要求的经济后盾。

1995年夏秋之间，国内又流传名为《未来一二十年我国国家安全的内外形势及主要威胁的初步探讨》的“万言书”。第二份万言书的主旨，同第一份万言书一样，仍然强调，我国私营企业迅猛发展，成倍增长，成为不可轻视的经济力量，在南方数省已占据主体地位。然而这种发展却是建立在国有企业背负着沉重的社会、财政负担，国有资产被大量蚕食侵占，国有经济比重不断下降的基础上的。社会财富向少数人手中迅速集中的事实再次表明，在我国，一个新的资产阶级正在形成，阶级斗争有可能重新上升为我国社会的主要矛盾。

一波未平，一波又起。1997年又出现了题名为《关于坚持公有制主体地位的若干理论和政策问题》和《1992年以来资产阶级自由化的动态和特点》两份“万言书”。“万言书”对国有企业改革中“抓大放小”的方针提出了质疑，并指出，当今中国，两种改革开放观的对立，焦点就在于坚持还是否定公有制的主体地位。文章认为，“抓大放小”的方针就是搞私有化。

针对思想理论界对所谓“私有化”的种种责难。时任深圳市委书记的厉有为在中央党校学习期间发表《关于所有制若干问题的思考》一文，对马克思主义所有制理论做了深层次的思考。该文指出：以往的传统看法是越“公”越先进。还有一个传统观念，就是认为公有与私有水火不能相容。实践已经证明，在一定历史条件下，公有经济与私有经济不但有排斥的一面，而且更重要的是有共存和融合的一面。实践证明，什么所有制最能适应和促进生产力发展，什么所有制就最先进。私有经济的发展不是私有化，而是社会主义经济基础的有机组成部分。很明显，厉有为的文章驳斥了风行一时的万言书的观点。

但是，厉有为的观点很快遭到了一些理论界人士的声讨。有人称他是地道的私有化方案，这就是要通过搞私有化，是化公为私，去培养和养肥一个新的资产阶级。甚至有人建议并要求，像具有厉有为同志这样的思想和政治素质的共产党员，不够共产党员的条件，更不适宜作为中央候补委员进入党的中央委员会，也不适宜担任任何一级党政组织的重要领导职务。

总之，从1995年到党的十五大召开之前，思想理论界“左”倾思潮一时间甚嚣尘上。这说明，要走出姓“公”姓“私”的认识误区，解决人们思想上的困惑和疑虑，还需要进一步解放思想。1997年5月29日，即十五大召开的前几个月，江泽民总书记在中共中央党校省部级干部进修班上发表重要讲话，史称“五二九”讲话。这是两年多来，党中央最高领导第一次公开地回答了万言书的指责。针对人们在所有制问题上的种种疑惑，江泽民明确指出："完善以公有制为主体、多种所有制经济共同发展的所有制结构，具有重大意义。要坚持生产关系一定要适应生产力发展水平的马克思主义基本观点，以是否有利于发展社会主义生产力、有利于增强社会主义国家的综合国力、有利于提高人民的生活水平为标准，努力寻找能够极大促进生产力发展的公有制实现形式，一切反映社会化生产规律的经营方式和组织形式都可以大胆利用。""实践证明，我们这样做，没有离开社会主义，而是在脚踏实地地建设社会主义，使社会主义在中国真正活跃和兴旺起来了。"这就明确回答了"万言书"引起的姓"公"姓"私"的争论。

江泽民"五二九"讲话，从我国社会主义初级阶段实际出发，打破了思想理论界"左"的干扰，克服了姓"公"姓"私"问题给人们造成的困惑，催发了新的思想解放，即自1978年十一届三中全会以来的第三次思想解放。

（四）能否入党之争

世纪之交，随着私营经济的发展壮大，很多私营企业主也在政治上要求积极参与，并要求加入中国共产党。另外，有相当一批私营企业主原来就是中共党员，究竟应该怎么看待这些人的党员身份？2000年初，江泽民在广东考察提出"三个代表"重要思想，强调如何保持党的先进性是加强执政党建设中面临的重大理论课题。在这一导向的指引下，私营企业主能否入党问题，一时在国内理论界引起激烈的争论。

2000年，中央党校副校长李君如在接受《百年潮》杂志访问时，表示赞成吸收私营企业主入党。他特别强调吸收党员不应拘泥于党员的社会职业、阶级成分和阶级出身。这篇文章的发表，立刻在理论界引起了强烈反响，它直接涉及私营企业主能否入党这一敏感问题。

一石激起千层浪。此言一出，很快在国内理论界引起了激烈的争论。《真理的追求》2001年第2期发表宫韫书的文章《决不能把私营企业主拉进中国共产党》。文章说：私营企业主不是劳动人民的普通一员，他们的特征是，靠占有生产资料剥削工农劳动人民创造的剩余价值。他们是剥削者，是资本家，不是中国共产党的阶级基础……决不能把私营企业主拉进中国共产党内。这个口子要坚决堵死。

《中流》2001年第4期发表澄宇的一篇批判李君如的文章《把水搅浑意欲何为?》。文章说李君如在《百年潮》2000年第9期上发表《“三个代表”与党的建设——李君如访谈录》一文，是企图“为吸收私营企业主入党制造舆论”。文章针对李君如说我们党在历史上历来重视从思想上建设党，而“不拘泥于”党员的阶级成分（不是阶级出身）的言论，强烈批判道：这就不能不使人怀疑……其用意仍是在为吸收私营企业主乃至暴富群体入党制造舆论。

针对甚嚣尘上的批判和指责，2001年7月1日，江泽民在庆祝中国共产党成立80周年大会上发表重要讲话。江泽民指出私营企业主通过“诚实劳动”，成为“社会主义建设者”。关于私营企业主能否入党的问题，江泽民在讲话中说：不能简单地把有没有财产、有多少财产当作判断人们政治上先进与落后的标准，而主要应该看他们的思想政治状况和现实表现，看他们的财产是怎么得来的以及对财产怎么支配和使用，看他们以自己的劳动对建设有中国特色社会主义事业所做的贡献。并强调：应该把承认党的纲领和章程、自觉为党的路线和纲领而奋斗、经过长期考验、符合党员条件的社会其他方面的优秀分子吸收到党内来。这就为私营企业主中的优秀分子入党问题做出了结论。

江泽民的“七一”讲话发表后，立刻在国内思想界掀起了轩然大波。有人认为，这是对马克思主义重大理论的创新和发展。也有人认为，这是一起极其重大的政治错误事件。2001年7月底，国内出现“左派第六份万言书”。“万言书”认为，“七一”讲话不是什么重大的理论创新，而是重大理论修正，它涉及根本改变党的建党学说、共产党的基本性质，严重违反党章规定和组织原则等大是大非问题。这将引起党的性质发生变化，进一步瓦解中国共产党的阶级基础、组织基础、思想基础，最终导致共产党理论蜕变、内部的思想分化，进而导致党组织的分裂。

面对“左”派人士在私营企业主入党问题上的种种非议及对“七一”讲话的种种责难，许多理论界人士旗帜鲜明地指出，马克思主义不是教条，只有在实践中不断创新才能具有强大的生命力。“七一”讲话深刻分析了改革开放以来我国社会阶层结构发生的新变化，以马克思主义基本原理为指导，创造性地提出了不断增强党的阶级基础和扩大党的群众基础，保持党的先进性的新论断。这是对马克思主义的重大发展和创新。

2002年5月31日，江泽民在中共中央党校省部级干部进修班毕业典礼上发表重要讲话。在“五三一”讲话中，他反复强调，我们一定要用发展的马克思主义指导新的实践，必须使全党保持与时俱进的精神状态，不断开拓马克思主义发展的新境界。“五三一”讲话对破除“左”的思想禁锢，促进全党思想新的解放有着重大意义，也为党的十六大的召开和非公经济理论的新突破奠定了思想前提。

（五）“原罪”之争

民企“原罪论”是在十六大前后，由以北京大学光华管理学院副院长，著名经济学家张维迎为代表的经济学者们提出来的概念。原罪是指一些民营企业家或者“第一桶金”来路尴尬，或者利用国家资源在短期内积累起令人咋舌的巨额财富。随即，针对民企“原罪”的诞生历史以及目前出路等问题，在思想理论界引发了诸多争议，并形成鲜明的三个不同观点。

一是大赦派。以张维迎为代表的学者承认有原罪，但是这与当时体制的不完善是息息相关的，种种不规范行为难以避免。所以，对他们每个人的“第一桶金”，不必苛刻地加以追究。

二是清算派。以中国人民大学教授杨德明、中国社会科学院经济研究所研究员杨帆为代表的学者认为民企“原罪”首先是违法行为，是建立在不公平竞争的基础之上，而且多数“资本原罪”是与腐败紧密结合在一起的。所以，我们必须通过反腐败的形式把这一部分财富追回，并对有关犯罪人员等依法处理，决不能姑息遗患，否则就是对国家和人民的犯罪。

三是折中派。以中国经济体制改革研究基金会秘书长樊刚博士为代表。对于原罪提法持模糊态度，不赞成“一律宽大”，也不赞成彻底清算追究。他们主张“在有原则配套措施的前提下大赦”，同时致力于为解决民企资本“原罪”问题设计合理、高效的可行性方案。

关于“原罪”的争论，致使相当一部分私营企业家惶惶不可终日。他们迫切想知道国家政府的声音。2004年1月2日，河北省委、省政府批转了《关于政法机关为完善社会主义市场经济体制创造良好环境的决定》（简称河北三十条)。文件第七条规定：对民营企业经营者创业初期的犯罪行为，已超过追诉时效的，不得启动刑事追诉程序；在追诉期内，要综合考虑犯罪性质、情节、后果、悔罪表现和所在企业在当前的经营情况及发展趋势，依法减轻、免除处罚或判处缓刑。这个文件的精神，被解读为官方不赞成原罪说。

河北三十条的出台，把自2002年以来的原罪之争推向了高潮。民企“原罪”问题逐渐成为社会热议的话题。针对河北率先在全国颁布对“原罪”进行澄清和赦免的官方文件，有为之叫好者，也有为之顿足者，称这种“法外施恩”的方式被评价为“一个危险的先例”。

无休无止的争论最后毫无结果。一些经济学家呼吁争论的解决关键还是在中央政府。2005年2月24日国务院下发《国务院关于鼓励支持和引导个体私营等非公有制经济发展的若干意见》(简称三十六条)。“三十六条”的出台，不仅使一年来饱受“原罪”责难的民营企业家尝到了苦尽甘来的滋味，而且使民营经济获得了与国资、外资并驾齐驱的地位。全国工商联主席黄孟复激动地说：“这是建国50多年来第一部以促进非公有制经济发展为主题的中央政府文件，是非公经济界的一件大喜事。”

当然，私营经济还在发展，争论还会继续。争论的实质体现了两种不同思维认识的对立，即阶级分析法和经济分析法的对立。如何避免无休的争论，关键就在于中央政府要有一个客观、公正、理性、权威的主流声音，确立一个严格的法律层面的界定标，从而引导人们从阶级分析思维向经济分析思维和法律分析思维的转变。

第八章　历史的突破

——中国共产党利用外资政策是如何突破的

一、毛泽东时代的政策

利用外资来建设新中国曾经一度是中国党和政府的既定政策。1950年4月5日《人民日报》发表社论指出：用外资和技术来发展我国经济建设是一件大事，不独是和苏联，就是和其他新民主主义国家，以至某些资本主义国家；不独开办这三个合股公司，就是开办其他适当的合股公司以至实行某些事业的租让，在事实上有时也还是需要的。在此政策指导下，新中国获得了苏联3亿美元的低息贷款，与苏联和东欧社会主义国家建立了一些合营公司，并努力尝试和西方国家接触。1955年底毛泽东在广东视察时，广东省委负责人向毛泽东建议："我们可以向香港银行贷款，然后在国内某个地方办工厂，发展工业。"毛泽东听后告诉他们："你们的想法不错，写个报告，我把这个意见带回北京去商量。"[①]1957年1月12日，周恩来在与波兰外宾的谈话中指出：向西方国家借款，在某一时期可以争取，但必须在平等互利的基础上进行。如领导运用得好，会得到好处[②]。虽然，利用资本主义国家的资金的设想在当时两大阵营对峙的体制下很难付诸实践，但这毕竟表明中共第一代领导集体在此认识上的努力，无疑为日后的改革开放提出向西方国家利用外资提供了思想前奏。

自20世纪60年代起，受苏联逼债和严峻国际形势的影响，以毛泽东为

① 顾龙生：《中国共产党经济思想发展史》，山西经济出版社1996年版，第502页。

②《周恩来年谱（1949—1976）》中卷，中央文献出版社1997年版，第9页。

首的党中央逐步放弃了利用外资的设想。1959年1月12日，毛泽东在与巴西客人谈话时指出，“中国的建设资金不靠任何国家的贷款”[①]。20世纪60年代初，苏联在中国最困难的时期毁约逼债，受此刺激，以毛泽东为首的党中央把引进外资更是当作社会主义的禁区来看待，产生了“既无内债，又无外债”“无债一身轻”的思想。对于利用外资，毛泽东说：“还是靠自力更生，事情总是起变化的。‘只要有利，向魔鬼借钱也可以。’我们不走这条路。‘魔鬼’不给我们贷款，很好；要贷给我们，我们也不要。”[②]1964年9月20日，毛泽东在接见阿尔及利亚政府经济代表团时说：“技术、资金从哪里来呢？任何外国不贷款给我们，我们也不愿向外借。技术从哪里来？都得靠自己……欠了一身债日子是不好过的。”[③]正是因为欠债日子不好过，所以“取消援助最好，外国也取消了对我们的援助”[④]。1966年7月11日，毛泽东在接见尼泊尔太子比兰德拉时又说道：“现在外债已经还清，只有内债，再过两年也可以还清，那时就‘无债一身轻’了。我们是被迫的。你们应逐步做到不要借外债。”[⑤]

20世纪70年代初，中国党和政府开始把引进的目标转移到西方资本主义国家。正如陈云所说的，“过去我们对外贸易是75%面向苏联和东欧，现在改变为75%面向资本主义国家”，“和资本主义打交道是大势已定”[⑥]。与此同时，以毛泽东为首的中央领导层也在开始批判和纠正“文革”初期的极“左”思潮。从而在20世纪70年代初，形成了新中国成立以来的第二次引进高潮。但是，由于极“左”思想的根深蒂固性，即使在第二次引进高潮的背景下，利用外资仍是社会主义的禁区。1970年8月11日，毛泽东在接见从资本主义国家来的外宾时说：“我们是社会主义国家，既然叫社会主义，就不应要求跟你们搞合营，这个道理很清楚。”[⑦]1972年8月，外贸部在接见日本三菱访华团时指出：“中华人民共和国不允许外国人在中国投资。”这样，贷款和直接投资就被列为对外经济关系的重要禁区。“社会主

① 顾龙生：《毛泽东经济年谱》，中共中央党校出版社1993年版，第443页。
② 顾龙生：《毛泽东经济年谱》，中共中央党校出版社1993年版，第598页。
③ 顾龙生：《毛泽东经济年谱》，中共中央党校出版社1993年版，第611页。
④ 顾龙生：《毛泽东经济年谱》，中共中央党校出版社1993年版，第625页。
⑤ 顾龙生：《毛泽东经济年谱》，中共中央党校出版社1993年版，第640页。
⑥《陈云文选》第3卷，人民出版社1995年版，第218—219页。
⑦ 顾龙生：《毛泽东经济年谱》，中共中央党校出版社1993年版，第648页。

义中国根本不会引进外国资本和同外国共同开发本国或他国的资源；根本不会同外国搞联合经营……”[①]。如果违反了这个禁区，就被看作是“邪路”，是“修正主义”。在不要利用外资错误思想指导下，中国的党和政府甚至认为社会主义国家不应该接受外援，不搞补偿贸易，不向国外投资。

需要指出的是，这一时期，周恩来有一个重要思想，就是他开始注意台湾设立经济特区引进外资的做法。六七十年代，就在中国陷入“文革”的混乱之际，台湾经济却突飞猛进，周恩来注意到了这一情况。1972年4月，他接见广交会代表时，针对台湾产品加工出口的情况，他指出：为什么台湾能搞，我们搞不了？我们这样伟大的人民，出口才比台湾多十亿，不值得骄傲。1973年6月29日，他在接见美国银行家洛克菲勒时指出，中国在利用外资方面比不上台湾，台湾“引进美国、日本和其他国家的外资。进口原材料，然后加工，专门供出口。他还在台湾高雄划了一个像香港一样的自由港，不收税……它吸收一部分外资，这部分外资当然是支持它的”[②]。10月31日至11月3日，他在会见澳大利亚总理时又指出：蒋介石在台湾有一个高雄港是自由港，没有税，吸引外资带着原料去建厂，利用台湾的廉价的劳动力、劳务费，然后把商品回销外国，这样吸引很多外资到台湾去投资[③]。从周恩来的言谈中可以看出，他是比较赞同台湾的做法，并且希望大陆也实行，这实际上就涉及设立经济特区吸引外资的问题。当然，周恩来的这一宝贵思想在当时极“左”环境下是不可能实践的，就是在口头上也不敢说出。

二、重新确立从资本主义国家引进技术和设备的政策

“文革”结束以后，采取各种措施加快中国经济发展成为当务之急。这其中重要的一点就是：中国党和政府首先逐渐恢复了从资本主义国家引进技术和设备的政策。

1976年11月16日，《人民日报》发表文章批判了“四人帮”关于引进

① 黎青平：《毛泽东邓小平与对外开放》，中共中央党校出版社1998年版，第96页。
②《周恩来经济文选》，中央文献出版社1993年版，第645页。
③《周恩来年谱（1949—1976）》中卷，中央文献出版社1997年版，第630页。

外国技术设备是“爬行主义”“洋奴哲学”的观点，肯定了引进技术和设备的必要性，“那种认为凡是引进先进技术就是‘洋奴哲学’，就是‘爬行主义’，实际上是主张‘闭关自守’，这是对人类文明史的愚妄无知，是对独立自主、自力更生方针的恶意歪曲”。在此基础上，1977年3月全国计划会议提出了引进技术和设备促进中国经济发展的意见，并形成《关于1977年国民经济计划几个问题的汇报提纲》，提出：“要有计划有重点地引进先进技术，洋为中用，这样有利于增强我国的能力，加快社会主义建设的步伐。善于学习前人的好经验，吸取外国的长处，这是后来居上的一个重要因素。闭关自守，拒绝学习外国的好东西，什么都要从头摸索起，那就会放慢我们一些工业技术的发展，那也是爬行主义。”[①]中央政治局经过讨论同意了此汇报提纲。很快，中央领导层就引进外国先进设备和技术来加快社会主义现代化建设速度达成共识。

1977年7月17日，国家计委向国务院提交了今后8年引进技术和设备的计划。1977年12月召开的全国计划会议形成《关于经济计划的汇报要点》，指出：中国的工业技术非常落后，很多方面基本上还是苏联四五十年代的东西，已经不适应中国经济发展的步伐，必须坚持独立自主、自力更生的方针，不断地提高农业、工业、国防和科学技术的现代化水平。同时，还要认真学习外国的好东西，引进必要的先进技术。在今后5—8年内，我们要利用国际上的有利时机，在坚持独立自主和平等互利的前提下，运用更加灵活的方式，把我们急需的国外先进技术拿到手，把学习和独创很好地结合起来。

1978年2月，华国锋在五届人大一次会议上强调：“努力学习国内和世界上的先进科学技术，决不能因循守旧，故步自封。”[②]这次会议通过了《发展国民经济十年（1976—1985年）规划的纲要》，对引进规模作了具体的规定。接下来，7—9月份召开的国务院务虚会和9月份召开的全国计划会议都强调大量引进国外先进技术和设备。

为了做好新技术的引进工作，1978年5月，国务院成立了引进新技术领导小组。小组由国务院副总理余秋里担任组长，副组长由当时国家计委的

---

①《关于1977年国民计划几个问题的汇报提纲》，中发【1977】12号。

② 华国锋：《团结起来，为建设社会主义的现代化强国而奋斗》，《红旗》1978年第3期。

副主任顾明担任。小组的主要任务主要是统筹提出新技术和成套设备的引进计划，搞好综合平衡；向中共中央、国务院提出有关引进的方针、政策和建议；组织引进计划的实施，进行督促检查，总结交流这方面的经验；组织有关方面研究、消化和发展引进的新技术等。

由于国家领导人对引进工作的大力支持和为大规模引进所做的一系列积极准备工作，在1978年的引进的高潮中，一年中同国外签订了22个重点引进先进技术和成套设备的项目，共需外汇130亿美元（1978年已签约部分为78亿美元），约折合人民币390亿元，加上国内工程投资200多亿元，共需600多亿元。1978年一年中，引进已经签约金额相当于前五年（1973—1977）成交总额的两倍，相当于1950年到1977年28年中国引进累计完成总额的89.2%[①]。

重新恢复确立引进外国技术和设备的思想政策不是偶然的。一是因为从国外引进技术和设备是中共的一贯主张，只是“文革”期间因“左”的思想和林彪、“四人帮”集团的干扰破坏，使这一正确主张未能得到顺利的贯彻，“文革”结束后，极“左”思潮得到遏制，重新恢复确立引进外国技术和设备的思想政策理所当然。二是因为“文革”结束以后，中国与世界发达国家经济上的差距越来越大，要迅速把国民经济搞上去，在当时情况下，单凭自己的力量是不行的。“文革”结束以后，中共领导层开始走出国门去了解外国发展情况，并在1978年前后在全国又掀起了一股出国考察的热潮。这些考察团作为探索对外开放国策的先导部队，被人们称为共和国即将开始的大规模对外开放的“侦察兵”。这些出访不但改善了我国的对外关系，而且还使中共对近年来国际形势的发展变化有了比较直接和全面的了解。其中感受比较强烈的，就是我国在经济和科学技术上同世界先进水平的巨大差距。三是中央领导层对引进外国技术和设备的重视。1977年邓小平复出后，就在多种场合反复强调引进世界先进科学技术和工业管理方法的重要性和迫切性。1977年5月12日，邓小平在同中国科学院副院长方毅的谈话中提出，“过去没有吸收外国先进的东西”。他还说道：“世界发达国家都注意最新的科学成果。据说他们政府头头每天办公桌上都放一张每日科技新闻……科学研究方面的先进东西是人类劳动的成果，为什么不接

① 陈东林:《20世纪50—70年代中国的对外经济引进》,《上海行政学院学报》2004年第6期。

受？接受这些东西有什么可耻的？”[①]此外，李先念、陈云等同志也非常重视引进工作，李先念在国务院务虚会议上提出“学会同外国资本家打交道”“搞好技术引进，努力扩大出口”等口号，充满着改革开放思想。

正是在上述因素推动下，所以在“文革”结束以后，确立引进外国先进技术和设备的政策来促进国民经济的发展就顺理成章了。

三、利用外资政策的最终确立

引进外国先进技术和设备，需要大量的外汇。根据1977年7月国家计委向国务院提交的8年引进计划，共需外汇65亿美元，国内配套工程的基建投资需要400亿元人民币。当时我国的外汇储备很有限，1978年仅有15.75亿美元[②]。所以外汇严重不足成为我国引进技术设备遇到的一个难题。为了解决这个难题，中共采取了如下一些办法：一是发展出口创汇，采取各种形式把出口贸易做大做活。二是发展非贸易创汇，特别是国际旅游业，“要大量增加各种非贸易外汇收入。旅游事业要加快发展，并不断总结经验，改进服务态度”[③]。三是采取延期付款、分期付款、补偿贸易等灵活方式，减少现汇的支出。1977年，中国签订的引进技术设备合同220多项，成交金额30多亿美元，其中26个大型成套项目，43套综合采煤机组，用汇占80%以上，而其中40%的金额采用的就是延期付款的办法支付的。

但是，“文革”结束后的一段时期内，对于利用外国贷款和直接投资两种引进外资形式，仍然是不允许实行的。1978年4月22日，中国外贸部部长李强指出中国现在可以采取补偿贸易、来料加工、来样加工、分期付款、延期付款等利用外资形式之后明确指出，对于借款和合资经营两种形式，“我们是坚决不干的”[④]。

为什么在“文革”结束以后，其他引进形式都逐渐允许，而这两种形式却不允许呢？主要原因是60年代以后，毛泽东就把利用外国贷款和直接投资两种形式看作是对外引进的两大禁区。“文革”结束后，当时“左”的

① 《邓小平年谱（1975—1997）》（上），中央文献出版社2004年版，第158页。
② 李正华：《改革开放的酝酿与起步》，当代中国出版社2002年版，第269页。
③ 《李先念论财政金融贸易（1950—1991）》下卷，中国财政经济出版社1992年版，第381页。
④ 《李强同志谈灵活的对外贸易做法》，新华通讯社《内部参考》第59期。

思想尚未肃清，在思想上还没有摆脱“两个凡是”观点的束缚，所以中国党和政府还仍然坚持“两个不允许”政策。但是，就在党和政府在重申“两个不允许”政策的同时，促使中共突破这个禁区的因素也在不断体现。

第一，1978年5月，真理标准问题的讨论在全国开展，使人们的思想不断得到解放，“两个凡是”的阵地愈来愈小。9月16日，邓小平发表了《高举毛泽东思想旗帜，坚持实事求是的原则》的讲话，指出：“毛泽东同志在世的时候，我们也想扩大中外经济技术交流，包括同一些资本主义国家发展经济贸易关系，甚至引进外资、合资经营等等。但是那时候没有条件，人家封锁我们。后来‘四人帮’搞得什么都是‘崇洋媚外’‘卖国主义’，把我们同世界隔绝了。经过几年的努力，有了今天这样的、比过去好得多的条件，使我们能够吸收国际先进技术和经营管理经验，吸收他们的资金。在这样的条件下，如果因为毛泽东没说过我们就不去干，那就不是真高举毛泽东思想的旗帜。”[①]邓小平的讲话，为中共和政府打破“两个不允许”政策提供了思想保证。

第二，客观因素在促使中共不得不打破“两个不允许”政策。一方面，大规模的引进与外汇不足的矛盾日益突出。为了解决外汇不足的问题，中共和政府采取了很多措施，诸如扩大出口、补偿贸易、来料加工、来样加工、分期付款、延期付款等形式，但都不能解决问题。当时中国每年的商品出口收入不过100多亿美元，其他非贸易外汇收入，更是不超过10亿美元，这相对于巨大的外汇需求来说，不过是杯水车薪。正如美国国会联合经济委员会编写的《毛主席以后的中国经济》所言：如果不寻找国外长期贷款，那么，中国当时提出的特大规模投资和工业发展规划，以及随之而来的对进口方面的巨大需求，都是不可能实现的[②]。另一方面，70年代以来，资本主义国家经济滞涨，剩余资金急需出路，而中国搞现代化，对它们是一个刺激。一些国家主动表态要借款给中国，1978年4月，外贸部长李强访问联邦德国时，联邦德国经济部部长狄特马就向他表示，只要中方肯接受，联邦德国经济界可以向中国提供不仅是4亿，而且是40亿马克的

①《邓小平文选》第2卷，人民出版社1994年版，第127—128页。

② 美国国会联合经济委员会编，上海市对外贸易国际贸易研究室译：《毛主席以后的中国经济》第1卷，中国财政经济出版社1980年版，第87页。

贷款。10月邓小平访问日本时，日本政府也表态可向中国贷款。另外，一些国家的商人表示愿意利用中国廉价的劳动力到中国来投资或合资办厂。这些客观因素促使中共不得不考虑是否打破“两个不允许”政策。

第三，中共领导层的出国考察以及出国考察团的回国汇报为中央打破“两个不允许”政策提供了促进剂。“文革”结束以后，中共领导层开始走出国门去了解外国发展情况，并在1978年前后在全国又掀起了一股出国考察的热潮。例如，1978年是邓小平一生中出访密度最大的一年。从这年年初开始，他接连出访了缅甸、尼泊尔、朝鲜、日本、泰国、马来西亚、新加坡等中国周边国家。通过对发达资本主义国家的实地考察和亲身体验，中共领导层对先进国家的经济科技发展水平以及中外经济发展的巨大差距，有了更加直观的认识和感受，这就为对外引进政策的突破提供了丰富的感性材料。

出国考察团的回国汇报，特别是以谷牧、林乎加、段云为团长的三个出国考察团的回国汇报更加促使中央领导层对引进政策进行理性分析。资本主义国家和地区发展的经验是三个代表团所要考察汇报的内容，以上海市委第一书记林乎加为团长的赴日本经济代表团总结日本为什么能在一二十年间取得飞跃进展时，指出两条经验，一是大胆引进新技术，二是充分利用国外资金。以国家计委副主任段云为团长的赴港澳经济贸易考察团总结港澳发展比较快的主要原因是有充足的资金来源和廉价劳动力。以国务院副总理谷牧为团长的西欧经济考察团指出欧洲二战后经济快速发展的原因在于科技高度发展，资本更加集中，生产更加社会化。三个考察团的汇报在中央产生了巨大影响，言外之音，中国如果要想快速发展，就要借鉴国外成功经验，这样，“两个不允许”政策势必就要被打破。

在以上因素的综合作用下，中共开始逐渐打破“两个不允许”政策。1978年5月30日，在与胡乔木等人谈话时，邓小平指出：“现在的国际条件对我们很有利。西方资本主义国家从它们自身的利益出发，很希望我们强大一些。这些发达国家有很多困难，它们的资金没有出路，愿意把钱借给我们，我们却不干，非常蠢。现在东方有四个‘小老虎’：一个是南朝鲜，一个是台湾，一个是香港，一个是新加坡。它们的经济发展很快，对外贸易增长很快。它们都能把经济发展得那么快，我们难道就不能吗?我们脑子里还都是些老东西，不会研究现在的问题，不从现在的实际出发来提出问题，解决问题。”[①]1978年6月三个代表团回国后向中央政治局汇报，强烈建议：国际经济运作中有许多通行办法，包括补偿贸易、生产合作吸收国外投资等，我们可以研究采用[②]。邓小平约谷牧同志谈话，详细询问了出访情况，指出：引进这件事要做，下决心向国外借点钱搞建设，要抓紧时间[③]。1978年9月，在国务院务虚会议上，李先念就指出：欧、美、日等资本主义国家经济萧条，要找出路。我们应该有能力利用它们的技术、设备、资金和组织经验，来加快我们的建设[④]。随后，全国计划会议确立了，“从那种不同资本主义国家进行经济技术交流的闭关自守或半闭关自守状态，转到积极地引进国外先进技术，利用国外资金，大胆地进入国际市场”[⑤]。10月，当邓小平访问日本，日本政府表态可向中国贷款时，邓小平回答：“我们还没有考虑，今后将研究这个问题。”[⑥]邓小平虽然没有正面回答问题，但显然没有拒绝之意。11月中央工作会议召开，正式提出：要善于利用国际国内有利形势，吸收外国资金技术。根据会议精神，11月11日，李先念在会见外国客人时表示：在不损害我国主权的条件下，我国可以利用美国、日本和西欧等发达国家的先进技术和资金，以加快实现四个现代化速度[⑦]。11月26日，邓小平在会见日本访华团时指出：“现在我们的方针是，尽量吸收国际先进经验，引进资金和技术，加速我们的发展。”[⑧]当有人问怎样看待接受日本政府的贷款时，邓小平回答：“可以接受。问题在于采取什么方式。我曾请教过土光敏夫会长，他说巨额贷款需要政府间来办。民间不能解决的，需要政府间解决。”[⑨]12月15日，外贸部长李强在香港向世界宣布了中国利用外资政策的重大转变。他说：“今天我们做贸易有了很大的改变，采取了很多灵活的做法。不久以前，我们在外贸上还有两个‘禁

①《邓小平年谱(1975—1997)》(上)，中央文献出版社2004年版，第320页。

② 中央文献研究室:《回忆邓小平》(上)，中央文献出版社1998年版，第156页。

③《邓小平年谱(1975—1997)》(上)，中央文献出版社2004年版，第335页。

④ 张树军、高新民:《共和国年轮1978》，河北人民出版社2001年版，第195页。

⑤《当代中国的经济管理》编辑部:《中华人民共和国经济管理大事记》，中国经济出版社1986年版，第320页。

⑥《中日经济合作余地很大》，《新华月报》1978年第10期，第227页。

⑦《李副总理会见美国朋友》，《新华月报》1978年第11期，第218页。

⑧《邓小平年谱(1975—1997)》(上)，中央文献出版社2004年版，第437页。

⑨《宣传动态》，1978年11月30日。

区’：第一，政府与政府之间的贷款不干，只有银行与银行之间的商业贷款；第二，外商在中国投资不干。最近，我们决定把这两个‘禁区’取消了。基本上，国际贸易上的惯用的做法都可以干。”[①]中共十一届三中全会批准《1979、1980两年经济计划的安排》提出要积极引进外国先进技术，利用外国资金，大胆地进入国际市场。这就表明“两个不允许”政策最终被打破，从而实现了中共对外引进政策重大转折。

利用外资政策的重新恢复和确立，是三中全会前夕对外开放思想的一个巨大进步，为后来对外开放思想的确立及发展奠定了坚实的理论基础。

①《突破“禁区”，为四个现代化大干贸易》，《经济导报》第1600期，1978年12月20日。

第九章 思想路线的分量

——如何认识实事求是知易行难

2013年12月26日，习近平总书记在纪念毛泽东诞辰120周年讲话中指出：实事求是，是马克思主义的根本观点，是中国共产党人认识世界、改造世界的根本要求，是我们党的基本思想方法、工作方法、领导方法。不论过去、现在和将来，我们都要坚持一切从实际出发，理论联系实际，在实践中检验真理和发展真理①。纵观中共革命建设改革风雨涅槃九十余载，实则围绕“实事求是”路线的艰辛探索。实践反复证明，坚持实事求是，就能兴党兴国；违背实事求是，就会误党误国。在历史上的一些时期，我们曾经犯过错误甚至遇到严重挫折，根本原因就在于当时的指导思想脱离了中国实际。我们党能够依靠自己和人民的力量纠正错误，在挫折中奋起，继续胜利前进，根本原因就在于重新恢复和坚持贯彻了实事求是。实事求是在现实生活当中往往表现为看起来容易，做起来难。“非知之艰，行之惟艰”，在实践过程中我们怎样才能真正做到实事求是呢？

一、“源”与“流”

我们不妨先从剖析“儒”字入手，左“人”右“需”即成“儒”，沐人之所需，兼道德之标准，推求实之学风集成大儒。《论语》中，也有很多佐证“实事求是”学风的论述。在学风上，主张“知之为知之，不知为不知，是知也。”保持谦逊真实的求学态度，反对不懂装懂，蒙混敷衍。还主张“四勿”即“勿意，勿必，勿固，勿我。”要求尊重事实，反对主观臆

① 习近平：《在纪念毛泽东同志诞辰120周年座谈会上的讲话》，转引自人民网2013年12月26日。

断、绝对肯定、固执僵化、自以为是四种毛病。在用人上，主张“己欲立而立人，己欲达而达人。”主张以己为实，推己及人，自己不想做的也不要施加在别人身上。另外还有“道千乘之国，敬事而信，节用而爱人，使民以时”的表述，主张处理好小我与大我的关系，遵从求实的规律，按照民众的意愿，实事求是地用人。《大学》《中庸》《孟子》中，也有很多此类的描述。

中国古代汉语中最早在文本上出现“实事求是”一词，是在东汉史学家班固所撰写的《汉书》中，讲到汉景帝第三子河间王刘德“修学好古，实事求是”。河间献王刘德是汉景帝刘启的第三子，是汉武帝刘彻的同父异母兄弟，公元前一五五年，受封为“河间王”（河间今属河北省），秦朝为使“天下无异议”而推行“焚书坑儒”的政令，再加上先前轻视儒学之道的风气，致使本来残存不多的古书典籍大量遗失。刘德作为后世之贤，以“为天地立心”之衷“为往圣继绝学”，亲自去往民间搜寻好书，主张“真，正也，留其正本”，自己收藏原著，并犒赏金银财宝，以吸纳四海之善书。他收藏书籍众多，与国家水平相比拟，堪称巨型“个人图书馆”。其尊重儒学之道，推崇经典之学的求实态度得到许多儒士的依附。刘德在为王的26年中，没有像其他的帝王之后一样陷于政治权利的纷争，而是将毕生的精力投入到古文化的传承与保存，投入到儒学之道的推崇与探寻，将存真本存善本的藏书方法坚持了下来，并将自己的成果毫无保留地进献朝廷，此后并得到“独尊儒术”的汉武帝的赏识。

唐朝儒家学者颜师古褒扬河间刘德“务得事实，每求真是也”。许慎《说文解字》中有言：“是，直也。”无论颜师古所言的“是”，还是班固所言的“是”，都是与“非”相对立的含义，指的是一种正确的见解和主张。刘德这种注重事实和考证的态度事实上还开创了考据学的学风，也是学习古文经学的方法之一，虽然在当时的政治背景下是否有利于维护统治有一些争议，但是毕竟开创了实事求是的一种政治风格，从这里我们清晰可见“实事求是”的源头。

“实事求是”的学风经过了漫长的历史演变，逐渐发展成了实用性实学，丰富了“实事求是”的内涵，也为基督教的传播以及西学东渐扫清了障碍，为异域文化在中国的发展提供了精神沃土。虽然“实事求是”思想在近代以来也不断发展，并逐渐由认识层面发展到一个哲学命题，并糅合其他学科的知识不断发展，但是在一定的历史时期，由于其限定领域的局限，难以获得全面的发展，其历史局限性也不容忽视。“实事求是”在当时的语境下主要是指对待古文典籍的一种态度，包括整理、收藏、学习等有关方面，并没有与实践相结合成为实用型的“实事求是”，因此，其指向深度远不及中国近代。近代的“实事求是”虽然并没有完全与中国的实际相结合，但是至少让我们看到与实际相结合的维度并一直向深度挖掘做努力，过程当中避免不了脱离与特殊性国情的结合，经验与教训的总结，将使“实事求是”的横切面越来越广，现实的指向性也会越来越明确。

在中国共产党的历史上，毛泽东是“实事求是”思想路线的首创者。毛泽东第一次提出“思想路线”的科学概念是在1929年6月14日回复林彪的信中，文中指出：“我们是唯物史观论者，凡事要从历史和环境两方面考察才能得到真相。我现举出了自有四军以来的历史问题的各方面，以证明近日的问题（军委问题，但原则问题）只是历史的结穴，历史上一种错误的思想路线上的最后挣扎。”[①]面对革命过程教条主义盛行的实际情况，毛泽东提出了科学的“思想路线”的含义，即在革命过程中，坚持从中国国情出发，遵循一定的原则、方法、程序，有条不紊地针对实际情况去认识中国革命的规律。1930年初，毛泽东针对党内教条主义，提出了“反对本本主义”，明确提出“没有调查就没有发言权”，“马克思主义的‘本本’是要学的，但是必须同我国的实际情况相结合”，“中国革命的胜利要靠了解中国情况”等论断[②]。这实际上标志着中国共产党的实事求是思想路线已初步形成。

“实事求是”思想路线的真正确立，并且在全党内得到广泛认同还是在延安整风时期。1937年，毛泽东写了《实践论》和《矛盾论》这两篇哲学著作深刻地论述了马克思主义的认识论和辩证法，批评了主观主义特别是教条主义的错误，进一步为党的思想路线作了理论上的论证。1938年10月，毛泽东在党的六届六中全会上所做的《论新阶段》的报告中，向全党提出了“马克思主义中国化”的任务，而且第一次使用了“实事求是”的

①《毛泽东文集》第1卷，人民出版社1993年版，第64页。
②《毛泽东选集》第1卷，人民出版社1991年版，第109—118页。

概念。他在报告中说："共产党员应是实事求是的模范，又是具有远见卓识的模范。因为只有实事求是，才能完成确定的任务；只有远见卓识，才能不失前进的方向。"[①]1941年5月，他又在《改造我们的学习》的报告中，对"实事求是"这个概念的深刻含义做了进一步的解释。他说："'实事'就是客观存在着的一切事物，'是'就是客观事物的内部联系，即规律性，'求'就是我们去研究。"[②]他还具体地说，我们要从国内外、省内外、县内外、区内外的实际情况出发，从其中引出其固有的而不是臆造的规律性，即找出周围事变的内部联系，作为我们行动的向导。而要这样做，就须不凭一时的热情，不凭死的书本，而凭客观存在的事实，详细地占有材料，在马克思列宁主义一般原理的指导下，从这些材料中引出正确的结论来。1942年，毛泽东在延安为中央党校题写"实事求是"四个大字，作为党校的校训。经过延安整风运动，"实事求是"成为中国共产党思想路线的核心内容。正是在这条思想路线指引下，我们党领导中国人民取得了新民主主义革命的胜利，又取得了社会主义改造和社会主义建设的胜利。

中华人民共和国成立后，毛泽东继续强调实事求是，他指出理论与实践的统一，是马克思主义的一个基本的原则。遗憾的是1957年以后，由于我们在不同程度上偏离了这条思想路线，从而在社会主义建设道路的探索中出现了曲折。"文化大革命"结束后，在国家向何处去的重大历史关头，邓小平首先抓住思想路线的拨乱反正这一关键环节，大力提倡实事求是。在党的十一届三中全会之前，邓小平以马克思主义者的非凡胆略和科学态度，批评"两个凡是"，即凡是毛主席做出的决策，我们都坚决维护，凡是毛主席的指示，我们都始终不渝地遵循。他指出"两个凡是"既不符合马克思列宁主义，也不符合毛泽东思想，他强调毛泽东思想是一个科学体系，必须准确地完整地加以理解。在1978年11月至12月召开的中央工作会议上，邓小平做了题为《解放思想，实事求是，团结一致向前看》的重要讲话，特别强调了解放思想、实事求是的重要意义。这个讲话是解放思想、实事求是的一个宣言书。随后，以这一讲话精神为指导的党的十一届三中全会重新确立了实事求是的思想路线。1980年2月，邓小平在《坚持党

①《毛泽东选集》第2卷，人民出版社1991年版，第522—523页。
②《毛泽东选集》第3卷，人民出版社1991年版，第801页。

的路线，改进工作方法》的讲话中指出："实事求是，一切从实际出发，理论联系实际，坚持实践是检验真理的标准，这是我们党的思想路线。"①1982年9月，党的十二大通过的《中国共产党章程》根据邓小平的意见，把党在新时期的思想路线表述为：一切从实际出发，理论联系实际，实事求是，在实践中检验和发展真理。在重新确立实事求是思想路线和推进改革开放的进程中，邓小平丰富和发展了实事求是的思想路线。主要表现在：

第一，科学地概括了"实事求是"在整个马克思主义、毛泽东思想体系中的重要地位。邓小平明确指出实事求是"是马克思主义的思想基础"，"是马克思主义的精髓"，是"毛泽东思想的精髓"。第二，科学地阐述了实事求是与解放思想的一致性。解放思想，就是使思想和实际相符合，使主观和客观相符合，就是实事求是。没有思想的解放就没有实事求是，解放思想的目的就在于实事求是，必须把二者统一起来。第三，深刻阐述了坚持实事求是思想路线的重大意义。邓小平认为，思想路线问题是政治问题，是关系到党和国家前途和命运的问题。思想路线是确定政治路线的基础，不解决思想路线问题，不解放思想，正确的政治路线就制定不出来，制定了也贯彻不下去。

1992年，江泽民在党的十四大报告中指出，解放思想，实事求是，是邓小平创立的"建设有中国特色社会主义理论"的精髓，是党永葆蓬勃生机的法宝。2002年，他在党的十六大报告中明确提出"坚持党的思想路线、解放思想、实事求是、与时俱进，是我们党坚持先进性和增强创造力的决定性因素。党的十六大以后，以胡锦涛为总书记的党中央一再强调，解放思想、实事求是、与时俱进，是我们党适应新形势、认识新事物、完成新任务的根本思想武器。2004年1月，胡锦涛在中央纪委第三次会议讲话中指出，必须大力弘扬求真务实精神，大兴求真务实之风。2007年10月，胡锦涛在党的十七大报告中进一步指出，解放思想是发展中国特色社会主义的一大法宝，我们要坚持解放思想、实事求是、与时俱进，勇于变革、勇于创新，永不僵化、永不停滞，不为任何风险所惧，不被任何干扰所惑，使中国特色社会主义道路越走越宽广，让当代中国马克思主义放射出更加灿烂的真理光芒。党的十八大以来，习近平总书记高度重视坚持和弘

①《邓小平文选》第2卷，人民出版社1994年版，第278页。

扬实事求是思想路线。2013年12月26日，习近平总书记在纪念毛泽东诞辰120周年讲话中指出：实事求是，是马克思主义的根本观点，是中国共产党人认识世界、改造世界的根本要求，是我们党的基本思想方法、工作方法、领导方法。不论过去、现在和将来，我们都要坚持一切从实际出发，理论联系实际，在实践中检验真理和发展真理[①]。2015年7月1日，在中央全面深化改革领导小组第十四次会议上，他强调，领导干部是否做到严以修身、严以用权、严以律己，谋事要实、创业要实、做人要实，全面深化改革是一个重要检验。要把“三严三实”要求贯穿改革全过程，引导广大党员、干部特别是领导干部大力弘扬实事求是、求真务实精神，理解改革要实，谋划改革要实，落实改革也要实，既当改革的促进派，又当改革的实干家[②]。

二、说起来容易，做起来难

实践反复证明，坚持实事求是，就能兴党兴国；违背实事求是，就会误党误国。在历史上的一些时期，我们曾经犯过错误甚至遇到严重挫折，根本原因就在于当时的指导思想脱离了中国实际。实事求是看似简单，实际上做起来相当难。

首先，不“实事”，就无从实事求是。实事求是的前提和基础是实事，如果不顾实事，只顾形式，就会犯错误。“没有调查没有发言权”，“马克思主义的‘本本’是要学的，但是必须同我国的实际情况相结合”，“中国革命的胜利要靠了解中国情况”[③]。新民主主义革命时期，从一开始党内就存在着照抄照搬共产国际决议和苏联经验的教条主义，即“中国底改造与存在，大部分都要靠国际社会主义的运动帮助”，即中国革命“必与俄国打成一片，一切均借俄助”[④]，“一切均借俄助”的结果就是强调中国革命必须“百分之百的布尔什维克化”。“百分之百的布尔什维克”们根据共产国际的

① 习近平：《在纪念毛泽东同志诞辰120周年座谈会上的讲话》，转引自人民网2013年12月26日。
② 《习近平主持召开中央全面深化改革领导小组第十四次会议》，转引自人民网2015年7月1日。
③ 《毛泽东选集》第1卷，人民出版社1991年版，第109、118页。
④ 陈独秀：《社会主义批评》，《广东群报》1921年1月19日；《蔡和森给毛泽东的信》，《新民学会资料》，人民出版社1980年版，第132页。

知识，在中国实行僵化的“左”倾土地政策、阶级政策、经济政策和军事战略，并在党内实行倾向派别斗争，致使中国革命遭受了重大失败和挫折。

“大跃进”和人民公社化运动时期，中央领导人脱离当时中国落后的国情，片面认为此时的社会主义建设要加速前进，提前过渡到共产主义阶段，粗浅地认为大社更有利于社会主义现代化建设，于是就不顾条件大规模并社，有些地区的社大到几千户甚至几万户。中央根据毛泽东的意见起草了《关于把小型的农业合作社适当地合并为大社的意见》，指出“为了适应农业生产和文化大革命的需要，在有条件的地方，把小型的农业生产合作社有计划地合并为大型的合作社是必要的”[①]。于是如火如荼的“大跃进”伴随着高度的革命热情轰轰烈烈地展开，要实现一个巨大的跃进，片面地将工作的狂热与生产力的提高挂钩，提出了一系列不切合实际的指标，伴随着高指标的提出，全国各地“大放卫星”，浮夸之风蔓延开来。从1958年的6月上旬到11月中旬，仅新华社、《人民日报》爆料出的农业卫星就有近40次，“人有多大胆，地有多大产”，于是就出现了亩产13万斤的水稻、5万斤的花生等。农村“大跃进”还有一个显著的标志那就是“大炼钢铁”，一位“大跃进”的亲历者，也是一位地质工作者陈梦雄回忆，当年地质部为了大炼钢铁，派他去勘察部冶金设计院去学习如何炼制钢铁，他们认真组织，学员认真学习，已经没有闲暇去考虑这个运动是否正确了。当时地质部的最大困难还不是技术的问题，是缺少耐火的砖，但是又不好买，于是他们听说王府井的马路是用耐火砖铺建的，所以有些年轻人就说干脆去偷吧。解决了这个问题之后，在院子里面建起了小高炉，没有原材料就把院子里面的大门拆了，结果炼出来的钢铁还没有原来的大门好，只好扔掉，其他一些地区也乱砍滥伐树木作为原料。由于技术等各方面的条件不成熟，炼出的钢铁都好像豆腐渣形状的废物，没有任何的用处。听到这个故事，不禁令人汗颜!

中国是世界上最大的发展中国家，内部事务错综复杂，各地地区之间差异较大，用统一的思路去解决不同的问题难免会出现失误。在处理现实的问题时，难免会由于分析现实问题有出入出现偏差。“实事求是”路线在实践的过程中也会受到各地区的硬件设施和软件条件的限制，比如政策因

①《农业集体化重要文件汇编(1958—1981)》(下册)，中共中央党校出版社1981年版，第15页。

素，领导班子的眼界、智力、知识结构、处世经验等各方面条件的影响，在贯彻“实事求是”路线时与本地区条件的结合不紧密，分析问题不深入，单纯的迷信“本本”和上级领导的指示，都会导致“实事求是”路线的贯彻不彻底，在结果上就会导致路线难以继续下去。能否做到“实事求是”，最根本的就是真真切切以群众利益为重，如果精神上懈怠，加上国内情况的复杂性，实践“实事求是”难上加难。

其次，不“求是”，就很难实事求是。实事求是的最终目的是“求是”，如果主观上不与时俱进，一味地凭过去的经验，就会犯经验主义错误，与实事求是背道而驰。一是主观上不“求是”首先表现为主观目的不纯。有些事情主观上并不是做不到看不出，而关心的是能不能讨领导的欢心，日后好捞到一笔好处，想得更多的便是自己的升官发财。在事情面前，很难保持“实事求是”的魄力。抵制形式主义，便会冒着与领导对抗的风险；敢抓敢干，便会冒着丧失选票的风险；意见不一，可能就会误以为固执己见，夜郎自大。坚持“实事求是”会冒风险，而投领导所好会变的稳妥，有些人就宁愿摒弃作为领头人的责任和使命，只顾全自己，明哲保身，这当然是与“实事求是”的思想路线相违背的。二是主观上不“求是”，是因为制度性的缺失以及“实事求是”的反效应。习近平总书记在2012年中央党校春季开学典礼上曾引用《古文辑要》上的一个故事：初唐名臣裴矩在隋朝做官时，曾经阿谀逢迎，溜须拍马，想方设法满足隋炀帝的要求；可到了唐朝，他却一反故态，敢于当面跟唐太宗争论，成了忠直敢谏的诤臣。司马光就此评论说：“裴矩佞于隋而诤于唐，非其性之有变也。君恶闻其过，则诤化为佞；君乐闻其过，则佞化为诤”。这个故事告诉我们，人们只有在那些愿意听真话、能够听真话的人面前，才敢于讲真话[①]。现实生活中，有些官员惩治大吃大喝、贪污腐败等不正之风，反而会被罢免；有些因为坚持己见而经受不住外界的压力，主动罢官。这样的事例屡见不鲜。制度方面没有一个硬性的要求做到“实事求是”，“实事求是”的评价标准也不一，结果的评判也没有统一的标准，民主的缺失也导致实施“实事求是”路线存在不可避免的压力。因此说，健全制度是保全“实事求是”的必经之道。三是，主观上不“求是”，是因为主观能力有

① 习近平:《坚持实事求是的思想路线》,《学习时报》2012年5月28日。

限。在实事面前要做到“求是”，这就要求主观要具备相当高的认识理论素养，如果认识理论素养不够，就很难长期做到实事求是。

三、如何真正做到“实事求是”

“实事求是”是手段，并不是最终目的。在中国共产党的革命建设改革过程中，“实事求是”是我们党的一大法宝。在当前社会主义发展的关键阶段，从客观现实出发，切实解决现实中存在的问题，为人民谋福利是新时期实事求是的具体体现。必须把人民的利益放在第一位，从群众中来到群众中去，尊重客观规律，理论联系实际。只有这样，中国特色社会主义现代化建设事业才能向前发展，“两个一百年”的目标才能顺利实现，具有战略意义的“中国梦”才能成为现实。具体来说，就要做到以下几个方面：

首先，了解实际，掌握实情是前提。实事求是，最基础的工作在于搞清楚“实事”，这就要求我们必须不断对实际情况做深入系统而不是粗枝大叶的调查研究，使思想、行动、决策符合客观实际。只有通过调查研究，努力掌握全面、真实、丰富、生动的第一手材料，真正搞清楚本地区本部门本单位的实际情况，真正搞清楚影响改革发展稳定的突出问题，真正及时了解人民群众的所思所盼，我们才能真正掌握客观实际中的“实事”，做到耳聪目明、心中有数。而这始终是我们进行一切科学决策所必需的也是唯一可靠的前提和基础。

习近平总书记在纪念毛泽东诞辰120周年座谈会上强调：坚持实事求是，就要深入实际了解事物的本来面貌。要透过现象看本质，从零乱的现象中发现事物内部存在的必然联系，从客观事物存在和发展的规律出发，在实践中按照客观规律办事。坚持实事求是不是一劳永逸的，在一个时间一个地点做到了实事求是，并不等于在另外的时间另外的地点也能做到实事求是，在一个时间一个地点坚持实事求是得出的结论、取得的经验，并不等于在变化了的另外的时间另外的地点也能够适用。我们要自觉坚定实事求是的信念、增强实事求是的本领，时时处处把实事求是牢记于心、付诸于行。坚持实事求是，就要清醒认识和正确把握我国仍处于并将长期处于社会主义初级阶段这个基本国情。我们推进改革发展、制定方针政策，都要牢牢立足社会主义初级阶段这个最大实际，都要充分体现这个基本国情的必然要求，坚持一切从这个基本国情出发。任何超越现实、超越阶段而急于求成的倾向都要努力避免，任何落后于实际、无视深刻变化着的客观事实而因循守旧、固步自封的观念和做法都要坚决纠正[①]。

其次，坚持政策的动员力，是坚持实事求是最初的原发力，必须重视理论建设的作用，真正做到理论联系实际。从表面上看，"实事求是"知易行难貌似陷入了一种哲学困境，其实不然，这完全可以通过科学的理论宣传、有效的实施管理、完善的监督体系来完成。完全了解各种"实事"，后续才可以"求是"，所以说认清"实事"是前提。"实事"并不是简单地指客观世界存在的一切事物，而且也包括其内在的规律性、差异性以及在此基础上对事物的创新性。当然，"实事"也在不停地运动，现在是正确的，将来不一定对，在这种情况下成立，在那种情况下则不然，因此必须要重视正确的理论建设的作用，并有一定的政策宣传作动力，"实事求是"才能真正落实。所以说"一个政党要走在时代前列，一刻也离不开理论指导；一个领导干部要做好本职工作，一刻也离不开理论学习"[②]。可见理论学习对每个人以至政党国家的重要性。"实事求是"作为马克思主义理论的活的灵魂，必须在实践当中重视理论宣传，强化"实事求是"的影响力，使其逐渐内化为做人做事的自觉行动。

要学习唯物主义的世界观和方法论，那种把学习唯物主义与坚持马列主义对立起来的观点是不正确的，必须在现实生活中跳出这种怪圈。实际上，马克思列宁主义、毛泽东思想、邓小平理论包括"三个代表"重要思想的精髓就是"实事求是"，要做到"不唯书，不唯上，只为实"，在深刻理解唯物主义的内涵的基础之上，加深对"实事求是"理论的认识，确保理论认识方向上没有偏差，并不断地在实践当中检验理论的正确性。"实事求是"作为唯物主义的法则，也必须透过实践去检验。早在1845年，马克思在《关于费尔巴哈的提纲》中提到"人的思维是否具有客观真理性，这并不是一个理论的问题，而是一个实践的问题。人应该在实践中证明自己

① 习近平:《在纪念毛泽东同志诞辰120周年座谈会上的讲话》,转引自人民网2013年12月26日。

②《习近平同志2008年5月13日在中央党校2008年春季学期第二批进修班暨师资班开学典礼上的讲话》,《学习时报》2008年5月26日。

思维的真理性”[①]。证明了理论固然重要，但必须在实践中得到检验。人的生产活动都是由实践活动组成的，理论经受了实践的考验才能真正为生产服务。在学习理论知识“求是”的基础上，实践活动也能做到实事求是。习近平总书记在纪念毛泽东诞辰120周年座谈会上强调：坚持实事求是，就要不断推进实践基础上的理论创新。马克思主义基本原理是普遍真理，具有永恒的思想价值，但马克思主义经典作家并没有穷尽真理，而是不断为寻求真理和发展真理开辟道路。今天，坚持和发展中国特色社会主义，全面深化改革，有效应对前进道路上可以预见和难以预见的各种困难与风险，都会提出新的课题，迫切需要我们从理论上作出新的科学回答。我们要及时总结党领导人民创造的新鲜经验，不断开辟马克思主义中国化新境界，让当代中国马克思主义放射出更加灿烂的真理光芒[②]。

最后，落实群众路线，保持最密切的党群关系，真正做到“从群众中来，到群众中去”，把“实事求是”落实到最基本的实际生活中。1981年6月中共中央做出的《关于建国以来若干历史问题的决议》中提到群众路线的科学内涵：“一切为了群众，一切依靠群众，从群众中来到群众中去。”中国共产党自从诞生之日起，就把人民解放，为人民谋福利作为己任。相信群众，依靠群众，并不断解放群众。群众路线是一切工作的生命线，必须实事求是地为群众办实事，办好事，为群众谋福利，深入到群众中去践行“实事求是”。毛主席用一个喂牛的实例来充分说明党与群众紧密关系，他说无论古代还是现代的剥削阶级，他们都是为了从人民身上压榨一些东西，这跟“喂牛”差不多，喂牛的同时，其主要目的还是挤奶，中国人民的本体性特征决定了群众在中国历史上的不同，因为我们自己就是人民。

实际上，在马克思主义诞生以前，在社会历史领域占统治地位的是唯心主义历史观，第一次打破这种定势局面的是马克思和恩格斯——创立了历史唯物主义。历史唯物主义从社会存在决定社会意识的角度出发，肯定了人民群众在历史上的地位和作用。历史上，我们都能够看到群众的伟大作用，并且是推动国家社会向前发展的主要推动力，实现我们的历史使命必须密切党同人民群众的关系。《三国演义》中的刘备在新野一战失败后，

① 《马克思恩格斯全集》第1卷，人民出版社1972年版，第16页。
② 习近平：《在纪念毛泽东同志诞辰120周年座谈会上的讲话》，转引自人民网2013年12月26日。

跟跄逃窜的路上仍不忘难民，派关羽等大将去保护老百姓，其目的是取得老百姓的信任，此后让老百姓帮他打天下，他这种先天下之忧而忧，后天下之乐而乐的精神素为称道。中共历史上，也有脱离群众路线惨遭失败的案例，林彪、“四人帮”就是如此，他们也是天天喊群众路线，喊相信群众，但实际为了一己之私愚弄群众，拉帮结派，最终也没有给人民带来幸福，对自己也是一个极大的讽刺。

在实践上，毛泽东是实践群众路线的典范，并且把群众路线视为具体的一套工作方法和工作总结。1928年初，在工农革命军初上井冈山时，由于民众对过去欺压农民的军队和土匪心存惧怕心理，因此心底里并没有接纳工农革命军的坦然。仅仅依靠政策的宣传与口号的表达并不能显现出工农革命军的赤诚，要想取得民众的信任，还得靠实际行动来证明。上山伊始，毛泽东就下达“三大纪律”和“六项注意”。“根据老百姓的观察，流传着这样的歌谣，‘红军纪律真严明，行动听命令；爱护老百姓，到处受欢迎；遇事问群众，买卖讲公平；群众的利益，不损半毫分。’”[①]这样就改变了工农革命军同群众的关系，为以后井冈山革命根据地的开辟奠定了基础，这也是革命力量能够由小到大逐渐战胜敌人的力量源泉。1945年在中国共产党的第七次代表大会上，毛泽东作的《论联合政府》的政治报告中提到“我们共产党人区别于其他任何一个政党的又一个显著的标志，就是和最广大的人民群众取得最密切的联系。全心全意为人民服务，一刻也不脱离群众；一切从人民的利益出发，而不是从个人或小集团的利益出发；向人民负责和向党的领导机关负责的一致性；这些就是我们的出发点”。这也就告诉我们，必须践行群众路线，切实解决人民的切实问题，才能获得群众的支持与理解，要想真正落实“实事求是”的思想路线，就必须以解决群众的需求为基准，一切为了群众。习近平总书记在纪念毛泽东诞辰120周年座谈会上强调：群众路线是我们党的生命线和根本工作路线，是我们党永葆青春活力和战斗力的重要传家宝。不论过去、现在和将来，我们都要坚持一切为了群众，一切依靠群众，从群众中来，到群众中去，把党的正确主张变为群众的自觉行动，把群众路线贯彻到治国理政全部活动之

① 《毛泽东文集》第1卷，人民出版社1993年版，第101页。

中[1]。

另外，做真人，动真情，求真事，讲真话是落实“实事求是”思想路线对每位领导干部提出的最基本的要求。领导干部要以身作则，切切实实地为人民谋福利，摒弃“形象工程”“面子工程”。切合实际地制定符合国家社会发展的策略，为国家和人民谋福利，所谓“求是”的实效完全在于“真实”，以这些真实的规律为社会主义现代化建设服务。

习近平总书记在十八届一中全会的讲话中指出：“崇高信仰始终是我们党的强大精神支柱，人民群众始终是我们党的坚实执政基础。只要我们永不动摇信仰、永不脱离群众，我们就能无往不胜。”坚定对中国特色社会主义道路、中国特色社会主义理论体系、中国特色社会主义制度的自信，在依靠人民群众的过程中不断解放和发展生产力，促进社会的进步。实事求是，是无产阶级世界观的基础，是马克思主义的思想基础。过去我们搞革命所取得的一切胜利，是靠实事求是；现在我们要实现四个现代化，同样要靠实事求是。”[2]总之，实践“实事求是”是一个动态的理论过程，要在过程当中不断加以调整、修正、充实，才能逐步提高理论水平和思想觉悟，不断用实践的理论去检验并在征程中收获“实事求是”的硕果。邓小平指出，“毛泽东思想的基本点就是实事求是，就是把马列主义的普遍原理同中国革命的具体实践相结合……毛泽东同志所以伟大，能把中国革命引导到胜利，归根结底，就是靠这个”[3]。习近平总书记在纪念毛泽东诞辰120周年座谈会上强调：坚持实事求是，就要坚持为了人民利益坚持真理、修正错误。要有光明磊落、无私无畏、以事实为依据、敢于说出事实真相的勇气和正气，及时发现和纠正思想认识上的偏差、决策中的失误、工作中的缺点，及时发现和解决存在的各种矛盾和问题，使我们的思想和行动更加符合客观规律、符合时代要求、符合人民愿望[4]。

① 习近平：《在纪念毛泽东同志诞辰120周年座谈会上的讲话》，转引自人民网2013年12月26日。
②《邓小平文选》第2卷，人民出版社1983年版，第143页。
③《邓小平文选》第2卷，人民出版社1983年版，第126页。
④ 习近平：《在纪念毛泽东同志诞辰120周年座谈会上的讲话》，转引自人民网2013年12月26日。

第十章　历史的主线
——如何推进“马克思主义中国化”

施拉姆教授在《毛泽东的思想》一书中指出：“毛泽东在20世纪30年代末提出的种种概念中，最直率、最大胆地体现了他关于中国革命的独特性以及中国人需要他们以自己的方式解决他们自己问题的信念的，莫过于‘马克思主义中国化’了。”[①]伴随着马克思主义中国化的过程，中国共产党不仅取得了革命的伟大胜利，也取得了社会主义建设和改革的举世成就。当下，在全党全国人民实现伟大中国梦的征程中，“马克思主义中国化”依然是全党上下探索的一条主线。

一、为什么要提“马克思主义中国化”

1938年中共（扩大的）六届六中全会上，毛泽东第一次提出“马克思主义中国化”。它的横空出世绝不是一个孤立的点，一定是与当时的历史背景息息相关。“马克思主义中国化”的提出既是近代以来无数仁人志士探索救国救民思潮扬弃的结晶，又是抗战时期中国共产党反对教条主义的产物。

首先，从宏观历史视野来看，“马克思主义中国化”是近代以来各种探索救国救民思潮扬弃的结晶。1840年鸦片战争是近代中国由强胜走向衰败的转折点。在外国坚船利炮的打击和威胁下，晚清政府被迫签订了一个又一个不平等条约，这个曾经拥有“康乾盛世”的世界第一大国处在风雨飘摇之中。内忧外困之下，洋务派最终战胜了顽固派，“中学为体，西学为

① [美]斯图尔特·R. 施拉姆著，田松年等译：《毛泽东的思想》，中国人民大学出版社2005年版，第71页。

用”成为19世纪60年代到90年代的主流思潮。但这种以求变应危局的思潮最终没有从根本上改变晚清政府亡国亡朝的危局。1894年甲午海战，以李鸿章为首的洋务派苦心经营的北洋舰队全军覆没，这也标志着“中学为体，西学为用”的救国思潮从根本上挽救不了中国的危局。随之，鼓吹中国文明破产了，全盘接收西方文明的“西化论”粉墨登场并在五四时期达到高潮。然而，帝国主义的侵略在不断加剧，古老的中国又一次面临支离破碎，亡国灭种的境地。“西化论”在无情的现实面前已显得苍白无力。正如毛泽东在《论人民民主专政》一文中所说：“帝国主义的侵略打破了中国人学西方的迷梦。很奇怪，为什么先生老是侵略学生呢？中国人向西方学得很不少，但是行不通，理想总是不能实现。”①

1931年日本侵略者发动蓄谋已久的九一八事变，打破了盛行已久的中国人学习西方的迷梦。又一次处在困境中的中国何去何从？新启蒙运动由此拉开帷幕。新启蒙运动是20世纪30年代中期，一部分马克思主义者联合一些自由主义知识分子为挽救国难而发起的一场“新文化运动”。在这种思潮的指引下，一些有识之士纷纷提出了“中国化”的主张。1936年，马克思主义者陈唯实在其著作《通俗辩证法讲话》中率先指出对于唯物辩证法，“最要紧的，是熟能生巧，能把它具体化、实用化，多引例子或问题来证明它。同时语言要中国化、通俗化，使听者明白才有意义”②。1937年，哲学家张申府在推行新启蒙运动过程中提出了“科学中国化”的主张。他指出：“在推广科学上，更应特别注意科学法，科学精神，科学态度，科学脾气。还应使科学成为中国的。不但要中国科学化，同时也要科学中国化。使中国对科学有其极特殊的贡献，使科学在中国有其特殊的特色。”③1938年4月，哲学家艾思奇发表了《哲学的现状和任务》一文，从哲学角度对马克思主义中国化进行了系统的论述，明确提出“现在需要来一个哲学研究的中国化、现实化的运动”。他认为，“过去的哲学只做了一个通俗化的运动……是有极大意义的”。“然而，通俗化并不等于现实化。通俗化是马克思主义在中国传播和发展的低级阶段，中国化现实化是它传播和发展

①《毛泽东选集》第4卷，人民出版社1991年版，第1470页。
② 陈唯实：《通俗辩证法讲话》，上海新东方出版社1936年版，第7页。
③ 张申府：《什么是新启蒙运动》，上海生活书店1939年版，第89页。

的高级阶段，只有后者，才能既使马克思主义得到更深入地传播，又能解决中国革命中的问题从而产生中国式的马克思主义”。1938年5月，柳湜也使用了“中国化”的提法。他在新启蒙运动刊物《战时文化》上发表《抗战以来文化运动的发展》一文，指出：“我们欢迎古今中外一切人类的劳动的经验的结晶的世界文化，但我们同时提出我们要融化它，要中国化它。我们要求适合我们今日的生活的新文化，但同时我们提出继承我们最好的传统文化，发扬民族的固有的文化，保卫我们的民族文化。”①

在启蒙新文化运动的影响下，中国共产党打起了“中国化”的大旗。1938年10月，毛泽东在中国共产党（扩大的）六届六中全会上做《论新阶段》的报告，报告第七部分是《中国共产党在民族战争中的地位》。在这部分里，毛泽东向全党正式提出了“马克思主义中国化”主张。毛泽东指出：“马克思主义必须和我国的具体特点相结合并通过一定的民族形式才能实现。马克思列宁主义的伟大力量，就在于它是和各个国家具体的革命实践相联系的，对于中国共产党来说，就是要学会把马克思列宁主义的理论应用于中国的环境，“马克思主义的中国化，使之在其每一表现中必须有中国的特性，即是说，按照中国的特点去应用它，成为全党亟待了解并亟须解决的问题”②。在党的六届六中全会上，我们党的其他领导人也在讲话中多次提到“马克思主义中国化”这一命题。比如张闻天在报告中就讲到宣传工作“要认真地使马列主义中国化，使它为中国最广大的人民所接受”③。

其次，“马克思主义中国化”命题的提出是中国共产党反对教条主义的产物。众所周知，马克思主义是在俄国十月革命的影响下传播到中国的。它的传入实际上也是五四时期“西化论”背景的产物。在此背景下，从一开始党内就存在着照抄照搬共产国际决议和苏联经验的教条主义，即“中国底改造与存在，大部分都要靠国际社会主义的运动帮助”，即中国革命“必与俄国打成一片，一切均借俄助”④，“一切均借俄助”的结果就是强调

① 柳湜：《抗战以来文化运动的发展》，《战时文化》创刊号，1938年4月。
②《中共中央文件选集》第11册，中共中央党校出版社1991年版，第658—659页。
③《中共中央文件选集》第11册，中共中央党校出版社1991年版，第709页。
④ 陈独秀：《社会主义批评》，《广东群报》1921年1月19日；《蔡和森给毛泽东的信》，《新民学会资料》，人民出版社1980年版，第132页。

中国革命必须“百分之百的布尔什维克化”。“百分之百的布尔什维克”们根据共产国际的知识，在中国实行僵化的“左”倾土地政策、阶级政策、经济政策和军事战略，并在党内实行倾向派别斗争，致使中国革命遭受了重大失败和挫折。

面对共产党人由于教条主义领导而造成的惨重失败，中共党内出现要求反对教条主义倾向的愿望。实际上，这种愿望从中国共产党成立之初就已开始。其实早在中国共产党成立以前，李大钊就已经指出，社会主义要研究把它的理想应用于环绕着它的实境的问题[①]。1927年，瞿秋白强调呼吁，“马克思主义于中国国情的工作，断不可一日或缓”[②]。1930年初，毛泽东针对党内教条主义，提出了“反对本本主义”，明确提出“没有调查就没有发言权”，“马克思主义的‘本本’是要学的，但是必须同我国的实际情况相结合”，“中国革命的胜利要靠了解中国情况”等论断[③]。红军经过长征到达陕北后，痛定思痛，党内反对教条主义的愿望愈加强烈。正当毛泽东进行马克思主义的创造性工作的时候，1937年11月，自称“百分之百布尔什维克”的王明以共产国际执行委员会主席团委员的领导身份回国。王明回国之后，捧着莫斯科的尚方宝剑，处处以党的领导人自居，教条地照抄照搬共产国际决议和苏联经验。1937年12月，他在中共中央政治局会议上传达共产国际提出的“一切服从统一战线”“一切经过统一战线”的指示，反对共产党在统一战线中保持独立自主。王明当时俨然是捧着尚方宝剑的莫斯科“天使”，说话的态度，仿佛是传达“圣旨”似的，可他仍是一个无经验的小伙子，显得志大才疏，爱放言高论，不考察实际情况，也缺乏贯彻其主张的能力和方法[④]。1938年，党中央派任弼时去苏联向共产国际汇报工作。当时，主持共产国际工作的季米特洛夫了解到中国革命的实际情况以后，委派中共驻共产国际的代表王稼祥回国，指示中共中央要以毛泽东为首解决统一领导的问题。根据这一重要指示，中国共产党召开了（扩大的）六届六中全会。毛泽东在会上做了《论新阶段》的著名报告，第一次向全党提出了“马克思主义中国化”的命题。这次全会实际上也是

① 盖军、柳建辉:《新编中共党史简明教程》,中共中央党校出版社2011年版,第8页。

②《瞿秋白论文集》自序(1927年2月27日),《瞿秋白选集》,人民出版社1985年版,第310页。

③《毛泽东选集》第1卷,人民出版社1991年版,第109—118页。

④ 张国焘:《我的回忆》第3册,现代史料编刊社1981年版,第424页。

"马克思主义中国化"思潮和教条主义思潮交锋的转折点。马克思主义中国化思潮终于战胜了教条主义，一路高歌猛进，引导着中国革命的成功。

二、从"马克思主义中国化"到"中国化的马克思主义"

中共六届六中全会"马克思主义中国化"提出以后，这一概念就开始在党内甚至国内流行开来，并逐渐成为引领时代潮流的思潮。1939年1月中旬至2月初，彭真在晋察冀边区第二次党代表大会（中共中央北方分局代表大会）上的报告中明确提出："马克思主义中国化的意义，就是把马克思主义的原则和方法应用于中国的具体问题上，就是要根据当时当地的具体情况，灵活地运用马克思主义的原则和方法来具体解决中国的问题。"①1940年1月初，张闻天在陕甘宁边区文协第一次代表大会上的演讲中提出："使马列主义中国化，创造中国的马列主义作品。"②1941年7月，刘少奇在《答宋亮同志》中说："要使马克思主义中国化，要用马列主义的原理来解释中国社会历史实践，并指导这种实践。"③

1942年初，延安整风运动在全党展开。运动当中，"马克思主义中国化""中国化的马列主义"等提法越来越集中出现于中共中央高层领导人的著述中。1942年7月1日，朱德在《纪念党的二十一周年》文章中，正式使用了"中国化的马列主义"的概念，说："今天我们党已经积累下了丰富的斗争经验，正确地掌握了马列主义的理论，并且在中国革命的实践中创造了指导中国革命的中国化的马列主义的理论。"④1943年6月，任弼时撰写了《共产党员应当善于向群众学习》一文，指出：学习马列主义"特别要去学习中国化的马列主义"⑤。1943年7月8日，王稼祥发表的《中国共产党与中国民族解放的道路》，不仅第一次使用了后来一直沿用的"毛泽东思想"这一概念，明确指出："毛泽东思想就是中国的马克思列宁主义，中国的布尔塞维主义，中国的共产主义。""它是创造的马克思列宁主义，它是马克

①《彭真年谱》(上)，中央文献出版社2002年版，第100页。
②《张闻天文集3 1939—1948》，中共党史出版社2012年版，第37页。
③《刘少奇论党的建设》，中央文献出版社1991年版，第275页。
④《解放日报》，1942年7月1日。
⑤《任弼时选集》，人民出版社1987年版，第305页。

思列宁主义在中国的发展。"[1]1943年11月10日，邓小平在北方局党校整风动员会上发表的讲话中指出：遵义会议后，党的事业完全放在了"中国化的马列主义，即毛泽东思想的指导之下"[2]。

总之，在党的七大召开以前，"马克思主义中国化"这一命题在党内运用非常广泛。正是在此基础上，党的七大才系统总结了马克思主义中国化的重大理论成果——毛泽东思想，并把它确立为我们党的指导思想。1945年4—6月，中国共产党七大于抗战胜利前夕召开，"马克思主义中国化"成为全党的共识。刘少奇所做关于修改党章的报告和七大通过的党章，肯定了"马克思主义中国化"和毛泽东思想的地位。刘少奇指出："由于中国社会、历史的发展具有极大的特殊性，以及中国的科学还不发达等条件，要使马克思主义系统地中国化，要使马克思主义从欧洲形式变为中国形式"，"毛泽东思想，从他的宇宙观以至他的工作作风，乃是发展着与完善着的中国化的马克思主义"，"就是马克思列宁主义的理论与中国革命的实践之统一的思想，就是中国的共产主义，中国的马克思主义"[3]。

不过，后来情况发生了变化，"马克思主义中国化"的提法在很长一段时间里不提了。这是为什么呢？1948年6月，共产党情报局通过决议，批评南斯拉夫共产党的所谓民族主义、反苏和亲资本主义的倾向。我们党考虑到，"马克思主义中国化"的提法可能会被误解为民族主义倾向，而我们党领导各族人民夺取全国政权、建立新中国，还需要苏联政府的支持和援助，所以，以不提"马克思主义中国化"为宜。后来，在出版《毛泽东选集》的时候，把《中国共产党在民族战争中的地位》一文中的"马克思主义"，改为"使马克思主义在中国具体化"[4]甚至在1956年八大通过的党章中也删除了"毛泽东思想"这一词条。当然，取消这一提法，并不意味着马克思主义中国化过程的中断。

进入新时期，中国共产党不仅恢复了"马克思主义中国化"的提法，而且特别强调"中国化的马克思主义"这种提法。党的十五大把马克思主义中国化第二次历史性飞跃所产生的理论成果——邓小平理论界定为

①《解放日报》，1943年7月7日。
②《邓小平文选》第1卷，人民出版社1994年版，第88页。
③《刘少奇选集》上卷，人民出版社1981年版，第333—335页。
④《毛泽东邓小平与马克思主义中国化》，中央文献出版1994年版，第28页。

"当代中国的马克思主义""马克思主义在中国的新发展"。江泽民在2001年"七一"讲话中首次直接把它称为"中国化的马克思主义",来说明毛泽东思想和邓小平理论在马克思主义发展史上的地位。"马克思主义中国化"表明的是探索过程,"中国化的马克思主义"则表明探索成果的获得与成熟。从"马克思主义中国化"到"中国化的马克思主义",表明中国共产党对社会主义认识的成熟和高度的自信。党的十七大报告六处提到"马克思主义中国化",指出:中国特色社会主义理论体系,就是包括邓小平理论、"三个代表"重要思想以及科学发展观等重大战略思想在内的科学理论体系。这个理论体系坚持和发展了马克思列宁主义、毛泽东思想,凝结了几代中国共产党人带领人民不懈探索实践的智慧和心血,是马克思主义中国化最新成果,是党最可宝贵的政治和精神财富,是全国各族人民团结奋斗的共同思想基础。中国特色社会主义理论体系是不断发展的开放的理论体系。《共产党宣言》发表以来的实践证明,马克思主义只有与本国国情相结合、与时代发展同进步、与人民群众同命运,才能焕发出强大的生命力、创造力、感召力。在当代中国,坚持中国特色社会主义理论体系,就是真正坚持马克思主义[①]。

三、当下马克思主义中国化的重中之重

世界在变化,中国在发展,马克思主义也应该并且必须相应地变化和发展。习近平总书记2013年12月26日在纪念毛泽东同志诞辰120周年时向全党号召:"我们要及时总结党领导人民创造的新鲜经验,不断开辟马克思主义中国化新境界,让当代中国马克思主义放射出更加灿烂的真理光芒。"[②]在纪念建党95周年的七一讲话中,习近平总书记再次强调:我们要以更加宽阔的眼界审视马克思主义在当代发展的现实基础和实践需要,坚持问题导向,坚持以我们正在做的事情为中心,聆听时代声音,更加深入地推动马克思主义同当代中国发展的具体实际相结合,不断开辟21世纪马克思主义发展新境界,让当代中国马克思主义放射出更加灿烂的真理光芒。

---

①《人民日报》,2007年10月25日。

② 习近平:《在纪念毛泽东同志诞辰120周年座谈会上的讲话》,转引自人民网2013年12月26日。

怎样开辟马克思主义中国化的新境界？首先要弄清马克思主义中国化的内涵是什么。1938年10月召开的中共（扩大的）六届六中全会上，毛泽东主要从三个方面对马克思主义中国化进行了阐述。一个前提："普遍地深入地研究马克思列宁主义的理论"。毛泽东指出："马克思、恩格斯、列宁、斯大林的理论，是'放之四海而皆准'的理论。不应当把他们的理论当作教条看待，而应当看作行动的指南。不应当只是学习马克思列宁主义的词句，而应当把它当成革命的科学来学习。不但应当了解马克思、恩格斯、列宁、斯大林他们研究广泛的真实生活和革命经验所得出的关于一般规律的结论，而且应当学习他们观察问题和解决问题的立场和方法。"正是因为马克思主义是放之四海而皆准的理论，所以"普遍地深入地研究马克思列宁主义的理论的任务，对于我们，是一个亟待解决并须着重地致力才能解决的大问题"。"如果我们党有一百个至二百个系统地而不是零碎地、实际地而不是空洞地学会了马克思列宁主义的同志，就会大大地提高我们党的战斗力量，并加速我们战胜日本帝国主义的工作。"①一个基本原则："马克思主义必须和我国具体特点相结合"。毛泽东指出："马克思列宁主义的伟大力量，就在于它是和各个国家具体的革命实践相联系的。对于中国共产党说来，就是要学会把马克思列宁主义的理论应用于中国的具体的环境。成为伟大中华民族的一部分而和这个民族血肉相连的共产党员，离开中国特点来谈马克思主义，只是抽象的空洞的马克思主义。因此，使马克思主义中国化，使之在其每一表现中带着必须有的中国特性，即是说，按照中国的特点去应用它，成为全党亟待了解并亟须解决的问题。"②两个基本要求：一，"学习我们的历史遗产，用马克思主义的方法给以批判的总结。"毛泽东指出，"今天的中国是历史的中国的一个发展；我们是马克思主义的历史主义者，我们不应当割断历史。从孔夫子到孙中山，我们应当给予总结，承继这一份珍贵的遗产。这对于指导当前的伟大运动，是有重要的帮助的"。二，"马克思主义必须通过一定的民族形式才能实现"。毛泽东指出："马克思主义必须通过民族形式才能实现。没有抽象的马克思主义，只有具体的马克思主义。所谓具体的马克思主义，就是通过民族形式

①《毛泽东选集》第2卷，人民出版社1991年版，第533页。
②《毛泽东选集》第2卷，人民出版社1991年版，第534页。

的马克思主义。”“洋八股必须废止，空洞抽象的调头必须少唱，教条主义必须休息，而代之以新鲜活泼的、为中国老百姓所喜闻乐见的中国作风和中国气派”[①]。

十七大报告指出：大力推进理论创新，不断赋予当代中国马克思主义鲜明的实践特色、民族特色、时代特色。开展中国特色社会主义理论体系宣传普及活动，推动当代中国马克思主义大众化。《共产党宣言》发表以来近一百六十多年的实践证明，马克思主义只有与本国国情相结合、与时代发展同进步、与人民群众同命运，才能焕发出强大的生命力、创造力、感召力。在当代中国，坚持中国特色社会主义理论体系，就是真正坚持马克思主义[②]。这里，关于马克思主义中国化的内涵提出了“三个特色”和“一个大众化”。因为理论来源于实践，所以它具有实践特色；因为马克思主义要用中国特色的形式表现出来，所以它具有民族特色；因为马克思主义要随着实践的发展不断与时俱进，所以它具有时代特色。“三个特色”“一个前提”“一个基本原则”和“两个基本要求”本质是一致的。但十七大报告与以往不同的是，它强调马克思主义的“大众化”。这也是我们党新时期推进马克思主义中国化进程中的重中之重。在此基础上，2009年党的十七届四中全会又向全党提出了“推进马克思主义中国化、时代化、大众化”。习近平总书记在纪念建党95周年的七一讲话中高度强调：面对新的时代特点和实践要求，马克思主义也面临着进一步中国化、时代化、大众化的问题。

什么叫“马克思主义大众化”？顾名思义，马克思主义大众化首先要以老百姓喜闻乐见的形式赋予出来，其次理论政策真正做到了以人为本，老百姓从心底感觉马克思主义可亲、可爱。如何做到这两点呢？

首先，要赋之以形。1943年毛泽东在《驳第三次“左”倾路线》中指出，马克思主义这种东西，是少了不行，多了也不行的。中国自从有那么一批专门贩卖马克思的先生们出现以来，把共产党闹得乌烟瘴气，白区的共产党为之闹光，苏区与红军为之闹掉百分之九十以上，全都是吃了马克思主义太多的亏。这批人自封为“马克思主义理论家”，家里有成堆的马克思主义出卖，装潢美丽，自卖自夸，只此一家，并无分店，如有假冒，概

---

①《毛泽东选集》第2卷，人民出版社1991年版，第533—534页。

②《人民日报》，2007年10月25日。

不承认……直到被人戳穿西洋镜，才发现其宝号里面尽是些假马克思，或死马克思，臭马克思，连半个真马克思，活马克思，香马克思也没有，可是受骗的人已不知有几千几万，其亦可谓惨也已矣！[①]何谓活的马克思主义，何谓香的马克思主义？大众化的马克思主义才是。大众化的马克思主义从形式上来说要符合老百姓的心里口味，不能太多也不能太少。勒庞在《乌合之众》一书中指出：给群体提供的无论是什么观念，只有当它们具有绝对的、毫不妥协的和简单明了的形式时，才能产生有效的影响[②]。比如党群关系，毛泽东把它比喻为鱼和水的关系；为人民服务，毛泽东把它比喻为共产党手里要拾把米，鸡才能跟你回家；等等。另外，一切宗教或政治信条的创立者所以能够立住脚，皆因为他们成功地激起了群众想入非非的感情，他们使群众在崇拜和服从中，找到了自己的幸福，随时准备为自己的偶像赴汤蹈火，这在任何时代概无例外[③]。比如"中国梦"就激发起了全中国人的梦。因为中国梦归根到底是人民的梦。中国梦的最大特点，就是把国家、民族和个人作为一个命运共同体，把国家利益、民族利益和每个人的具体利益紧紧联系在一起。

其次，要付之以行。要使老百姓从心底感觉马克思主义可亲、可爱，就必须使党的各项政策在以人为本上真正落地。1941年6月3日，陕甘宁边区政府在延安的杨家岭小礼堂召开边区各县县长联席会议，讨论征粮工作和农民负担问题。当天下午正在开会的时候，突然大风暴雨；一个炸雷，击断了礼堂的一根木柱，坐在附近的延川县代县长李彩云猝不及防，不幸触电身亡。同一天，一位农民饲养的一头驴也被雷电击死了。噩耗传开以后，人们议论纷纷。这位农民逢人就说：老天爷不开眼，响雷把县长劈死了，为什么不劈死毛泽东？保卫部门闻讯，要把这件事当作反革命事件来追查。毛泽东不仅阻止了保卫部门的行动，而且还找到为首的老乡到窑洞了解情况。一了解，才知道当时共产党的赋税太重，所以老乡们才怨声载道。毛泽东指出，群众发牢骚，有意见，说明我们的政策和工作有毛病。

---

① 高新民、张树军：《延安整风实录》，浙江人民出版社2000年版，第101页。

② [法]古斯塔夫·勒庞著，冯克利译：《乌合之众　大众心理研究》，中央编译局出版社2000年版，第46页。

③ [法]古斯塔夫·勒庞著，冯克利译：《乌合之众　大众心理研究》，中央编译局出版社2000年版，第56页。

不要一听到群众有议论，尤其是尖锐一点的议论，就去追查，就要立案，进行打击压制。这种做法实际上是软弱的表现，是神经衰弱的表现。我们共产党人无论如何不要造成同群众对立的局面。这之后，共产党采取了精兵简政，大生产运动，大大减轻了老百姓的负担。老百姓从现实中得到了甜头，所以才自发地改编陕北民歌，“一疙瘩玻璃四下明，咱和共产党一娘生，共产党来了烧开水，反动派来了埋地雷”，来表达打心里拥护共产党。今天，我们在实现马克思主义中国化的过程中，一定要“坚持以百姓心为心，努力解民忧、办实事”[①]，这样才能赢得老百姓的支持和拥护，马克思主义大众化才能真正实现。

① 习近平:《在纪念陈云同志诞辰110周年座谈会上的讲话》,转引自新华网2015年6月12日。

第十一章　思想的力量
——如何看待今天的“毛泽东热”

所谓“毛泽东热”就是对毛泽东本人和“毛泽东时代”的怀念和追忆，并且这种追忆怀念很快成为一股席卷大江南北的民间情节。“抬头望见北斗星，日夜想念毛泽东。”当下这股“毛泽东热”的旋风始于1990年，期间出现过多次高潮。党的十八大以来，特别是毛泽东诞辰120周年以来，这股旋风愈演愈烈。习近平总书记在纪念毛泽东诞辰120周年座谈会上高度评价毛泽东在为中国人民不懈奋斗的光辉一生中，毛泽东同志表现出一个伟大革命领袖高瞻远瞩的政治远见、坚定不移的革命信念、勇于开拓的非凡魄力、炉火纯青的斗争艺术、杰出高超的领导才能。他思想博大深邃、胸怀坦荡宽广，文韬武略兼备、领导艺术高超，心系人民群众、终生艰苦奋斗，为中华民族和中国人民建立了不朽功勋①。以纪念日为契机，从上到下，从官方到民间，从国内到国外，形成了经久不衰的“毛泽东热”。

一、全球的“热潮”

（一）国内“热”

“热”通常是表达一种情谊深厚、受人欢迎的社会风尚。在各个领域都有独具特色的“热”，例如“琼瑶热”“三毛热”“尼采热”“萨特热”“弗洛伊德热”“房地产热”“证券热”“基建投资热”等。在中国政治领域则出现了蔓延全国乃至全世界的“毛泽东热”。“毛泽东热”总的来说，是对毛泽

① 习近平：《在纪念毛泽东同志诞辰120周年座谈会上的讲话》，转引自人民网2013年12月26日。

东崇拜、敬仰以至狂热的一种社会心态，指人们对毛泽东的追捧形成暂时性、不可遏制的政治气候。这种发自内心的崇拜感大多是自发的、无可遏制的、向往毛泽东时代的政治领导的一种心理冲动。在历史的激荡中风起云涌，一共发生过四次规模空前的“毛泽东热”。

第一次“毛泽东热”是以1937年10月美国记者斯诺撰述的《红星照耀中国》为标志，刮起了“毛泽东旋风”。中国革命的曲折使得人们对毛泽东充满了好奇，加上人们对刚刚成立之后的中国共产党并不了解，从“北伐战争”到四次“反围剿”，再到被迫的“长征”和神秘的“西安事变”，革命事件的出神入化和传奇曲折引起了全世界人民的关注。斯诺通过对国统区、解放区以及中国革命的观察，写下了这本让全世界人民为之震惊的著作，人们被毛泽东的思想人格感染。这部著作一经问世，就在世界范围内被译成二十多种文字。1938年2月译成中文版《西行漫记》继续发行，这是世界上第一本详细介绍毛泽东、毛泽东所领导的革命的巨著，短短几周之内就发行了10万册之多，在全世界范围内引起巨大反响。再加上党的第七次代表大会确立了毛泽东思想的领导地位，许多青年志士表示愿意投身革命，打倒日本帝国主义以保家卫国。除了了解中国革命之外，人们还愿意去了解毛泽东的个人生活，包括衣食住行、生活习惯、学习特点、人格宽度等。

第二次“毛泽东热”是以1949年5月的全国青年代表大会的口号“学习毛泽东”为标志。尤其是50年代以后，有关毛泽东的书籍、刊物、文章、解说铺天盖地开来，每天的报道、讲话均是对毛泽东的宣传。如毛泽东的秘书李锐1953年发表了《毛泽东同志的初期革命活动》，毛泽东的革命战友李达撰写了《〈实践论〉解说》《〈矛盾论〉解说》，并且在1951年到1953年还出版了《毛泽东选集》（第一至第三卷），号召系统学习毛泽东思想。至此，毛泽东领导中国人民取得了新民主主义革命的伟大胜利，以摧枯拉朽之势推翻了帝国主义、封建主义、官僚资本主义的无情压迫，在国际上屹立起一个革命的巨人，人民成了国家和社会的主人，不会再遭受“三座大山”的挤压。1953年到1956年在毛泽东的领导下，完成了对农业、手工业、资本主义工商业的社会主义改造，工业化水平和经济总量大幅度提高，全国大部分地区解决人民的温饱已不成问题，凯歌行进式的胜利使人民群众深有感触。因此，在新中国成立时人们高喊“毛主席万岁”便不会显得生硬和刻板，是发自内心的、情不自禁的一种心灵的告慰。

第三次“毛泽东热”是以1966年10月神化毛泽东的“文化大革命”为标志。人们对毛泽东的崇拜之情无可遏抑，寺庙中摆放毛泽东的祠像用来祈福，普通百姓的家中，可随处可见毛泽东的画像、毛泽东袖章、毛泽东语录、毛泽东选集。在毛泽东接见红卫兵时，许多人因远远望见站在敞篷汽车缓缓挥手的毛泽东而潸然泪下，许多人因能握一下被主席握过的手而彻夜难眠，许多人因跟毛主席说过一句话而陶醉其中，成了此生最珍贵的回忆，无法自拔。毛泽东语录在几亿人口的国度里人手一本，唱“语录歌”、跳“忠字舞”，男女、老幼、妇孺，人人皆学、人人皆会，毛泽东的言语都成了人们行动做事的“红宝书”。这一时期“毛泽东热”是轰动性的，达到了非常炽烈的程度。

第四次“毛泽东热”是以20世纪80年代末90年初国际国内政治风波为标志。这股热始于1990年至今未消，期间1992—1994年；1998—2004年，2007至今是其中的三次高潮。党的十八大以来，特别是毛泽东诞辰120周年以来，这股旋风愈演愈烈。

这一阶段，出售和佩戴毛泽东的像章，悬挂和供奉毛主席像，歌唱毛泽东的历史歌曲，出版有关毛泽东的书籍，观看毛泽东的影视作品，评说和研究毛泽东等现象，在全国形成时尚，热潮迭起。首先，官方相继出版发行了《毛泽东选集》《毛泽东文集》《建国以来毛泽东文稿》《毛泽东年谱》《毛泽东传》等。其次，民间毛泽东神话再度出现，将毛泽东作为神来供奉或当作驱邪退鬼的钟馗，“毛主席保平安，赵公元帅保发财。”汽车司机在驾驶室里挂贴毛泽东像，个体户和小商贩也戴起了毛泽东像章或在他们做生意的地方挂起毛泽东的像，以求好运。最后，毛泽东的形象开始大量出现在影视舞台中。《四渡赤水》《开国大典》《毛泽东和他的儿子》《大决战》《开天辟地》《毛泽东的青年时代》《毛泽东》等，都历史地再现了毛泽东的伟大形象，毛泽东被人们广泛地谈论，将这一时期的“毛泽东热”推向了高潮。另外，许多与毛泽东相关的网站引起专家的关注（与毛主席相关的博客也风起云涌）。毛泽东旗帜网、毛泽东网、毛泽东思想网、毛主席纪念堂网等20多家网站发起倡议“毛泽东日”。新华网、央视网、新浪网、搜狐网等涌出许多怀念毛泽东的文章，情真意切，引发了新一轮的“毛泽东热”。

（二）海外亦“热”

纵横四海，环顾全球，到处都可见毛泽东的印记。尤其是自20世纪六七十年代以来，西方“毛泽东热”愈演愈烈。英国学者列农曾说：“世界上深受中国领袖毛泽东影响的人，数以几十亿计。很多国家的人民，在某种意义上把毛泽东作为他们的精神图腾。”日本学者野村浩一直言：“毛泽东是一位杰出的革命家，是一位率领亿万中国人民进行反对帝国主义侵略，从动乱中建立中华人民共和国的领袖，同所有的伟大革命家一样，也是一位最善于独创的思想家。”美国学者施拉姆也说：“一百年之后，毛泽东仍是世界人民最为关注的思想家与军事家。”一阵阵的“毛泽东热”，毛泽东伴随着红五星闪耀在美国、西欧、拉非等地。

在英国，研究毛泽东的专家学者达三千五百多人，随处可见毛泽东的画像。人们渴望了解毛泽东的诗词歌赋，渴望了解毛泽东的领袖气概，渴望了解毛泽东的辩证思维，渴望了解毛泽东的日常生活，有关毛泽东的话题也成了人们茶余饭后讨论的内容。他的“丢掉幻想，准备斗争”的精美的语言也激励着英国人不断向前。在美国，白宫内甚至可以看见数张的毛泽东画像。奥巴马就职演讲中也不忘引用毛泽东的诗词，可见其语言力量的强大以及毛泽东对美国的影响。从《画报》第一次融入毛泽东的形象开始，人们就开始对他产生兴趣，并渗透在日常生活当中。如“拳王”泰森右臂刻有毛泽东的头像，在其入狱改过期间不断从《毛泽东选集》中汲取力量，走出困境。在大大小小的报刊头条，也随处可见有关毛泽东的介绍。在日本，从七十年代的进步报刊开始，就宣传有关毛泽东的思想，并在毛泽东思想的指引下，深入开展反美爱国斗争。21世纪以后，适应国内发展的需要，日本成为出版毛泽东著作最多的国家。在委内瑞拉，主张用毛泽东思想武装国民，自立自强地进行反美斗争。在尼泊尔，其首任总理普拉昌达是典型的毛泽东的崇拜者，也是毛泽东思想的追随者，在毛泽东思想的指引下，推进尼泊尔联邦共和国不断深入发展。在朝鲜，人人对毛泽东领导下的中国充满感激之情。毛泽东说：“中朝两国同志要亲如兄弟般地团结在一起，休戚与共，生死相依，为战胜共同敌人而奋斗到底。”最终，在中朝两国的共同努力下，取得了抗美援朝的胜利。当年毛泽东逝世时，朝鲜领导人金日成哽咽哭泣，怀念毛泽东对朝鲜国家的帮助。在泰国，在缅甸，在巴基斯坦，在以色列，在伊朗，处处可见毛泽东对国家民主革命的影响，争取斗争胜利的信念，以及领袖品格带给国民的震撼。

在毛泽东诞辰120周年之际，众多外媒包括美国《华盛顿邮报》《环球邮报》《基督教科学箴言报》、新加坡《联合早报》、韩国《每日经济》、朝鲜《朝鲜日报》、法国《回声报》、香港《南华早报》、英国《经济学家》、俄罗斯《地球回声》、奥地利《新闻报》等对毛泽东进行纪念和评价。

二、为什么会“热”

从毛泽东诞生至今，已有一百多年了，漫漫历史长河中叱咤风云的领导人物数不胜数，短短的一百多年也只不过是漫长进程中短短一瞬，可是为什么偏偏毛泽东跨越历史门槛，人们如此悼念他、怀念他、想念他，引发阵阵的“毛泽东热”，历史为什么选择了他？人民为什么选择了他？归根结底，毛泽东作为中国革命的伟大领袖和伟大导师，是有其独特魅力的。中国的“毛泽东热”，既反映了中国民众对领袖毛泽东的诚挚情感和衷心爱戴，又是中国社会政治文化的历史折射。可以说，它与新中国的历史是密不可分的，它对新中国的政治、经济、文化乃至整个社会生活所产生的影响都是无法估量的。

（一）领袖魅力的历史影响

毛泽东同志是伟大的马克思主义者，伟大的无产阶级革命家、战略家、理论家，是马克思主义中国化的伟大开拓者，是近代以来中国伟大的爱国者和民族英雄，是党的第一代中央领导集体的核心，是领导中国人民彻底改变自己命运和国家面貌的一代伟人[①]。

毛泽东作为旷世奇才，用半个多世纪的时间，将马克思主义的普遍原理发挥得淋漓尽致。在同国内外、党内外敌人做斗争的过程中，继承、捍

① 习近平:《在纪念毛泽东同志诞辰120周年座谈会上的讲话》,转引自人民网2013年12月26日。

卫和发展了马克思列宁主义，在无产阶级革命运动的历史上写下了光辉篇章。他把自己毕生的精力，全部贡献给了中国人民的解放事业，贡献给了全世界被压迫民族和被压迫人民的解放事业，贡献给了共产主义事业。虽然毛泽东在晚年发动“文化大革命”，犯有严重错误，但是就他的一生来说，他对中国革命的功绩是第一位的，错误是第二位的，不可否认的是，他永远都是中国共产党、中华人民共和国的缔造者，其历史功绩不可抹杀。

首先要说的是毛泽东的坚毅志向和追求目标的勇气。毛泽东拥有坚毅的品格，敢于追求真理，甚至不惜与父亲甚至整个旧体制做对抗，这是他成功的基础和内在潜质。毛泽东的父亲毛顺生是相对富有的小商人，他期望儿子将来成为同他一样生财有道的精明人，将来能够多买进点田地，多收些稻谷，好多做一些稻谷和猪牛的生意，多涨些资本，做个大财东。但事与愿违，毛泽东的志向从来就不在这，他从小受母亲影响，从小就同情弱者，乐于助人，极负责任，不满不公。当韶山的难民因为饥荒劫走父亲粜往县城的米时，毛泽东并不同情父亲。当时毛泽东还未满十八，在这样一个年纪，不以一己之私为重，不惧于父亲权威，令人称赞。当父亲送他去湘潭县城的一家米店当学徒时，毛泽东充满对外面世界的憧憬，对外出求学的迫切，请来八舅、堂叔、表哥百般劝说父亲，终于实现了自己的愿望，并励志“孩儿励志出乡关，学不成名誓不还”[①]。这样一来，父亲才同意他去离韶山五十里的湘乡县立东山小学堂去接受新式教育。基础性的革命教育启蒙，青年时代的社会责任感，改造中国和世界的宏大目标，为他以后从事革命活动打下了基础，也是其魅力之所在。

其次要说的是毛泽东的领导艺术与农民领袖情怀。毛泽东的领导之所以会上升到艺术的层面，这与他从小酷爱读书，并受中国传统文化的影响有关。另外，他勤于调查，喜欢实践，善于把知识转化为实践，不仅读有字之书，还读无字之书。他的读书生活与整个的革命领导联系在一起，他的读书范围十分广泛，有社会科学，还有自然科学，有马列主义著作，还有西方资产阶级著作，有古代的，还有现代的，有中国的，更有外国的等各方面的书籍，“钻到看书看报看刊物中去，广收博览”[②]。毛泽东读书到

① 逄先知、金冲及:《毛泽东传》第一卷，中央文献出版社2013年版，第9页。
②《毛泽东书信选集》，中央文献出版社2003年版，第490页。

了痴迷的程度，即使是在最艰苦最紧张的革命战争年代，他也总是不忘读书，从书中总结革命领导办法，从书报中关心人类疾苦。1976年7月28日，河北唐山一带发生了7.8级大地震，死亡人数达二十四万多人，其他损失难以估量。当秘书报告地震造成惨重损失时，主席号啕大哭，此后在半昏迷的状态下，依然通过各种方式看书、看报、圈阅有关的文件。毛泽东圈阅的最后一份文件是中共中央《关于唐山丰南一带抗震救灾的通报》（八月十八日），正是通过自己的积累，通过自己的实际行动和革命热忱造福国家，造福百姓，在生命的最后一刻，也不忘历史使命，不忘关心人民，这种朴素而又真挚的领袖情怀令世人惊叹。

最后要说的是毛泽东的宽广的胸怀和坚韧不拔的毅力。在英雄辈出的革命战争年代，毛泽东能够团结一切可以团结的力量，结成最广泛的战线同敌人做斗争，这也是毛泽东区别于蒋介石的过人之处。不计前嫌、不排斥异己、择善而从，只要是为了中国人民劳苦大众的事业，皆可以大有作为。这种豁达的气度和宽广的胸怀给一些国民党的元老也留下了深刻的印象。革命活动有胜利也有失败，有欢欣鼓舞，也有踌躇不前，中国革命之所以取得接二连三的胜利，与毛泽东坚韧不拔的毅力分不开。这种靠自身奋斗取得胜利的毅力也是从小就养成的。毛泽东从小就干一些农活和家务，包括拔草、放牛、拾粪、砍柴，有空还要帮父亲记账，很长一段时间内，他扮演了跟家里的长工一样的角色，这对他性格的磨炼也起到了很好的作用，即山区农家子弟的本色——吃苦耐劳、勤快朴实、不怕艰难、同情弱者。从接受五四大潮的洗礼到领导农民运动，从建立革命根据地到打破敌人的“三次围剿”，从长征到西安事变的和平解决，从抗日战争到解放战争，以及建立新中国和恢复发展国民经济，革命和建设过程当中的艰难险阻是不言而喻的。每一个环节的胜利都倚仗领袖们的英明领导，这其中，百折不挠的革命毅力是制胜的一大重要法宝，更是他取得赢得民心的重要魅力之所在。

（二）市场失灵的中国表达

1978年，十一届三中全会开启了中国经济转型的航程，确立了改革开放的重大战略决策。经过漫长的经验选择，终于在党的十四大上确定了发展社会主义市场经济的改革方向。市场在资源配置中的作用，也经历了从“基础性”到“决定性”的地位转换。十八届三中全会确立市场在资源配置中的决定性作用和政府作用的更好发挥，十八届四中全会确立了依法治国的治国路线，使市场作用的转变有了法律依据。

在社会主义市场经济条件下，充分发挥市场在发展生产力方面的积极作用，同时也不能忽视市场失灵带来的社会问题。市场失灵最主要的表现有：在经济上，最大的损失是经济资源闲置；在社会上，就是处于市场竞争弱势的人民群众，对自己的弱势群体地位越来越不满，并把这股不满转化为对党和政府的批评，进而演进为上访等社会事件。处于弱势群体的群众包括对这部分群众抱有同情心的人们，在实际生活中找不到精神寄托，外加有些人小时候生活在毛泽东时代，对毛泽东时代的政治秩序等耳濡目染，在遇到市场失灵等问题，接受不了现实与预期造成的差距，心里自然会出现巨大的反差。虽然商品经济的大潮在一定程度上会冲淡人们的政治意识，然而经济的发展是离不开政治的，更不能脱离政治而单独存在，当现实出现变化时，政治必然也会以新的方式渗入到人们的头脑之中，并且无可替代，已经过去的历史随着人们的召唤重新明晰地出现在当今的社会舞台上。于是，人们开始怀念毛泽东、怀念毛泽东思想、怀念毛泽东时代的政治领导。

（三）反腐倡廉的群众呼声

在中国共产党的光辉探索的历程中，反腐败斗争一直贯穿党的奋斗始终，确保党永葆先进性和纯洁性。毛泽东领导的反腐败斗争主要有四次：第一次是土地革命战争时期，在中共苏区开展的惩腐肃反运动。毛泽东发出号召，“苏维埃工作人员中如果发现了贪污腐化、消极怠工及官僚主义分子，民众可以立即揭发这些人员的错误，而苏维埃则立即惩办他们，绝不姑息。”[①]通过这次活动，纯洁了幼年的党和新生的红色政权，使优良传统在苏区蔚然成风。第二次是抗日战争时期，在陕甘宁边区开展的反腐倡廉运动。毛泽东坚定地说道：“我们必须克服存在着的有些还是严重的官僚主

① 《中央革命根据地史料选编》下册，江西人民出版社1982年版，第309页。

义，例如贪污现象，摆官架子，无益‘正规化’，文牍主义等。”[①]此后，配合此运动又开展了以“整顿三风”为主要内容的整风运动。第三次是在新中国成立以后，面对夺取政权以后各种“糖衣炮弹”的诱惑，毛泽东主张反腐败斗争必须深入。苏共二十大及波匈事件之后，毛泽东认为，克服官僚主义刻不容缓，为此全党开展了大规模的以“反贪污、反浪费、反官僚主义”为主要内容的“三反”运动。第四次是在三年经济困难时期，开展了“四清”的社会主义教育运动以及反贪污盗窃、反投机倒把、反铺张浪费的斗争。毛泽东时代针对不同历史时期腐败的特点，制定一系列针对性的措施，至今仍然具有强大的生命力和时效性。

毛泽东时代的反腐做法为改革开放时期的反腐提供了宝贵经验。包括对反腐败要重视，提高警惕；要坚持不懈地进行反腐倡廉的教育；要注意灵活运用反腐败的方式方法，最重要的是要做到自律；还要对腐败现象依法惩治，严肃纪律；等等。邓小平也曾说过，反腐败并不是一次战役，必须要常抓不懈。在市场经济的条件下，寻租设租的机会大量涌现，权力变现的能力空前加大。在双轨制的体制下，少数领导干部更借机敛财，寻租腐败。由此，人们怀念毛泽东时代人心的纯粹、生活的淳朴、环境的净化。怀念毛泽东时代治理的政治清明、人心积聚、团结向上，更想实现一种政治清明、稳定和谐的大和目标，由此而引发了阵阵“毛泽东热”。党的十八大之后，以习近平同志为核心的党中央加大了对腐败的查处力度，打击了各种形形色色的老虎。十八届三中全会明确指出，把坚决遏制腐败蔓延势头作为重要任务和工作目标，坚持“老虎”“苍蝇”一起打，严肃查处党员干部违纪违法案件，充分发挥威慑力，以期不断净化中国的政治生态。政治生态净化的同时也会使人们不由自主地把当下的做法和毛泽东时代的做法进行比较。此时此景之下，寻找毛泽东，发现毛泽东就成为热潮。

当然，毛泽东不仅属于中国，也属于世界。习近平总书记在纪念毛泽东诞辰120周年座谈会上指出，毛泽东不仅赢得了全党全国各族人民的爱戴和敬仰，而且赢得了世界上一切向往进步的人们的敬佩。毛泽东同志的革命实践和光辉业绩已经载入中华民族史册。他的名字、他的思想、他的风

①《抗日时期的经济问题和财政问题（1942年12月）》，《毛泽东选集》第3卷，人民出版社1991年版，第896页。

范，将永远鼓舞我们继续前进[①]。正因如此，一些长期沉湎于西方自由民主制度的学子也将目光投向了中国大陆，投向了将中国革命引向胜利的世纪伟人——毛泽东。人们在“人格上承认毛泽东，历史地位上承认毛泽东，思想体系上承认毛泽东”[②]。所以，“毛泽东热”不仅出现在中国，同时也出现了在海外。

总之，毛泽东对中国革命所做出的巨大贡献和在民众中产生的巨大影响，是中国“毛泽东热”产生的前提条件。中国民众热爱、崇敬和拥戴领袖毛泽东的朴素感情，是中国“毛泽东热”深厚的民众基础。撇开其中的盲目、迷信和狂热的成分不论，“毛泽东热”对于歌颂毛泽东的伟大业绩、宣传毛泽东思想和扩大中国在国际上的政治影响方面，起到了一定积极的作用[③]。

三、“热”向何方

“毛泽东热”的产生总是伴随着社会行动而产生。“毛泽东热”，从主导的方面看，是一种健康的、进步的、孕育着希望的现象，它是一种凝聚的因素、向心的因素、团结的因素、稳定的因素[④]。但在热潮过程中，也会存在盲目崇拜的现象。正如震撼人心的《红太阳》歌颂的一样，毛泽东永远是人们心中的红太阳。以大联唱的形式歌颂毛泽东的磁带《红太阳》刚刚产出时，一时间一抢而空，产生了轰动性的效应。除此之外，关于毛泽东的像章、画像，各种介绍毛泽东的书籍、广播重现历史舞台，重新揭开了毛泽东的神秘面纱。毛泽东以朴素的领袖形象重现人间。湖南某山村的一位老农民说：“我早就说过，毛泽东不会死，总有一天会转活临世，此乃天意。”[⑤]毛泽东，20世纪的一位伟人，这无可否认，但是，他也不是万能的，是人而不是神。从这位老农民的描述中，我们可以清醒地看出，普通百姓心中还是存在着对毛泽东认识的误区以及盲目崇拜，也反映了他们残

---

① 习近平:《在纪念毛泽东同志诞辰120周年座谈会上的讲话》,转引自人民网2013年12月26日。
② 张占赋、宋一夫:《中国:毛泽东热》,北岳文艺出版社1991年版,第97页。
③ 吴继金:《中国的“毛泽东热”研究》,《船山学刊》2007年第4期。
④《邓力群文集》第3卷,当代中国出版社1998年版,第367页。
⑤《毛泽东,我们心中的红太阳——“寻找毛泽东”热纪实》,长春出版社1992年版,第160页。

存的文化心理以及扑朔迷离的文化视野。因此，必须对“毛泽东热”加以有序引导，充分发挥其对社会的正能量。

首先，引导人们正确认识毛泽东，树立正确的观念。坚持用历史唯物主义的方法科学评价毛泽东及毛泽东思想，树立对毛泽东的正确认识。毛泽东带领中国人民艰苦奋斗，完成了20世纪最伟大的历史任务——建党、建军、建国。这位20世纪的伟大人物，是中国共产党、中国人民解放军、中华人民共和国的创始人之一和主要缔造者。在领导中国革命、建设的过程中起了决定性的关键作用，成就是巨大的，应该被历史铭记。但是，需要注意的是，毛泽东是人，不是神，不能将毛泽东神化，把他奉为真命天子，认为他无所不能。他在晚年也犯过错误，由于主观、客观因素，发动了“大跃进”和“文化大革命”，给中国带来了巨大的损失。但是，毛泽东对中国革命建设的历史功绩是无可否认的，不能因为错误就否定毛泽东，否定毛泽东思想，总的来说，功大于过。1981年6月，在邓小平同志的指导下，党的十一届六中全会通过了《关于建国以来党的若干历史问题的决议》，对毛泽东和毛泽东思想给予了科学的评价，“毛泽东同志是伟大的马克思主义者，是伟大的无产阶级革命家、战略家和理论家，他虽然在‘文化大革命’中犯了严重错误，但是就他的一生来看，他对中国革命的功绩远远大于他的过失。他的功绩是第一位的，错误是第二位的。他为我们党和中国人民解放军的创立和发展，建立了不可磨灭的功勋。他为世界被压迫民族的解放和人类进步事业作出了重大贡献”。决议还指出，毛泽东思想是马克思主义在中国的运用和发展，是被实践证明了的关于中国革命和建设的正确的理论原则和经验总结，是中国共产党集体智慧的结晶。习近平总书记在纪念毛泽东诞辰120周年座谈会上指出，革命领袖是人不是神。尽管他们拥有很高的理论水平、丰富的斗争经验、卓越的领导才能，但这并不意味着他们的认识和行动可以不受时代条件限制。不能因为他们伟大就把他们像神那样顶礼膜拜，不容许提出并纠正他们的失误和错误；也不能因为他们有失误和错误就全盘否定，抹杀他们的历史功绩，陷入虚无主义的泥潭[①]。

其次，依法巩固执政合法性，积极有序引导群众性运动。执政合法性

① 习近平：《在纪念毛泽东同志诞辰120周年座谈会上的讲话》，转引自人民网2013年12月26日。

是指民众对现存政治统治的信任、认同和支持。任何一个政权的合法性，都离不开意识形态的支撑，通过意识形态的宣传来吸引民众，从而获得民众的支持。意识形态不能停留在过去，应该适时、适量地宣传当代的主流思想。“毛泽东热”的出现是人们复杂心理的一种深层次的折射，群众性运动如果缺乏积极有力的引导，必将引发社会秩序的混乱。因此，对“毛泽东热”进行积极引导便是巩固政权合法性的一种方式。在日常生活中，通过爱国教育片引导人们确立对毛泽东、毛泽东思想的正确认识。对于相关影视作品、论文著述，以及互联网上的宣传，如果有失真实，必须明令禁止，以此净化文化环境，提高主流文化的影响力。毛泽东思想作为马克思主义意识形态的一部分，必须要界定它对维护党执政合法性信仰的作用。在新的历史时期，要维护党的执政合法性，就必须更加重视意识形态的建设，用马克思列宁主义、毛泽东思想、邓小平理论、“三个代表”重要思想、科学发展观和习近平新时代中国特色社会主义思想武装全党，教育人民，不断增强作为社会主流意识形态的马克思主义的包容性、创新性，形成建设中国特色社会主义伟大事业的共同理想、精神支柱。

发端于1990年代的“毛泽东热”一直延续至今，热潮不减反增。有人不禁要问，这种热潮最终是不是要消弭？如果不消弭，它最终会走向何方？邓力群同志在世时接受《中流》杂志记者采访时曾分析指出，“毛泽东热”与以往的什么“弗洛伊德热”“萨特热”“现代派热”是不能同日而语的。在一定的历史阶段出现上述这些“热”，不能说没有其特定的内在历史原因。但是，弗洛伊德的学说、存在主义的学说、现代派的理论和实践，毕竟是西方资本主义社会在特定历史阶段的特定产物，在中国是缺乏存在和发展的坚实基础的。尽管有些人当作一种“时髦”极力加以贩卖和鼓噪，因为它毕竟回答不了中国的现实问题，解决不了我们历史前进中的历史课题，它折腾一阵就风流云散，是不可避免的。“毛泽东热”则完全是另外一回事。它是直接产生于中国历史和现实的社会现象，是直接从我们的社会生活中产生的。无论怎么说，毛泽东同志的一生、毛泽东时代、毛泽东思想都引起了中国历史上最伟大的社会变革，不仅空前地改变了中国现代的历史，而且肯定会极大地影响今后的历史。认识、总结这段历史，实际上成为我们前进的出发点之一。因此，作为一种“热”，会产生这样或那样的表现形式，但这股“毛泽东热”，是不会风流云散，丧失其历史影响和意义的，对毛泽东同志、毛泽东时代、毛泽东思想的研究，已经成为中国历史的永恒主题[①]。邓力群同志强调说：第一，“毛泽东热”具有现实社会基础；第二，毛泽东及毛泽东时代不仅改变了中国现代的历史，而且肯定会极大地影响今后的历史。综上两点，“毛泽东热”不会风流云散。20世纪90年代邓力群同志的预言已被现实证明，并将继续证明下去。

“暮色苍茫看劲松，乱云飞渡仍从容。”“毛泽东热”随着时间的推移终究会转化为一种文化现实，成为中华民族精神的组成部分，和中华民族优秀文化一起代代传承下去。

①《关于“毛泽东热”——邓力群同志答本刊记者》，《中流》1991年第12期。

第十二章 基本国策的开启
——"改革开放"概念是如何提出来的

党的十一届三中全会召开以来，中国共产党以巨大的政治勇气，推进和贯彻改革开放国策，成就举世瞩目。伴随着改革开放的推进，"改革开放"也逐渐成为人们耳熟能详，使用频率非常高的词语。党的十八大报告"改革"出现85次，"开放"出现36次，"改革开放"出现19次。党的十八届三中全会通过的《中共中央关于全面深化改革若干重大问题的决定》，"改革"一词出现136次，"开放"一词出现28次，"改革开放"一词出现8次。党的十八届四中全会通过的《中共中央关于全面推进依法治国若干重大问题的决定》，"改革"一词出现18次，"开放"一词出现4次，"改革开放"一词出现1次。党的十八届五中全会通过的《中共中央关于制定国民经济和社会发展第十三个五年规划的建议》，"改革"一词出现52次，"开放"一词出现37次，"改革开放"一词出现2次。

那么，"改革开放"这个概念是怎么提出来的呢？本文将从"概念史"的视角来对其源流进行考证。

一、"改革"的提出

"改革"本意是把事物中旧的不合理的部分改成新的、使之能适应新的客观情况。这在汉语中早就有之。中华人民共和国成立后，党和国家领导人也多次使用它。1949年9月30日颁布的《中国人民政治协商会议共同纲领》第四十六条规定：人民政府应有计划有步骤地改革旧的教育制度、教育内容和教学法。第五十三条规定：各少数民族均有发展其语言文字、保持或改革其风俗习惯及宗教信仰的自由。人民政府应帮助各少数民族的人民大众发展其政治、经济、文化、教育的建设事业。这些对于“改革”的论述都是着眼于某一方面的改革，还不是后来国策意义上的“改革”。

“文革”结束后，以邓小平为核心的党的第二代领导集体相继提出了涉及各个方面的改革。如1978年4月30日邓小平约胡乔木、邓力群、于光远谈话，就《贯彻执行按劳分配的社会主义原则》文章的修改发表意见，提出了“总之，八级工资制需要做些改革。行政人员的工资级别，也有一个改革的问题”①。1978年7月12日，邓小平提出“我们留学生管理制度要改革”，“文字改革是科学，要搞得很准，太轻率了不行”②。1978年10月11日，邓小平在中国工会第九次全国代表大会开幕式上致辞：“各个经济战线不仅需要进行技术上的重大改革，而且需要进行制度上、组织上的重大改革。”③具体领域的改革进一步丰富了“改革”的内涵，从而推动了赋予“改革”在政治领域以国策意义。1978年11月10日到12月15日，中央召开了36天的中央工作会议。在会议闭幕时，邓小平发表了《解放思想，实事求是，团结一致向前看》的重要讲话，郑重提出：“再不实行改革，我们的现代化事业和社会主义事业就会被葬送。”“正确地改革同生产力迅速发展不相适应的生产关系和上层建筑，根据我国的实际情况，确定实现四个现代化的具体道路、方针、方法和措施。”④邓小平的讲话实际上也成为随后召开的十一届三中全会的主报告。全会发表的公报提出：要“根据新的历史条件和实践经验，采取一系列新的重大的经济措施，对经济管理体制和经营管理方法着手认真的改革……正确改革同生产力迅速发展不相适应的生产关系和上层建筑”⑤。中共十一届三中全会公报里“改革”二字虽然就出现两次，但明显跟原本意义上的“改革”有着质的区别，此时的“改革”已是国策意义的“改革”，内容涉及中国特色社会主义事业的各个方面。

①《邓小平年谱（1975—1997）》（上），中央文献出版社2004年版，第303页。
②《邓小平年谱（1975—1997）》（上），中央文献出版社2004年版，第342—343页。
③《邓小平年谱（1975—1997）》（上），中央文献出版社2004年版，第400页。
④《邓小平年谱（1975—1997）》（上），中央文献出版社2004年版，第450—451页。
⑤《三中全会以来重要文献选编》（上），人民出版社1982年版，第6—11页。

二、"开放"的提出

"开放"本意主要是指解除封锁、禁令、限制等，允许进入或利用。它也不是新词，在汉语中早就有之，党和国家领导人也多次使用它。如1962年3月28日，周恩来在《国民经济的调整工作和当前任务》中指出：一九六〇年冬天，各地方有计划、有领导地开放了农村集市贸易，这对于促进农副业生产发展、活跃农村经济起了一定的作用。这里的"开放"就是其本意上的"开放"，还不是后来国策意义上的"开放"。

"文化大革命"结束以后，对外开放发展经济成为当务之急。中国党和政府首先逐渐恢复了从资本主义国家引进技术和设备的政策。1977年邓小平复出后在多种场合反复强调引进世界先进科学技术和工业管理方法的重要性和迫切性。1977年5月12日，邓小平在同中国科学院副院长方毅的谈话中提出："过去没有吸收外国先进的东西。""世界发达国家都注意最新的科学成果。据说他们政府头头每天办公桌上都放一张每日科技新闻……科学研究方面的先进东西是人类劳动的成果，为什么不接受？接受这些东西有什么可耻的？"①为此，1978年2月五届人大一次会议上通过了《发展国民经济十年（1976—1985年）规划的纲要》，对引进规模做了具体规定。同年，7—9月召开了国务院务虚会，9月召开了全国计划会议，两次会议都强调大量引进国外先进技术和设备。

为了做好新技术的引进工作，1978年5月，国务院成立了引进新技术领导小组。小组由国务院副总理余秋里担任组长，副组长由当时国家计委副主任顾明担任。小组的主要任务主要是：统筹提出新技术和成套设备的引进计划，搞好综合平衡；向中共中央、国务院提出有关引进的方针、政策和建议；组织引进计划的实施，进行督促检查，总结交流这方面的经验；组织有关方面研究、消化和发展引进的新技术等。

由于国家领导人对引进工作的大力支持和为大规模引进所做的一系列积极准备工作，仅1978年一年就同国外签订了22个重点引进先进技术和成套设备的项目，共需外汇130亿美元（1978年已签约部分为78亿美元），约

① 《邓小平年谱（1975—1997）》（上），中央文献出版社2004年版，第158页。

折合人民币390亿元，加上国内工程投资200多亿元，共需600多亿元。1978年一年引进已经签约金额相当于前五年（1973—1977）成交总额的两倍，相当于1950—1977年28年中国引进累计完成总额的89.2%[①]。

引进外国先进技术和设备，需要大量外汇。为了解决外汇不足的问题，党和政府采取了很多措施，诸如扩大出口、补偿贸易、来料加工、来样加工、分期付款、延期付款等形式，但都不能解决问题。而与此同时，70年代以来，资本主义国家经济滞涨，剩余资金急需出路，而中国搞现代化，对它们是一个刺激。在以上因素的综合作用下，中共中央开始逐渐打破“两个不允许”政策。1978年5月30日，在与胡乔木等人谈话时，邓小平指出：“现在的国际条件对我们很有利。西方资本主义国家从它们自身的利益出发，很希望我们强大一些。这些发达国家有很多困难，它们的资金没有出路，愿意把钱借给我们，我们却不干，非常蠢……我们脑子里还都是些老东西，不会研究现在的问题，不从现在的实际出发来提出问题，解决问题。”[②]1978年6月，三个代表团回国后向中央政治局汇报，强烈建议：国际经济运作中有许多通行办法，包括补偿贸易、生产合作吸收国外投资等，我们可以研究采用[③]。与此同时，邓小平约谷牧同志谈话，详细询问了出访情况，指出：引进这件事要做，下决心向国外借点钱搞建设，要抓紧时间[④]。在1978年9月的国务院务虚会议上李先念指出：欧、美、日等资本主义国家经济萧条，要找出路。我们应该有能力利用它们的技术、设备、资金和组织经验，来加快我们的建设[⑤]。随后，全国计划会议确立了一项决策：从那种不同资本主义国家进行经济技术交流的闭关自守或半闭关自守状态，转到积极地引进国外先进技术，利用国外资金，大胆地进入国际市场[⑥]。同年10月，当邓小平访问日本，日本政府表态可向中国贷款时，邓小平回答：“我们还没有考虑，今后将研究这个问题。”[⑦]邓小平虽然没有

① 陈东林：《20世纪50—70年代中国的对外经济引进》，《上海行政学院学报》2004年第6期。

②《邓小平年谱（1975—1997）》（上），中央文献出版社2004年版，第320页。

③ 中央文献研究室：《回忆邓小平》（上），中央文献出版社1998年版，第156页。

④《邓小平年谱（1975—1997）》（上），中央文献出版社2004年版，第335页。

⑤ 张树军、高新民：《共和国年轮1978》，河北人民出版社2001年版，第195页。

⑥《当代中国的经济管理》编辑部：《中华人民共和国经济管理大事记》，中国经济出版社1986年版，第320页。

⑦ 李正华：《改革开放的酝酿与起步》，当代中国出版社2002年版，第273页。

正面回答问题，但显然没有拒绝之意。同年11月召开的中央工作会议正式提出：要善于利用国际国内有利形势，吸收外国资金技术。根据会议精神，11月11日，李先念在会见外国客人时表示：在不损害我国主权的条件下，我国可以利用美国、日本和西欧等发达国家的先进技术和资金，以加快实现四个现代化速度[①]。11月26日，邓小平在会见日本访华团时指出："现在我们的方针是，尽量吸收国际先进经验，引进资金和技术，加速我们的发展。"[②]当有人问怎样看待接受日本政府的贷款时，邓小平回答："可以接受。问题在于采取什么方式。我曾请教过土光敏夫会长，他说巨额贷款需要政府间来办。民间不能解决的，需要政府间解决。"[③]中共十一届三中全会批准《1979、1980两年经济计划的安排》提出要积极引进外国先进技术，利用外国资金，大胆地进入国际市场。这就表明"两个不允许"政策最终被打破，从而实现了中共对外开放政策的重大转折。

实践上的创新推动着理论称谓上的创新。1978年10月10日，邓小平在会见德意志联邦共和国新闻代表团时指出："你们问我们实行开放政策是否同过去的传统相违背。我们的做法是，好的传统必须保留，但要根据新的情况来确定新的政策。过去行之有效的东西，我们必须坚持，特别是根本制度，社会主义制度，社会主义公有制，那是不能动摇的。"[④]这是我们党和国家领导人第一次明确地在讲话中把"开放"作为我国的一项政策。党的十二大报告明确强调：我们坚定不移地实行对外开放政策，在平等互利的基础上积极扩大对外交流。

三、"改革开放"的提出

中国共产党在推动改革开放的实践过程中，一开始的侧重点应该是对内改革。这从十一届三中全会的公报中可窥见一斑，十一届三中全会公报中"改革"出现2次，"开放"虽然在此之前邓小平提出过，但在这次公报里没有出现。随着对外开放政策的逐步推进，从引进外国先进技术到利用

①《李副总理会见美国朋友》，《新华月报》1978年第11期，第218页。

②《邓小平年谱(1975—1997)》(上)，中央文献出版社2004年版，第437页。

③ 李妍：《十一届三中全会前夕对外开放的酝酿和起步》，《当代中国史研究》2006年第2期。

④《邓小平文选》第2卷，人民出版社1994年版，第133页。

外国资金，大胆地进入国际市场，再到1979年7月，党中央、国务院做出决定，对广东、福建两省的对外经济活动实行特殊政策和优惠措施，并决定在深圳、珠海、汕头、厦门设置经济特区，作为吸收外资、学习国外先进技术和经营管理方法的视窗，然后到1984年4月又进一步开放大连、秦皇岛、天津、烟台、青岛、连云港、南通、上海、宁波、温州、福州、广州、湛江、北海这14个港口城市。实践的推进推动着理论称谓的创新，1982年党的十二大报告中"改革"出现10次，"开放"开始出现2次；1984年十二届三中全会决定中"改革"出现84次，"开放"出现8次。"开放"一词使用频率的提高表明开放政策从无到有，日益被重视的过程。实践和理论称谓的双重创新推动着"改革"和"开放"的整合。

1984年2月9日，邓小平参观陈嘉庚创办的集美学村和陈嘉庚故居时指出，陈嘉庚是个爱国华侨，福建华侨多，进出都经过厦门。改革开放后，侨务工作很重要。厦门要加强侨务工作，进一步贯彻好侨务政策①。这是据目前所能查证的档案材料中，党和国家领导人最早提出和使用"改革开放"一词。此后，"改革开放"就不断地被使用。1984年5月8日，《人民日报》发表《珠江三角洲各县引进外资、设备办工厂，上马快，受益快，中外双方皆满意》，关键词是：改革；开放；不走老路。这是《人民日报》上最早出现的把"改革""开放"放在一起的文章。当然，这里的"改革"和"开放"中间还尚存一定的"距离"，还不是真正意义上的"改革开放"。1984年9月13日《人民日报》刊发《中组部领导集体对照检查近几年组织工作问题提出整改意见，抓领导班子调整保证改革开放顺利进行》报道。这才是《人民日报》上第一次真正意义上使用"改革开放"。1987年党的十三大报告中，"改革"出现163次，"开放"出现48次，"改革开放"出现24次，报告指出社会主义初级阶段基本路线是：领导和团结全国各族人民，以经济建设为中心，坚持四项基本原则，坚持改革开放，自力更生，艰苦创业，为把我国建设成为富强民主文明的社会主义现代化国家而奋斗。这表明"改革开放"在党和国家政策与制度层面得到确认，成为全党共识。十四大报告中"改革"出现123次，"开放"出现77次，"改革开放"出现55次；十五大报告中"改革"出现93次，"开放"出现39次，"改革开放"

①《邓小平年谱（1975—1997）》（下），中央文献出版社2004年版，第959页。

出现27次；十六大报告中“改革”出现89次，“开放”出现29次，“改革开放”出现14次；十七大报告“改革”出现102次，“开放”出现59次，“改革开放”出现34次；十八大报告“改革”出现85次，“开放”出现36次，“改革开放”出现19次。

“改革开放”这个中国共产党的核心政治概念是在改革开放以来理论和实践的双重互动中演进的。一方面，社会生活的巨大变化，是以“改革开放”概念变革为先导，另一方面，社会变革也必然反映到执政党的观念领域，引起“改革开放”概念本身的巨大变化。“改革开放”既是对社会的历史现实之语言反映，可以充当认知变化中的社会结构的“指示器”，也参与了对社会的建构和影响，即成为历史发展的“推助器”。

第十三章　历史的主题

——“中国特色社会主义”是如何提出来的

十八大报告指出：九十多年来，我们党紧紧依靠人民，把马克思主义基本原理同中国实际和时代特征结合起来，独立自主走自己的路，历经千辛万苦，付出各种代价，取得革命建设改革伟大胜利，开创和发展了中国特色社会主义，从根本上改变了中国人民和中华民族的前途命运。

“中国特色社会主义”这一概念既是对十一届三中全会以来中国特色社会主义道路历程的理论总结，又是一系列概念演变的逻辑必然。这一概念的演变，最初可追溯到“中国特色”，依次经过“中国式的现代化”“中国式的社会主义”“建设有中国特色的社会主义”“建设有中国特色的社会主义理论”“邓小平同志建设有中国特色社会主义理论”“邓小平建设有中国特色社会主义理论”“中国特色社会主义”，到十七大所指出的“中国特色社会主义理论体系”。再到十八大强调的“中国特色社会主义理论体系”“中国特色社会主义道路”“中国特色社会主义制度”的三位一体。这些概念之间具有十分紧密的联系，它们都具有字面上所强调的共性——“中国特色”，同时彼此又具有自己的个性，前一个概念为后一个概念的提出奠定了基础，后一个概念则是前一个概念合乎逻辑的必然发展。

一、“中国特色”概念的提出

在新中国成立前后的一段时间里，中国共产党关于中国社会建设的模式是“以俄为师”。毛泽东在《论人民民主专政》一文中就表达了这种愿望："苏联共产党就是我们的最好的先生，我们必须向他们学习。"[①]1950年2月，毛泽东在访问苏联时又明确表示："苏联经济文化及其他各项重要的建设经验，将成为新中国建设的榜样。"[②]

中共八大前后，由于苏联社会主义建设过程中弊端问题的暴露，以毛泽东为核心的第一代领导集体提出"以苏为鉴"的命题，开始探索中国社会主义建设道路。正如毛泽东所说："特别值得注意的是，最近苏联方面暴露了他们在建设社会主义过程中的一些缺点和错误，他们走过的弯路，你还想走？过去我们就是鉴于他们的经验教训，少走了一些弯路，现在当然更要引以为戒。"[③]

在"以苏为鉴"的政治气候下，各个领域各行各业纷纷强调从中国实际出发，"中国特色"一词就开始见诸报端。1957年1月3日，《人民日报》上就出现了"中国特色"一词。"中国的老百姓欢迎具有中国气派的、中国特色的音乐曲调，这一点是用不着怀疑的。不仅如此，具有民族风格、地方色彩的音乐像长上了翅膀，飞越过国境，在世界人民的文化生活中起着莫大的作用。我认为：我们的音乐家目前要多多发掘和继承我们祖国丰富的音乐遗产，并在这基础上创造出具有中国气派、中国特色的音乐来。"[④]这是《人民日报》上第一次出现"中国特色"一词来形容具有中国特征的音乐。这以后，"中国特色"就逐渐被各个行业使用。

1960年2月9日，《和时代一同前进的美术创作》一文指出：历史悠久的我国美术，不论在绘画、版画、雕塑和工艺美术方面，都具有鲜明的中国气派和中国特色[⑤]。

1960年10月19日《我国治沙科学上的一个成就》一文指出：治沙在我国还是一门新的科学，要研究的东西很多。应根据人力物力，衡量轻重缓急，既要符合国家经济的长远利益，又要照顾人民的当前利益；既要完成任务，又要发展科学，丰富治沙学内容。我们相信，在党的领导下，一定

---

①《毛泽东选集》第4卷，人民出版社1991年版，第1481页。
②《建国以来毛泽东文稿》第1册，中央文献出版社1987年版，第266页。
③《毛泽东文集》第7卷，人民出版社1999年版，第23页。
④《人民日报》，1957年1月3日。
⑤《人民日报》，1960年2月9日。

能够创造与发展具有中国特色的治沙科学[1]。

1966年7月15日,《伟大的毛泽东思想灌输到工人群众中产生了巨大的物质力量——上海职工夺得文化大革命和工业生产双胜利》一文指出：这些新的工人设计队伍，带着阶级的委托，满怀阶级感情，反复学习毛主席的《实践论》《矛盾论》和有关语录，以毛泽东思想为武器，大破洋框框洋教条，坚持实践，坚持科学实验，设计的新产品具有鲜明的中国特色[2]。1977年9月15日,《毛泽东思想的光辉永照船台》指出：主席的号令，我们坚决执行。在毛泽东思想的光辉照耀下，一九五八年我厂成功地建造了我国第一艘自行设计的万吨级远洋货轮“东风”号，接着又造出了我国第一台自行设计的、具有中国特色的一万二千吨水压机，为祖国社会主义建设作出了应有的贡献[3]。

虽然十一届三中全会以前，报刊媒体纷纷强调“中国特色”的艺术、技术、产品等，但这些领域所强调的“中国特色”始终没有在政治领域产生共鸣。囿于当时对社会主义的认识水平，党对社会主义建设道路的探索始终没有突破苏联模式的窠臼。正如1956年12月29日，中共在《再论无产阶级专政的历史经验》一文明确指出：“但从基本原理上说来，十月革命的道路却反映了人类社会发展长途中的一个特定阶段内关于革命和建设工作的普遍规律，这不但是苏联无产阶级的康庄大道，而且是各国无产阶级为了取得胜利都必须走的共同的康庄大道。”[4]在要求把苏联道路作为无产阶级国家的唯一道路的认识思维下，要想把“中国特色”移植到社会主义前面，在当时没有勇气也没有能力做到。

二、“中国式的现代化”——“中国式的社会主义”——“建设有中国特色的社会主义”

“文化大革命”结束后，邓小平等老一辈革命家领导和推动了真理标准问题的大讨论，极大地解放了人们被束缚已久的思想。在此基础上，1978年12月召开的十一届三中全会，重新确立了实事求是的思想路线，做出了

①《人民日报》,1960年10月19日。
②《人民日报》,1966年7月15日。
③《人民日报》,1977年9月15日。
④《人民日报》,1956年12月29日。

党和国家工作重点转移的战略决策。在这种情况下，人们开始对国际国内的传统社会主义模式进行反思。

这种反思首先体现在经济领域强调中国特色。1979年3月21日，邓小平在会见马尔科姆·麦克唐纳为团长的英中文化协会执行委员会代表团，指出：我们定的目标是在20世纪末实现四个现代化。我们的概念与西方不同，我姑且用个新说法，叫作中国式的四个现代化[①]。1979年3月30日，在党的理论工作务虚会上，邓小平又讲道："现在搞建设，也要适合中国情况，走出一条中国式的现代化道路……中国式的现代化，必须从中国的特点出发。"[②]

"文革"结束后，党制定了全心全意搞经济建设，以经济建设为中心的基本路线，这样就要突破原来的经济体制。"中国式的现代化"概念就是"中国特色"在经济领域的体现，是"中国特色"在时代背景下合乎逻辑的发展。"中国式的现代化"是经济发展目标的总纲，在这一总纲的指导下，其具体领域纷纷强调"中国特色"。

1979年9月，中国科学院副院长李昌在我国科学技术第一次讨论会上指出，我国科技发展面临的五个主要问题：科学技术和四个现代化的关系；科学技术内部的关系即科学体系；科研队伍；科学管理；科学与哲学关系。他建议把自然科学与自然辩证法结合起来，创建具有中国特色的科学学[③]。

1980年9月25日，《发挥原工商业者在现代化建设中的积极作用》一文强调：我国民族工商业那些具有中国特色的管理经验，不仅对于中小企业，就是对于大型企业，也有一定的参考价值[④]。

具体领域的"中国特色"进一步丰富了"中国式现代化"的内涵。1981年7月1日颁布的《关于建国以来党的若干历史问题的决议》指出：三中全会以来，我们党已经逐步确立了一条适合我国情况的社会主义现代化建设的正确道路。这条道路还将在实践中不断充实和发展，但是它的主要点，已经可以从新中国成立以来正反两方面的经验、特别是"文化大革命"的

①《邓小平年谱(1975—1997)》(上),中央文献出版社2004年版,第496页。

②《邓小平年谱(1975—1997)》(上),中央文献出版社2004年版,第502页。

③《人民日报》,1979年9月1日。

④《人民日报》,1980年9月25日。

教训中得到基本的总结。决议同时强调：社会主义经济建设必须从我国国情出发，量力而行，积极奋斗，有步骤分阶段地实现现代化的目标①。在决议精神指导下，“中国特色”突破经济领域，在各行各业纷纷展开。

如1981年2月2日，《谈〈中国大百科全书〉的编辑出版》一文指出：出版这样一部具有社会主义中国特色的大型百科全书是我国学术界的一个夙愿②。1981年11月13日，《思想工作是一门科学》强调：我们要在继承过去的优良传统和丰富经验的同时，着重地分析新情况，研究新问题，创造新经验，并注意吸收现代心理学、教育学、社会学、管理学等学科中有价值的成果，逐步形成系统的有中国特色的思想工作科学理论③。

这两种“中国特色”就体现在精神文明方面。概念外延的扩展，显然对原先“中国式现代化”概念提出了挑战。因为“中国式的现代化”概念强调的是经济领域的“中国特色”，而改革实践已经从经济领域向政治领域和文化领域扩展，显然，“中国式的现代化”这一概念难以包含进去，这使得“中国特色”的百科全书、思想政治工作等概念又出现了。这样，概念的逻辑发展要求能提出另一个能涵盖这一切的概念来指导人们的行动。这样，“中国式的社会主义”概念就呼之而出了。1981年11月17日，邓小平在会见当时的美国财政部长唐纳德·里甘时说：搞中国式的社会主义，我们的新提法就是建立一个高度民主、高度文明的社会主义国家④。

由于有“中国式的社会主义”概念的提出，所以，作为更加全面、更加准确的“建设有中国特色的社会主义”概念在1982年9月1日的提出就顺理了。十二大报告指出：把马克思主义的普遍真理同我国的具体实际结合起来，走自己的道路，建设有中国特色的社会主义，这就是我们总结长期历史经验得出的基本结论。

三、从“建设有中国特色的社会主义”到“中国特色社会主义”

党的十二大提出了“建设有中国特色的社会主义”概念后，建设有中

①《人民日报》，1981年7月1日。
②《人民日报》，1981年2月2日。
③《人民日报》，1981年11月13日。
④《邓小平思想年谱（1975—1997）》，中央文献出版社1998年版，第208页。

国特色的社会主义事业在各方面逐步展开。实践的深入，对实践的认识和概括也在发展。党相继提出了商品经济理论、社会主义初级阶段理论、个体经济是社会主义经济必要的补充等观点。对这些有机联系和有机结合，以及层次性、有序性、递进性、交叉性从整体上作合乎逻辑的、系统化的概括，就是构建了一种科学体系或理论学说。因此，建设有中国特色的社会主义的所有内容的深化发展，必然会在“建设有中国特色的社会主义”概念的基础上提出“建设有中特色的社会主义理论”的新概念①。党的十三大正是紧紧抓住了这一点，第一次提出了“建设有中国特色的社会主义理论”。

党的十三大对“建设有中国特色的社会主义理论”的十二个方面的概括还只是“初步回答”和“轮廓”，这就意味着理论还不成熟，需要丰富、完善和发展。1992年初邓小平南方谈话，回答了长期困扰和束缚人们思想的许多重大认识问题。这些观点同党的十三大提出的12个理论观点相比较，又有了新的重大的前进和创造，完全可以说，邓小平“南方谈话”是对改革开放时期建设有中国特色的社会主义一系列重大问题的基本总结。这表明，十三大以后特别是邓小平的南方谈话已经完全是从一种总体性的、综合性的角度来阐述有中国特色的社会主义理论了。而这一理论总结过程中，邓小平又是主要的创立者，因此，在“建设有中国特色的社会主义理论”面前冠以邓小平的名字，这是全党和全国人民的期待，也是概念逻辑发展的必然。1992年中共十四大开篇就提出了“邓小平同志建设有中国特色社会主义理论”的概念，并从社会主义的发展道路、发展阶段、根本任务、发展动力、建设的外部条件、建设的政治保证、建设的战略步骤、领导力量和依靠力量、祖国统一等九个方面做了精辟的阐述。为了使概念表述更加言简意赅，1995年十四届五中全会开始提出“邓小平建设有中国特色社会主义理论”概念，省略了“同志”二字，不仅使表述更清晰、简洁，而且同马克思主义、列宁主义、毛泽东思想有了对仗的功效。

邓小平提出“建设有中国特色的社会主义”的初衷主要是想从对社会主义的教条式理解中解脱出来，从传统苏联模式的束缚中解脱出来。再者，“建设有中国特色的社会主义”本身也是个动宾词组，所以，不管提出

① 董仲其:《从概念演变和转换角度看“邓小平理论”的由来》,《毛泽东思想研究》2004年第1期。

的初衷也好，还是词组本身也好，强调的都是中国的发展方向。十三大的政治报告强调建设有中国特色的社会主义理论是“初步回答了我国社会主义建设的阶段、任务、动力、条件、布局和国际环境等基本问题，规划了我们前进的科学轨道”①。

十三大以后，中国的发展方向越来越明确。十四大从九个方面对“建设有中国特色社会主义理论”进行概括，并冠以主要创立者邓小平的名字。这表明“建设有中国特色社会主义理论”的成熟，表明党对“什么是社会主义，怎样建设社会主义”主题问题认识越来越清晰。正如十八大强调的：邓小平同志为核心的党的第二代中央领导集体带领全党全国各族人民深刻总结我国社会主义建设正反两方面经验，借鉴世界社会主义历史经验，做出把党和国家工作中心转移到经济建设上来、实行改革开放的历史性决策，深刻揭示社会主义本质，确立社会主义初级阶段基本路线，明确提出走自己的路、建设中国特色社会主义，科学回答了建设中国特色社会主义的一系列基本问题，成功开创了中国特色社会主义。

党的十五大提出的“邓小平理论”和十六大提出的“三个代表”重要思想就是这种清晰化的体现和发展。理论在发展，但概念上的“建设有中国特色社会主义”仍然具有当初提出的中国发展方向的内涵，理论和概念的逻辑发展需要概念上的与时俱进。这样，“中国特色社会主义”概念就呼之而出了。2002年中共十六大的政治报告就是以《全面建设小康社会，开创中国特色社会主义事业新局面》为题，第一次提出“中国特色社会主义”概念。

从“建设有中国特色社会主义”到“中国特色社会主义”，表面上看仅一字之差、去掉“有”字，内涵中却大有文章、蕴藏深意。“中国特色社会主义”明确提出这是中国式社会主义，即社会主义具有中国的特点，这表明中国共产党对社会主义认识的成熟。有无之间，体现出“中国特色社会主义”已自成体系，与“建设有中国特色社会主义”相比，前者分量更足，寓意更集中、更完整。

①《十三大以来重要文献选编》(上)，人民出版社1991年版，第57页。

四、“中国特色社会主义理论体系”“中国特色社会主义道路”“中国特色社会主义制度”

党的十六大以来，以胡锦涛为总书记的党中央提出了科学发展观、构建社会主义和谐社会、建设社会主义新农村、建设创新型国家、推动建设和谐世界、建设社会主义核心价值体系和加强党的先进性建设等一系列重大战略思想，全面拓展和推进了中国特色社会主义事业，开创了改革开放和社会主义现代化建设的新局面。就在这些重大战略思想相继产生的同时，人们也在反思，改革开放以来所产生的理论成果之间有什么关系，它们共同的理论主题是什么？实际上，自1982年党的十二大提出“建设有中国特色的社会主义”以来，党的历次代表大会报告都把中国特色社会主义作为主题，围绕着“什么是中国特色社会主义、怎样建设中国特色社会主义”展开。

再来看一看，党的十六大以来，新的中央领导集体围绕什么主题进行理论创新的？2003年7月1日，胡锦涛总书记在“三个代表”重要思想理论研讨会上指出：以江泽民同志为主要代表的当代中国共产党人，围绕建设中国特色社会主义这个主题，集中全党智慧，以马克思主义的巨大理论勇气进行理论创新，逐步形成了“三个代表”这一系统的科学理论[①]。2006年8月15日，胡锦涛总书记在学习《江泽民文选》报告会上又指出：“他们学习《江泽民文选》，必须牢牢把握建设中国特色社会主义这个主题，进一步深刻认识和科学回答‘什么是社会主义、怎样建设社会主义’这个根本问题，更好地把中国特色社会主义伟大事业推向前进。”[②]这表明十六大以来，以胡锦涛为总书记的党中央也是围绕“中国特色社会主义”这个主题进行了一系列的理论创新。所以用“中国特色社会主义”这个理论主题及其内在逻辑整合十一届三中全会以来每个阶段的新成果，是顺理成章的事。

另外，十一届三中全会以后中国的道路称为建设中国特色社会主义道路，而理论成果是对实践成果的概括，那么将邓小平理论、“三个代表”重要思想，还有十六大以来以科学发展观为代表的理论创新，统称为中国特

①《人民日报》，2003年7月2日。

②《人民日报》，2006年8月16日。

色社会主义理论体系也是顺理成章之事。这就表明改革开放以来的理论创新是一个整体，所有这些都可以称之为中国特色社会主义理论体系。

正是在实践和概念逻辑发展的双重作用下，胡锦涛在讲话中指出：中国特色社会主义，是当代中国发展进步的旗帜，是全党全国各族人民团结奋斗的旗帜。我们必须始终不渝地坚持以邓小平理论和“三个代表”重要思想为指导，深入贯彻落实科学发展观，毫不动摇地坚持和发展中国特色社会主义①。这已指出“中国特色社会主义”是旗帜。中共十七大报告更进一步，第一次提出“中国特色社会主义理论体系”概念。报告指出：“改革开放以来我们取得一切成绩和进步的根本原因，归结起来就是：开辟了中国特色社会主义道路，形成了中国特色社会主义理论体系。高举中国特色社会主义伟大旗帜，最根本的就是要坚持这条道路和这个理论体系……中国特色社会主义理论体系，就是包括邓小平理论、“三个代表”重要思想以及科学发展观等重大战略思想在内的科学理论体系。”报告同时强调：“中国特色社会主义理论体系是不断发展的开放的理论体系。”②这就表明以后中国特色社会主义道路每个阶段上的中国化马克思主义新成果虽然都可以用“某某为代表的中央领导集体的理论创新成果”来表示，但每个发展阶段上的新成果都应当用一个理论主题、一个理论名称贯穿，这就是“中国特色社会主义理论体系”。

“中国特色社会主义理论体系”概念提出的同时，“中国特色社会主义道路”这一概念也被提出。这是理论和实践关系在概念上的体现。“中国特色社会主义理论体系”注重的是理论指引，“中国特色社会主义道路”注重的是实践路径，二者相辅相成。十七大以后，以胡锦涛为总书记的党中央抓住重要战略机遇期，在全面建设小康社会进程中推进实践创新、理论创新、制度创新，强调坚持以人为本、全面协调可持续发展，提出构建社会主义和谐社会、加快生态文明建设，形成中国特色社会主义事业总体布局，着力保障和改善民生，促进社会公平正义，推动建设和谐世界，推进党的执政能力建设和先进性建设，成功在新的历史起点上坚持和发展了中国特色社会主义。

①《人民日报》，2007年6月26日。

②《中国共产党第十七次全国代表大会文件汇编》，人民出版社2007年版，第10—11页。

但是，在“理论”和“道路”发展的同时，人们不禁要问，这二者是在什么体系或规则下发生作用的？另外，科学社会主义在形态上就是理论、道路和制度的三位一体。在我们党领导的新中国的历史上，曾出现过新中国成立初期“新民主主义理论”“新民主主义道路”“新民主主义制度”；20世纪50年代中期经过“三大改造”后，中国实现了从新民主主义向社会主义的转变，中国就进入了“社会主义理论”“社会主义道路”和“社会主义制度”“三位一体”阶段。那么，“中国特色社会主义理论体系”和“中国特色社会主义道路”对应的制度是什么呢？“中国特色社会主义制度”概念就呼之欲出了。

胡锦涛在纪念建党九十周年的“七一”讲话中第一次指出，经过90年的奋斗、创造、积累，党和人民必须倍加珍惜、长期坚持、不断发展的成就是：开辟了中国特色社会主义道路，形成了中国特色社会主义理论体系，确立了中国特色社会主义制度。他同时强调：中国特色社会主义制度，是当代中国发展进步的根本制度保障，集中体现了中国特色社会主义的特点和优势。我们推进社会主义制度自我完善和发展，在经济、政治、文化、社会等各个领域形成一整套相互衔接、相互联系的制度体系[①]。“七一”讲话第一次向全党全国人民表明“中国特色社会主义”就是“中国特色社会主义理论体系”“中国特色社会主义道路”“中国特色社会主义制度”的“三位一体”。

党的十八大指出：中国特色社会主义道路是实现途径，中国特色社会主义理论体系是行动指南，中国特色社会主义制度是根本保障，三者统一于中国特色社会主义伟大实践，这是党领导人民在建设社会主义长期实践中形成的最鲜明特色。

“中国特色社会主义理论体系”“中国特色社会主义道路”“中国特色社会主义制度”的提出体现了概念演变的逻辑必然，同时也是党的与时俱进的理论品格在概念总结上的体现。

---

① 胡锦涛:《在庆祝中国共产党成立90周年大会上的讲话》,人民出版社2011年版,第7—8页。

第十四章 历史的关键

——“改革”内涵是如何演进的

历史沉淀于概念之中。每一个具有转型特点的历史时期，都存在着凝聚那个时期丰富的历史信息、反映和塑造那个时代社会历史特征的重要的政治和文化概念。从一定意义上来说，社会转型时期的重要概念，既是对社会历史现实语言的反映，可以充当认知社会结构变化的“指示器”，也参与了对社会的建构和影响，成为历史发展的“推助器”。正如卡尔·曼海姆所说：在社会生活领域中，除了在词语含义上，我们在任何地方都看不到这样明显可察的相互依存，以及对变革与不断变化的重心的敏锐反应。词语将我们束缚于整个过去的历史，同时又反映当前的整体①。

党的十一届三中全会召开以来，中国共产党以巨大的政治勇气，推进和贯彻改革，成就举世瞩目。伴随着改革的推进，“改革”也逐渐成为人们耳熟能详、使用频率非常高的概念。“改革”的内涵是在改革开放以来理论和实践的双重互动中演进的。1978年党的十一届三中全会“改革”被定为党的国策；1987年党的十三大上，“改革”和“开放”整合为“改革开放”，在党和国家政策与制度层面得到确认。随着实践的发展，“改革”又不断被赋予新的内涵，相继经历了从“全面改革”到“深化改革”再到“全面深化改革”的演进过程。

一、“改革”连同“开放”上升为国策

“改革”本意是把事物中旧的不合理的部分改成新的、使之能适应新的

① [德]卡尔·曼海姆著，黎鸣、李书崇译：《意识形态与乌托邦》，商务印书馆2000年版，第84—85页。

客观情况。这在汉语中早就有之。中华人民共和国成立后，党和国家领导人也多次使用它。如1949年9月30日颁布的《中国人民政治协商会议共同纲领》第四十六条规定：人民政府应有计划有步骤地改革旧的教育制度、教育内容和教学法。第五十三条规定：各少数民族均有发展其语言文字、保持或改革其风俗习惯及宗教信仰的自由。人民政府应帮助各少数民族的人民大众发展其政治、经济、文化、教育的建设事业。这些对于"改革"的论述都是着眼于某一方面的改革，还不是后来国策意义上的"改革"。

"文革"结束后，以邓小平为核心的党的第二代领导集体相继提出了涉及各个方面的改革。据不完全统计，仅在1978年，他在不同场合17次明确谈到"改革"，内容涉及多个领域。如1978年4月30日邓小平约胡乔木、邓力群、于光远谈话，就《贯彻执行按劳分配的社会主义原则》文章的修改发表意见，提出了"总之，八级工资制需要做些改革。行政人员的工资级别，也有一个改革的问题"[①]。1978年7月12日，邓小平提出"我们留学生管理制度要改革"，"文字改革是科学，要搞得很准，太轻率了不行"[②]。1978年10月11日，邓小平在中国工会第九次全国代表大会开幕式上致辞，"因此，各个经济战线不仅需要进行技术上的重大改革，而且需要进行制度上、组织上的重大改革"[③]。具体领域的"改革"进一步丰富了"改革"的内涵，从而推动了赋予"改革"在政治领域以国策意义。1978年11月10日到12月15日，中央召开了36天的中央工作会议。在会议闭幕时，邓小平发表了《解放思想，实事求是，团结一致向前看》的重要讲话，郑重提出："再不实行改革，我们的现代化事业和社会主义事业就会被葬送"。"正确地改革同生产力迅速发展不相适应的生产关系和上层建筑，根据我国的实际情况，确定实现四个现代化的具体道路、方针、方法和措施"[④]。邓小平的讲话实际上也成为随后召开的十一届三中全会的主报告。全会发表的公报提出：要"根据新的历史条件和实践经验，采取一系列新的重大的经济措施，对经济管理体制和经营管理方法着手认真的改革……正确改革同生产

---

①《邓小平年谱(1975—1997)》(上)，中央文献出版社2004年版，第303页。
②《邓小平年谱(1975—1997)》(上)，中央文献出版社2004年版，第342—343页。
③《邓小平年谱(1975—1997)》(上)，中央文献出版社2004年版，第400页。
④《邓小平年谱(1975—1997)》(上)，中央文献出版社2004年版，第450—451页。

力迅速发展不相适应的生产关系和上层建筑。”[①]中共十一届三中全会公报里“改革”二字虽然就出现两次，但明显跟原本意义上的“改革”有着质的区别，此时的“改革”已是国策意义的“改革”，内容涉及中国特色社会主义事业的各个方面。

“开放”本意主要是指解除封锁、禁令、限制等，允许进入或利用。它也不是新词，在汉语中早就有之，党和国家领导人也多次使用它。如1962年3月28日，周恩来在《国民经济的调整工作和当前任务》中指出：一九六〇年冬天，各地方有计划、有领导地开放了农村集市贸易，这对于促进农副业生产发展，活跃农村经济，起了一定的作用[②]。这里的“开放”就是其本意上的“开放”，还不是后来国策意义上的“开放”。

“文化大革命”结束以后，对外开放发展经济成为当务之急。党和政府首先逐渐恢复了从资本主义国家引进技术和设备的政策。但是，引进外国先进技术和设备，需要大量外汇。为了解决外汇不足的问题，党和政府采取了很多措施，诸如扩大出口、补偿贸易、来料加工、来样加工、分期付款、延期付款等形式，但都不能解决问题。而与此同时，70年代以来，资本主义国家经济滞涨，剩余资金急需出路，而中国搞现代化，对它们是一个刺激。在以上因素的综合作用下，中共中央开始逐渐打破“两个不允许”政策。1978年6月三个代表团回国后向中央政治局汇报，强烈建议：国际经济运作中有许多通行办法，包括补偿贸易、生产合作吸收国外投资等，我们可以研究采用[③]。与此同时，邓小平约谷牧同志谈话，详细询问了出访情况，指出：引进这件事要做，下决心向国外借点钱搞建设，要抓紧时间[④]。随后，全国计划会议确立了一项决策：从那种不同资本主义国家进行经济技术交流的闭关自守或半闭关自守状态，转到积极地引进国外先进技术，利用国外资金，大胆地进入国际市场[⑤]。同年11月召开的中央工作会议正式提出：要善于利用国际国内有利形势，吸收外国资金技术。中共十

①《三中全会以来重要文献选编》(上)，人民出版社1982年版，第6—11页。

②《人民日报》，1962年3月28日。

③ 中央文献研究室:《回忆邓小平》(上)，中央文献出版社1998年版，第156页。

④《邓小平年谱(1975—1997)》(上)，中央文献出版社2004年版，第335页。

⑤《当代中国的经济管理》编辑部:《中华人民共和国经济管理大事记》，中国经济出版社1986年版，第320页。

一届三中全会批准《1979、1980两年经济计划的安排》提出要积极引进外国先进技术，利用外国资金，大胆地进入国际市场。这就表明“两个不允许”政策最终被打破，从而实现了中共对外开放政策的重大转折。

实践上的创新推动着理论称谓上的创新。1978年10月10日，邓小平在会见德意志联邦共和国新闻代表团时指出：“你们问我们实行开放政策是否同过去的传统相违背。我们的做法是，好的传统必须保留，但要根据新的情况来确定新的政策。过去行之有效的东西，我们必须坚持，特别是根本制度，社会主义制度，社会主义公有制，那是不能动摇的。”[①]这是我们党和国家领导人第一次明确地在讲话中把“开放”作为我国的一项政策。党的十二大报告明确强调：我们坚定不移地实行对外开放政策，在平等互利的基础上积极扩大对外交流。

中国共产党在推动改革开放的实践过程中，一开始的侧重点应该是对内改革。这从十一届三中全会的公报中可窥见一斑，十一届三中全会公报中“改革”出现2次，“开放”虽然在此之前邓小平提出过，但在这次公报里没有出现。随着对外开放政策的逐步推进，从引进外国先进技术到利用外国资金，大胆地进入国际市场，再到1979年7月，党中央、国务院做出决定，对广东、福建两省的对外经济活动实行特殊政策和优惠措施，并决定在深圳、珠海、汕头、厦门设置经济特区，作为吸收外资、学习国外先进技术和经营管理方法的视窗，然后到1984年4月，又进一步开放大连、秦皇岛、天津、烟台、青岛、连云港、南通、上海、宁波、温州、福州、广州、湛江、北海这14个港口城市。实践的推进推动着理论称谓的创新，1982年党的十二大报告中“开放”开始出现2次；1984年十二届三中全会决定中“开放”出现8次。“开放”使用频率的提高表明了开放政策的从无到有，从有到重的过程。实践和理论称谓的双重创新推动着“改革”和“开放”的整合。

1984年2月9日，邓小平参观陈嘉庚创办的集美学村和陈嘉庚故居时指出：陈嘉庚是个爱国华侨。福建华侨多，进出都经过厦门。改革开放后，侨务工作很重要。厦门要加强侨务工作，进一步贯彻好侨务政策[②]。这

①《邓小平文选》第2卷，人民出版社1994年版，第133页。
②《邓小平年谱（1975—1997）》（下），中央文献出版社2004年版，第959页。

是据目前所能查证的档案材料中，党和国家领导人最早提出和使用“改革开放”一词。此后，“改革开放”就不断地被使用。1984年9月13日《人民日报》刊发《中组部领导集体对照检查近几年组织工作问题提出整改意见，抓领导班子调整保证改革开放顺利进行》报道。这是《人民日报》上第一次真正意义上的“改革开放”。1987年党的十三大报告中，“改革”出现163次，“开放”出现48次，“改革开放”出现24次，报告指出社会主义初级阶段基本路线是：领导和团结全国各族人民，以经济建设为中心，坚持四项基本原则，坚持改革开放，自力更生，艰苦创业，为把我国建设成为富强民主文明和谐的社会主义现代化国家而奋斗。这表明“改革”和“开放”整合为“改革开放”在党和国家政策与制度层面得到确认，成为全党共识。

二、从“全面改革”到“深化改革”

中共十一届三中全会公报里“改革”虽然出现两次，但已确立其国策地位。全会强调根据新的历史条件和实践经验，采取一系列新的重大的经济措施，对经济管理体制和经营管理方法着手认真的改革……正确改革同生产力迅速发展不相适应的生产关系和上层建筑。”[①]国策意义上的“改革”始于经济体制的改革。党的十一届三中全会在决定把全党工作重点转到经济建设上来的同时就着重指出，为了实现社会主义现代化，必须对经济体制进行改革。十一届三中全会之后，全党在拨乱反正和调整国民经济方面进行了大量工作，改革主要在农村进行。在完成指导思想上的拨乱反正、实现历史性伟大转折的基础上，党的十二大明确提出了有系统地进行经济体制改革的任务，并且指出这是坚持社会主义道路、实现社会主义现代化的重要保证。1982年党的十二大报告中“改革”出现10次，基本上是围绕经济体制改革来论述的。报告强调：同时要巩固和完善经济管理体制方面已经实行的初步改革，抓紧制订改革的总体方案和实施步骤。在一九八六年到一九九〇年的第七个五年计划期间，要广泛进行企业的技术改造，逐步展开经济管理体制的改革，同时继续完成企业组织结构和各方面

①《三中全会以来重要文献选编》(上)，人民出版社1982年版，第6—11页。

经济结构的合理化[1]。

党的十二大以后，党中央、国务院又做出了一系列重要决策和指示，推动了各项改革的广泛深入发展。实践的推进推动着“改革”理论的总结深化。1984年，党的十二届三中全会专门做出了《中共中央关于经济体制改革的决定》，决定中“改革”出现105次，而且第一次提出了“全面改革”。决定指出：现在，全面改革经济体制的条件已经具备，我们有必要也有可能比较系统地提出和阐明改革中的一系列重大问题，以利于统一和提高全党同志特别是领导干部的认识，使改革更加卓有成效地进行，使社会主义优越性进一步得到发挥。中央希望并且相信，如同十一届三中全会在实行拨乱反正，提出改革任务，推动农村改革方面起了伟大的历史作用那样，十二届三中全会在制订全面改革蓝图，加快改革步伐，推动以城市为重点的整个经济体制的改革方面，也必将起到伟大的历史作用[2]。“全面”中文释义有所有方面完整、周密两层含义。“全面改革”的提出不仅表明中国的改革在经济领域全面进行，也表明改革开始从经济领域向其他领域展开。为了突出“全面改革”，十二届三中全会决定从改革是当前我国形势发展的迫切需要、改革是为了建立充满生机的社会主义经济体制、增强企业活力是经济体制改革的中心环节建立自觉运用价值规律的计划体制，发展社会主义商品经济、建立合理的价格体系，充分重视经济杠杆的作用、实行政企职责分开，正确发挥政府机构管理经济的职能、建立多种形式的经济责任制，认真贯彻按劳分配原则、积极发展多种经济形式，进一步扩大对外的和国内的经济技术交流、起用一代新人，造就一支社会主义经济管理干部的宏大队伍、加强党的领导，保证改革的顺利进行等十个方面对“全面改革”进行了规定。

改革开放从十一届三中全会起步，十二大特别是十二届三中全会以后全面展开。它经历了从农村改革到城市改革，从经济体制的改革到各方面体制的改革，从对内搞活到对外开放的波澜壮阔的历史进程。“全面改革”开辟了党的历史发展的新阶段，使国家面貌发生了深刻的变化。正因如此，党的十三大强调，必须坚持全面改革。社会主义是在改革中前进的社

①《十二大以来重要文献选编》(上)，人民出版社1986年版，第17页。
②《十二大以来重要文献选编》(中)，人民出版社1986年版，第560—561页。

会。在初级阶段，特别在当前时期，由于长期形成的僵化体制严重束缚着生产力的发展，改革更成为迫切的历史要求。改革是社会主义生产关系和上层建筑的自我完善，是推进一切工作的动力[①]。

在党中央大力推进“全面改革”的同时，改革也面临需要向更深阶段推进的问题。否则，“全面改革”只能是肤浅的改革，就会出现裹足不前或者浅尝即止的问题。十三大报告强调在看到成绩的同时，没有任何理由自满，必须清醒地看到，我们面临的问题和困难还很多，比预料得多。我们在领导工作中还有不少失误。新旧体制正在交替，许多制度尚不健全，各方面的管理和监督还跟不上形势的发展。经济工作中急于求成的倾向仍然存在，社会总需求大于总供给的矛盾尚未根本缓解。资产阶级自由化思潮还有僵化思想仍然束缚着一些同志的头脑。特别是对不少环节上不同程度存在着的官僚主义和腐败现象，全党同志和广大群众是很不满意的。我们一定要正视它，努力去消除它，不辜负人民对我们的期望[②]。正因如此，1987年党的十三大报告中，“改革”出现175次，报告在强调“全面改革”的同时，第一次提出“深化改革”。“深化”的中文释义是“使向更深的阶段发展”。“深化改革”就是使改革向更深的阶段发展。十三大报告指出，这次大会的中心任务是加快和深化改革。改革是振兴中国的唯一出路，是人心所向，大势所趋，不可逆转。我们要总结经验，坚持和发展十一届三中全会以来的路线，进一步确定今后经济建设、经济体制改革和政治体制改革的基本方针，确定在改革开放中加强党的建设的基本方针。正确解决这个任务，将有力地促进全党团结和党与各族人民的团结，保证我们沿着有中国特色的社会主义道路继续前进[③]。

十三大以后，特别是以邓小平同志南方谈话和十四大的召开为标志，我国改革开放和现代化建设事业进入了一个新的阶段。这一阶段“改革”的重心在“深化改革”。十四大报告中“改革”提及123次，“全面改革”提及1次，“深化改革”提到2次；十五大报告中“改革”提及93次，“全面改革”提及2次，“深化改革”提到4次；十六大报告中“改革”提及89次，

①《十二大以来重要文献选编》(上)，人民出版社1991年版，第13页。
②《十三大以来重要文献选编》(上)，人民出版社1991年版，第8页。
③《十三大以来重要文献选编》(上)，人民出版社1991年版，第9页。

“全面改革”没有提及，“深化改革”提到2次；十七大报告“改革”提及102次，“全面改革”提及2次，“深化改革”提到3次。之所以把改革的重心放在“深化”方面，就是因为看到了改革中的深层次矛盾和关键问题。怎么深化？十五大强调，需要深化改革，解决体制转变中的深层次矛盾和关键问题；需要扩大开放，吸收和借鉴世界各国包括资本主义发达国家的先进技术和管理经验①。十六大报告强调，发展必须坚持和深化改革。一切妨碍发展的思想观念都要坚决冲破，一切束缚发展的做法和规定都要坚决改变，一切影响发展的体制弊端都要坚决革除②。十七大强调，深入贯彻落实科学发展观，要求我们继续深化改革开放。要把改革创新精神贯彻到治国理政各个环节，毫不动摇地坚持改革方向，提高改革决策的科学性，增强改革措施的协调性。要完善社会主义市场经济体制，推进各方面体制改革创新，加快重要领域和关键环节改革步伐，全面提高开放水平，着力构建充满活力、富有效率、更加开放、有利于科学发展的体制机制，为发展中国特色社会主义提供强大动力和体制保障③。

三、从“全面改革”“深化改革”到“全面深化改革”

“改革是由问题倒逼而产生，又在不断解决问题中得以深化”④。无论是“全面改革”还是“深化改革”在取得巨大成绩的同时，又倒逼出一些前所未有的新矛盾、新问题。对此，习近平总书记做了形象的比喻：“中国改革经过30多年，已进入深水区，可以说，容易的、皆大欢喜的改革已经完成了，好吃的肉都吃掉了，剩下的都是难啃的硬骨头。”⑤当前，改革进入攻坚期和深水区，党面对的改革发展稳定任务之重前所未有、矛盾风险挑战之多前所未有。主要表现在发展中不平衡、不协调、不可持续问题突出；城乡区域发展和居民收入存在较大差距，社会矛盾日益增多；消极腐败现象时有发生，反腐斗争形势依然严峻等。在此背景下，推进改革的复

① 《十五大以来重要文献选编》（上），人民出版社2000年版，第17页。
② 《十六大以来重要文献选编》（上），中央文献出版社2004年版，第11页。
③ 《十七大以来重要文献选编》（上），中央文献出版社2009年版，第14页。
④ 《习近平谈治国理政》，外文出版社2014年版，第74页。
⑤ 《习近平谈治国理政》，外文出版社2014年版，第101页。

杂程度、敏感程度、艰巨程度不亚于30多年前，改革面对的矛盾更带有深层次和系统性特征。正如习近平总书记指出的，任何一个领域的改革都会牵动其他领域，同时也需要其他领域改革密切配合。“这项工程极为宏大，零敲碎打调整不行，碎片化修补也不行，必须是全面的系统的改革和改进，是各领域改革和改进的联动和集成。”①

如何解决这一系列多面性、复杂性和艰巨性的问题？如何破解发展中面临的难题、化解来自各方面的风险挑战？除了深化改革，别无他途。“改革开放中的矛盾只能用改革开放的办法来解决”②。应对发展面临的一系列矛盾和挑战，肤浅的全面改革解决不了问题，某个方面或某些方面的深化改革也解决不了问题。解决问题的关键在于改革需要全面的系统的深化。正因如此，党的十八大报告在高度强调“改革”的同时（十八大报告“改革”提及85次），第一次提出“全面深化改革开放”。十八大报告从五个方面总体规定了“全面建成小康社会”和“全面深化改革开放”的目标。强调全面建成小康社会，必须以更大的政治勇气和智慧，不失时机深化重要领域改革，坚决破除一切妨碍科学发展的思想观念和体制机制弊端，构建系统完备、科学规范、运行有效的制度体系，使各方面制度更加成熟更加定型。要加快完善社会主义市场经济体制，完善公有制为主体、多种所有制经济共同发展的基本经济制度，完善按劳分配为主体、多种分配方式并存的分配制度，更大程度更广范围发挥市场在资源配置中的基础性作用，完善宏观调控体系，完善开放型经济体系，推动经济更有效率、更加公平、更可持续发展。加快推进社会主义民主政治制度化、规范化、程序化，从各层次各领域扩大公民有序政治参与，实现国家各项工作法治化。加快完善文化管理体制和文化生产经营机制，基本建立现代文化市场体系，健全国有文化资产管理体制，形成有利于创新创造的文化发展环境。加快形成科学有效的社会管理体制，完善社会保障体系，健全基层公共服务和社会管理网络，建立确保社会既充满活力又和谐有序的体制机制。加快建立生态文明制度，健全国土空间开发、资源节约、生态环境保护的体

①《人民日报》，2014年7月4日。
②《习近平谈治国理政》，外文出版社2014年版，第69页。

制机制，推动形成人与自然和谐发展的现代化建设新格局[①]。

依据党的十八大精神，党的十八届三中全会专门通过了《中共中央关于全面深化改革若干重大问题的决定》。决定中“改革”一词出现136次，“全面深化改革”提及17次。可见“全面深化改革”是党的十八届三中全会确定的主题。与十八大报告中不同的是，“全面深化改革”比“全面深化改革开放”少了“开放”二字，因为从一定意义上说“开放”就是“改革”。为突出“改革”这个主题，将“全面深化改革开放”简化为“全面深化改革”，则更为简明扼要。十八届三中全会对“全面深化改革”做出了全面的战略部署。

首先强调全面深化改革，必须高举中国特色社会主义伟大旗帜，以马克思列宁主义、毛泽东思想、邓小平理论、“三个代表”重要思想、科学发展观为指导，坚定信心，凝聚共识，统筹谋划，协同推进，坚持社会主义市场经济改革方向，以促进社会公平正义、增进人民福祉为出发点和落脚点，进一步解放思想、解放和发展社会生产力、解放和增强社会活力，坚决破除各方面体制机制弊端，努力开拓中国特色社会主义事业更加广阔的前景。其次强调全面深化改革的总目标是完善和发展中国特色社会主义制度，推进国家治理体系和治理能力现代化。必须更加注重改革的系统性、整体性、协同性，加快发展社会主义市场经济、民主政治、先进文化、和谐社会、生态文明，让一切劳动、知识、技术、管理、资本的活力竞相迸发，让一切创造社会财富的源泉充分涌流，让发展成果更多更公平惠及全体人民。最后，十八届三中全会通过了《关于全面深化改革若干重大问题的决定》，确定了五加一加一的7个方面的改革，这些改革是与覆盖中国特色社会主义事业总布局“五位一体”的建设相对应的，即经济体制改革、政治体制改革、文化体制改革、社会体制改革、生态文明体制改革，以及党的建设制度改革和国防与军队改革。具体内容涉及15个领域、330多个项目。为了落实“全面深化改革”的目标，中央成立全面深化改革领导小组，习近平总书记亲自担任组长，负责改革总体设计、统筹协调、整体推进、督促落实。迄今为止，中央全面深化改革领导小组共召开了18次会议，对全面深化改革问题谋局部篇。

---

①《十八大以来重要文献选编》(上)，中央文献出版社2014年版，第14—15页。

“全面深化改革”，中心在改革，关键在深化，重点在全面。只有改革深化了、全面了，全面深化改革的目的才能达到。

首先，“全面深化改革”，中心是改革。经过30多年的实践，历史已证明改革开放是当代中国发展进步的活力之源，是我们党和人民大踏步赶上时代前进步伐的重要法宝，是坚持和发展中国特色社会主义的必由之路。正如习近平总书记强调的，改革是一个国家、一个民族的生存发展之道。改革开放是决定当代中国命运的关键一招，也是决定实现“两个一百年”奋斗目标、实现中华民族伟大复兴的关键一招[①]。开弓没有回头箭，改革开放是大势所趋、人心所向，停顿和倒退没有出路。如果没有改革开放，就没有中国的今天，更没有中国的明天。其次，“全面深化改革”，关键是深化。现在，我国改革已经进入攻坚期和深水区，改革中的矛盾只能通过改革的深化来解决。习近平强调，要“处理好改革‘最先一公里’和‘最后一公里’的关系，突破‘中梗阻’，防止不作为，把改革方案的含金量充分展示出来，让人民群众有更多获得感。”[②]这就需要全党进一步解放思想，破除各方面体制机制弊端。特别是要处理好“六个关系”，即“处理好解放思想与实事求是的关系、处理好整体推进和重点突破的关系、处理好全局和局部的关系、处理好顶层设计和摸着石头过河的关系、处理好胆子要大和步子要稳的关系、处理好改革发展稳定的关系”[③]；强调在推进方法上要处理好政策“五大关系”，即把握好“整体政策安排与某一具体政策的关系、系统政策链条与某一政策环节的关系、政策顶层设计与政策分层对接的关系、政策统一性与政策差异性的关系、长期性政策与阶段性政策的关系”[④]。最后，“全面深化改革”重点是全面。全面改革不是某个领域某个方面的单项改革，而是全面的系统的改革和改进。习近平总书记在解释“全面深化改革”时指出，“全面者，就是要统筹推进各领域改革”[⑤]，“这项工程极为宏大，零敲碎打的调整不行，碎片化修补也不行，必须是全面

①《习近平谈治国理政》，外文出版社2014年版，第71页。
②《人民日报》，2015年2月28日。
③《人民日报》，2014年7月4日。
④《人民日报》，2014年7月4日。
⑤《人民日报》，2014年6月3日。

的系统的改革和改进，是各领域改革和改进的联动和集成”[①]。党的十八届三中全会规定全面改革是五加一加一的7个方面的改革。不仅仅是经济方面的深化改革，还应该包括政治、文化、社会、生态文明建设方面以及党的建设制度和国防与军队等方面的改革。

总之，“改革”内涵是在改革开放以来理论和实践的双重互动中演进的。一方面，社会生活的巨大变化，是以“改革”概念变革为先导；另一方面，社会变革也必然反映到执政党的观念领域，引起“改革”概念本身的巨大变化。从“改革”到“全面深化改革”的提出，体现了实践和概念演变的逻辑必然，同时也是党的与时俱进理论品格在概念总结上的体现。

①《人民日报》,2014年7月4日。

第十五章　历史的目的

——"发展"理念是如何演进的

党的十八届五中全会通过的《中共中央关于制定国民经济和社会发展第十三个五年规划的建议》，第一次提出了"创新、协调、绿色、开放、共享"的发展理念。"发展"的中文释义是指事物从出生开始的一个进步变化的过程，是事物的不断更新，是指一种连续不断的变化过程。既有量的变化，又有质的变化；有正向的变化，也有负向的变化。"如何发展，怎样发展"就构成了发展理念。发展理念是发展行动的先导，是发展思路、发展方向、发展着力点的集中体现[①]。"发展"理念是在改革开放以来理论和实践的双重互动中演进的。随着实践的发展，"发展"被不断赋予新的内涵，相继经历了从"快速发展"到"可持续发展"，再到"科学发展"，然后到"科学发展"指导下的"创新、协调、绿色、开放、共享发展"演进过程。

一、从"快速发展"到"可持续发展"

众所周知，新中国是在贫穷落后的基础上建立起来的。联合国"亚洲及太平洋社会委员会"统计：1949年中国人均国民收入27美元，不足整个亚洲平均44美元的三分之二，不足印度57美元的一半[②]。新中国成立初期毛泽东曾感慨地说："现在我们能造什么？能造桌子椅子，能造茶碗茶壶，能种粮食，还能磨成面粉，还能造纸，但是，一辆汽车、一架飞机、一辆坦克、一辆拖拉机都不能造。"[③]正因如此，从新中国成立之日起，中国共

①《人民日报》，2015年7月21日。

② 胡绳：《中国共产党的七十年》，中共党史出版社2005年版，第250页。

③《毛泽东文集》第6卷，人民出版社1999年版，第329页。

产党就被迫开始实行赶超的发展战略。1956年党的八大政治报告里“发展”提及128次，1969年九大政治报告里“发展”提及22次，1973年十大政治报告里“发展”提及15次，前缀修饰词基本上是围绕“迅速”“更加”来展开的。“快速发展”本无可厚非，但“快速发展”的基础上忽视“协调发展”“均衡发展”，其结果则是欲速则不达。“文革”结束后的两年，由于历史的惯性和体制束缚的原因，新的领导人依旧坚持原来的“跃进”发展理念，1977年召开的党的十一大政治报告里“发展”提及59次，前缀修饰词依然还是“蓬勃”“迅速”“高速度”“更大”“尽快”“大力”等。其结果是使中国经济处于新一轮失衡状态。

1978年党的十一届三中全会重新确立了解放思想、实事求是的思想路线，在正确思想路线的指导下，党的发展理念也随着实践的发展不断与时俱进。十一届三中全会公报里“发展”提及24次，“发展”前面的修饰词基本围绕“迅速”“蓬勃”“高度”来展开。其中“迅速发展”提及次数最多，达4次。这是同当时党把经济发展作为最紧迫的任务息息相关的，“我们能否实现新时期的总任务，能否加快社会主义现代化建设，并在生产迅速发展的基础上显著地改善人民生活，加强国防，这是全国人民最为关心的大事，对于世界的和平和进步事业也有十分重大的意义。”[①]但是，这一时期的“快速发展”不同于新中国成立以来的急于求成式的发展，而是注意到目标的可行性。1980年10月，邓小平在与中央负责人谈话时就指出：年度计划、五年计划、十年规划，中心和重点不要多考虑指标，而要把人民生活逐年有所改善放在优先的地位[②]。1982年党的十二大政治报告里“发展”出现47次，前缀修饰词有除了“迅速”“蓬勃”“适当”“长远”外，还出现了“全面”“健康”“按比例协调”等修饰词。这次大会提出了“促进社会主义经济的全面高涨”两步走战略。为了此战略，“毫无疑义，没有亿万群众的高昂的劳动热忱，没有成千上万个生产单位的首创精神，没有各地方、各部门的积极奋斗，社会主义建设事业的蓬勃发展是不可能的。”[③]但由于发展结构比例不协调的问题，20世纪80年代初，党中央提出了“调

---

①《三中全会以来重要文献选编》(上)，人民出版社1982年版，第4页。
②《邓小平思想年谱(1975—1997)》，中央文献出版社1998年版，第172页。
③《十二大以来重要文献选编》(上)，人民出版社1986年版，第25页。

整、改革、整顿、提高”的方针，为了贯彻此方针，党中央提出了“全面”“健康”“长远”“按比例协调”等发展理念。党的十二届三中全会通过的《中共中央关于经济体制改革的决定》，“发展”提及83次，前缀修饰词有“迅速”“蓬勃”“适当”“大力”“充分”“广泛”“更大”“深入”“健康”“按比例协调”等。值得注意的是，这次三中全会第一次提到“更好更快地发展”。只有坚决地系统地进行改革，城市经济才能兴旺繁荣，才能适应对内搞活、对外开放的需要，真正起到应有的主导作用，推动整个国民经济更好更快地发展①。这是针对当改革的重心从农村转移到城市，为了更好地发挥城市功能和作用时提出来的。

1987年党的十三大政治报告“发展”提及176次，前缀修饰词有“迅猛”“蓬勃”“大力”“充分”“高度”“深入”“健康”“协调”“持续”等。“协调”发展提及4次。20世纪80年代初期，随着经济的发展，环境和问题日益被全世界所重视。1987年2月，联合国世界环境与发展委员会发表了《我们共同未来的报告》，首次清晰地表达了“可持续发展”的定义，即可持续发展是既满足当代的需要，又不对后代满足需要能力构成危害的发展。受此影响，中国共产党开始从战略高度审视经济发展的可持续性问题。党的十三大报告强调：这里还要特别指出，人口控制、环境保护和生态平衡是关系经济和社会发展全局的重要问题②。如何重视人口、环境和生态问题，报告强调：只有在提高经济效益上扎扎实实地做好工作，争取年年有所进步，才能逐步缓解我国人口众多、资源相对不足、资金严重短缺等矛盾，保证国民经济以较高的速度持续发展。因此，必须坚定不移地贯彻执行注重效益、提高质量、协调发展、稳定增长的战略③。这是第一次提及“持续”发展。但“持续发展”还不同于“可持续发展”，“持续发展”的中文释义是连续不间断发展，而“可持续发展”的中文释义是能够把发展的模式或状态在时间上延续下去。这表明的是主观作用于客观的一种状态。“可持续发展”表明发展是一个多因素共同作用的系统工程，并不仅限于经济层面，还涉及社会发展的各个层面，包括经济发展、人的发展、科

①《十二大以来重要文献选编》(中)，人民出版社1986年版，第560页。
②《十三大以来重要文献选编》(上)，人民出版社1991年版，第24页。
③《十三大以来重要文献选编》(上)，人民出版社1991年版，第17页。

技进步、经济社会和政治协调发展、人类社会与资源和环境协调发展。1992年8月，经国务院批准的《关于出席联合国环境与发展大会的情况及有关对策的报告》，提出要施行可持续发展战略。这是在中央文献中首次提出可持续发展战略的概念。这表明“可持续发展”上升为国家层面，成为国家战略。1992年党的十四大报告提及“发展”163次，前缀修饰词有“加快”“加速”“迅速”“蓬勃”“大力”“健康”等。其中“加快发展”提及8次，“加速发展”提及2次，“迅速发展”提及2次，“健康发展”提及5次。可见，当时“发展”理念是围绕“又快又好”来展开的。1997年党的十五大报告“发展”提及186次，报告虽然还有“加快”“迅速”等前缀修饰词，但更多的是和“协调”“健康”一起使用。十五大报告里“协调发展”提及4次，“健康发展”提及5次，多次强调经济要“持续快速健康发展”。报告第一次使用“可持续发展”，共提及2次，报告强调：我国是人口众多、资源相对不足的国家，在现代化建设中必须实施可持续发展战略。坚持计划生育和保护环境的基本国策，正确处理经济发展同人口、资源、环境的关系。资源开发和节约并举，把节约放在首位，提高资源利用效率。统筹规划国土资源开发和整治，严格执行土地、水、森林、矿产、海洋等资源管理和保护的法律。实施资源有偿使用制度。加强对环境污染的治理，植树种草，搞好水土保持，防治荒漠化，改善生态环境。控制人口增长，提高人口素质，重视人口老龄化问题[①]。这表明“可持续发展”上升为党的层面，成为全党共识。

二、从“可持续发展”到“科学发展”

2002年党的十六大政治报告“发展”提及239次。报告继承了十五大以来党的发展理念，强调“持续快速健康发展”，“可持续发展”作为党的发展战略被高度重视，提及4次。报告强调：发展是硬道理，必须抓住一切机遇加快发展。发展要有新思路。坚持扩大内需的方针，实施科教兴国和可持续发展战略，实现速度和结构、质量、效益相统一，经济发展和人口、资源、环境相协调。在经济发展的基础上，促进社会全面进步，不断提高

①《十五大以来重要文献选编》(上)，人民出版社2000年版，第28页。

人民生活水平，保证人民共享发展成果[①]。“发展要有新思路”是这次大会上党中央向全党提出的一个紧迫的命题。世纪之交，我国人均国内生产总值突破1000美元，进入了国际上通常所说的“发展机遇期”和“矛盾凸显期”相交织的关键时期。准确认识和切实解决我国在发展关键时期的突出矛盾和问题，是党的理论创新面临的重大课题。这就需要党解决好“实现什么样的发展，怎样发展”的发展新思路问题。另外，作为指导思想意义上的发展理念不仅包括发展的概念和目标，还包括发展方式和政策，以及发展的成果如何分配和享用等问题。改革开放以来，关于“发展”，我们相继提出过“快速发展”“健康发展”“全面发展”“协调发展”“持续发展”“可持续发展”等很多层次的概念，但它们或多或少地只是发展理念的一个层面，还不能作为指导思想意义上的发展。现实和理论层面需要党提出一个指导意义上的发展理念。作为科学发展观的“科学发展”就此应运而生。“我们提出科学发展观，就是为了更好地解决改革发展关键时期遇到的各种问题。”[②]

2003年7月28日，在全国防治非典工作会议上，胡锦涛全面总结了抗击非典斗争的经验和从中获得的关于发展的深层次理论认识。“我们讲发展是党执政兴国的第一要务，这里的发展绝不只是指经济增长，而是要坚持以经济建设为中心，在经济发展的基础上实现社会全面发展。我们要更好地坚持全面发展、协调发展、可持续发展的发展观，更加自觉地坚持推动社会主义物质文明、政治文明和精神文明协调发展，坚持在经济社会发展的基础上促进人的全面发展，坚持促进人与自然的和谐。”[③]2003年10月，十六届三中全会审议通过的《中共中央关于完善社会主义市场经济体制若干问题的决定》，第一次在党的正式文件中完整地提出了科学发展观。胡锦涛指出，“树立和落实全面发展、协调发展和可持续发展的科学发展观，对于我们更好地坚持发展才是硬道理的战略思想具有重大意义。树立和落实科学发展观，这是二十多年改革开放实践的经验总结，是战胜非典疫情给我们的重要启示，也是推进全面建设小康社会的迫切要求。”[④]要求“坚持

①《十六大以来重要文献选编》(上)，中央文献出版社2002年版，第6页。
②《十六大以来重要文献选编》(中)，中央文献出版社2006年版，第309页。
③《十六大以来重要文献选编》(中)，中央文献出版社2006年版，第396—397页。
④《十六大以来重要文献选编》(上)，中央文献出版社2002年版，第483页。

以人为本，树立全面、协调、可持续的发展观”，按照“五个统筹”的要求，完善社会主义市场经济体制[①]。

应当指出，“全面发展”“协调发展”“可持续发展”这些概念在我们党领导改革开放的不同历史时期都曾提出或不同程度地阐发过，现在在新的实践基础上党把它们相互融合整合为新的发展理念，使它具有了指导思想意义上的理论和实践功能。

党的十七大报告“发展”提及306次，前缀修饰词也有“加快”“加速”“迅速”等，但更多的修饰词体现在发展的质上，强调“又好又快”发展，强调“全面”“协调”“可持续”。关键的是这些“发展”都是围绕“科学发展”来展开的，“科学发展”共提及38次。党的十七大在正视矛盾的基础上强调，“我们必须始终保持清醒头脑，立足社会主义初级阶段这个最大的实际，科学分析我国全面参与经济全球化的新机遇新挑战，全面认识工业化、信息化、城镇化、市场化、国际化深入发展的新形势新任务，深刻把握我国发展面临的新课题新矛盾，更加自觉地走科学发展道路，奋力开拓中国特色社会主义更为广阔的发展前景”[②]。作为指导思想意义上的发展理念，强调发展的概念和目标，发展方式和政策，以及发展的成果如何分配和享用等几个层面，指出：科学发展观，第一要义是发展，核心是以人为本，基本要求是全面协调可持续，根本方法是统筹兼顾[③]。

三、“科学发展”指导下的“创新、协调、绿色、开放、共享”发展

党的十八大政治报告“发展”提及289次。“发展”前缀修饰词更多地体现在“科学发展”上，“科学发展”共提及27次。大会强调以科学发展为主题，全面推进经济建设、政治建设、文化建设、社会建设、生态文明建设，实现以人为本、全面协调可持续的科学发展。大会强调全党必须更加自觉地把推动经济社会发展作为深入贯彻落实科学发展观的第一要义，牢牢扭住经济建设这个中心，坚持聚精会神搞建设、一心一意谋发展，着力

①《十六大以来重要文献选编》(上)，中央文献出版社2002年版，第465页。
②《十七大以来重要文献选编》(上)，中央文献出版社2009年版，第11页。
③《十七大以来重要文献选编》(上)，中央文献出版社2009年版，第11—12页。

把握发展规律、创新发展理念、破解发展难题，深入实施科教兴国战略、人才强国战略、可持续发展战略，加快形成符合科学发展要求的发展方式和体制机制，不断解放和发展社会生产力，不断实现科学发展、和谐发展、和平发展，为坚持和发展中国特色社会主义打下牢固基础①。坚决破除一切妨碍科学发展的思想观念和体制机制弊端②。如何创新发展理念，形成符合科学发展要求的发展方式和体制机制？围绕“科学发展”，十八大提出了“和谐发展”“和平发展”“绿色发展”“循环发展”“低碳发展”“全面发展”“健康发展”“可持续发展”等发展理念。这些理念有的是继承了原有的一些发展理念，如“全面发展”“健康发展”“可持续发展”，有的是第一次提出来，如“和平发展”“绿色发展”“循环发展”“低碳发展”等。

党的十八大以来，以习近平同志为核心的党中央针对我国日益凸显的有关“成长的烦恼”“长大后的烦恼”的新问题、新矛盾，强调“发展必须是遵循经济规律的科学发展”③。“发展必须有新理念、新思路、新举措”④。党的十八届三中全会通过的《中共中央关于全面深化改革若干重大问题的决定》，“发展”共提及86次，决定强调：我国发展进入新阶段，改革进入攻坚期和深水区。必须以强烈的历史使命感，最大限度集中全党全社会智慧，最大限度调动一切积极因素，敢于啃硬骨头，敢于涉险滩，以更大决心冲破思想观念的束缚、突破利益固化的藩篱，推动中国特色社会主义制度自我完善和发展⑤。决定确定了五加一加一的7个方面的改革，这些改革是与覆盖中国特色社会主义事业总布局“五位一体”的建设相对应的，即经济体制改革、政治体制改革、文化体制改革、社会体制改革、生态文明体制改革，以及党的建设制度改革和国防与军队改革。具体内容涉及15个领域、330多个项目，提出了“更有效率、更加公平、更可持续发展”“和谐发展”“健康发展”“协调发展”“统筹发展”“均衡发展”等理念。党的十八届四中全会通过的《中共中央关于全面推进依法治国若干重大问题的决定》“发展”共提及30次，从法制和法治方面对十八届三中全会

①《十八大以来重要文献选编》(上)，中央文献出版社2014年版，第7页。

②《十八大以来重要文献选编》(上)，中央文献出版社2014年版，第14页。

③《人民日报》，2014年8月1日。

④《人民日报》，2014年7月21日。

⑤《十八大以来重要文献选编》(上)，中央文献出版社2014年版，第514页。

确定的7个方面的改革做出了规定。

十八大以来，中国经济呈现出新常态，针对中国经济从高速增长转为中高速增长，经济结构不断优化升级的新特点，中央领导人多次强调创新是中国经济发展的动力。“要从要素驱动、投资驱动转向创新驱动”[①]。一时间“大众创业、万众创新”成为街头巷尾热议的热词。另外，“绿色发展”一直是党中央坚持的发展理念，2013年5月24日，习近平在中央政治局第六次集体学习时指出：要正确处理好经济发展同生态环境保护的关系，牢固树立保护生态环境就是保护生产力、改善生态环境就是发展生产力的理念，更加自觉地推动绿色发展、循环发展、低碳发展，决不以牺牲环境为代价去换取一时的经济增长[②]。“更有效率、更加公平、更可持续发展”“和谐发展”“健康发展”“协调发展”“统筹发展”“均衡发展”“绿色发展”“循环发展”“低碳发展”等不同层次发展理念的提出丰富和发展了原有的发展理念。

众多层次发展理念的提出需要党中央对新常态下的科学发展做出与时俱进的总结和理论提升，以便更好地指导实践的发展。党的十八届五中全会通过的《中共中央关于制定国民经济和社会发展第十三个五年规划的建议》指出：发展不平衡、不协调、不可持续问题仍然突出，主要是发展方式粗放，创新能力不强，部分行业产能过剩严重，企业效益下滑，重大安全事故频发；城乡区域发展不平衡；资源约束趋紧，生态环境恶化趋势尚未得到根本扭转……综合判断，我国发展仍处于可以大有作为的重要战略机遇期，也面临诸多矛盾叠加、风险隐患增多的严峻挑战。我们要准确把握战略机遇期内涵的深刻变化，更加有效地应对各种风险和挑战，继续集中力量把自己的事情办好，不断开拓发展新境界[③]。建议中“发展”共提及249次，其中“创新、协调、绿色、开放、共享发展”提及2次，“创新发展”提及3次，“协调发展”提及10次，“绿色发展”提及4次，“开放发展”提及2次，“共享发展”提及4次。应当指出，“创新发展”“协调发展”“绿色发展”“开放发展”“共享发展”这些概念党在十八大以后在不同

---

①《人民日报》，2014年11月10日。

②《习近平谈治国理政》，外文出版社2014年版，第209页。

③《人民日报》，2015年11月4日。

的场合提出和强调过，现在在新的实践基础上党把它们相互融合整合为新的发展理念，使它具有了指导思想意义上的理论和实践功能。当然，新的多层次的发展理念是在“科学发展”指导下的发展，建议着重强调：发展是硬道理，发展必须是科学发展，实现更高质量、更有效率、更加公平、更可持续的发展。作为“科学发展”指导下的“创新、协调、绿色、开放、共享发展”发展理念不仅包括发展的概念和目标，还包括发展方式和政策，以及发展的成果如何分配和享用等问题，它是新常态下具有指导思想意义上的发展理念。这是党中央在充分分析认识当前我国发展环境、条件、任务、要求等都发生了新的变化的基础上提出来的。“创新、协调、绿色、开放、共享发展”从字面上看就是发展概念和发展目标。“创新、协调、绿色、开放、共享发展”也是发展方式和政策，具体来说，创新是引领发展的第一动力，协调是持续健康发展的内在要求，绿色是永续发展的必要条件和人民对美好生活追求的重要体现，开放是国家繁荣发展的必由之路，共享是中国特色社会主义的本质要求。“共享发展”解决了发展成果如何分配和享用问题。正因如此，党的十八届五中全会向全党号召：坚持创新发展、协调发展、绿色发展、开放发展、共享发展，是关系我国发展全局的一场深刻变革。全党同志要充分认识这场变革的重大现实意义和深远历史意义，统一思想，协调行动，深化改革，开拓前进，推动我国发展迈上新台阶。

四、几点启示

从改革开放以来“发展”理念的演进历程来看，可以得出以下几点启示：

第一，“发展”理念是在改革开放以来理论和实践的双重互动中演进的。一方面，社会生活的巨大变化，是以“发展”理念变革为先导，另一方面，社会变革也必然反映到执政党的观念领域，引起“发展”理念本身的巨大变化。从“快速发展”到“科学发展”指导下的“创新、协调、绿色、开放、共享发展”的提出体现了实践和概念演变的逻辑必然，同时也是党的与时俱进理论品格在概念总结上的体现。

第二，党的“发展”理念是不断扬弃的过程。一定时期的发展理念是与一定时期的发展环境、条件、任务、要求息息相关的，在强调“发展是硬道理”的背景下，“快速发展”定合时宜；在强调人与自然和谐相处的背景下，“可持续发展”就显得必要；在强调以科学发展观为指导的背景下，“科学发展”就是应有之义；在强调全党面对发展新常态的背景下，“创新、协调、绿色、开放、共享发展”就是水到渠成。当然，随着发展环境、条件、任务的变化，发展理念还会不断与时俱进。

第三，“发展”理念提出后，关键在于付诸实践。当前，具有指导思想意义的“创新、协调、绿色、开放、共享发展”的发展理念已经提出，今后的关键在于付之以行。怎么付诸实践？2016年1月18日，习近平在省部级主要领导干部学习贯彻十八届五中全会精神专题研讨班开班式上发表重要讲话时指出，新发展理念要落地生根、变成普遍实践，关键在各级领导干部的认识和行动。要深学笃用，通过示范引领让干部群众感受到新发展理念的真理力量，各级领导干部要结合历史学，多维比较学，联系实际学，真正做到崇尚创新、注重协调、倡导绿色、厚植开放、推进共享[①]。

①《人民日报》，2016年1月19日。

结　语　历史的升华

——中国共产党的奋斗历程与优良传统

自1921年诞生至今，中国共产党已经走过96年光辉的历程。在96年的光辉历程中，中国共产党人把马克思主义基本原理同中国具体实际相结合，成功领导中国人民取得了新民主主义革命、社会主义革命和建设、社会主义改革的伟大胜利，并且形成了自己的优良传统。它集中体现为理论联系实际的作风、密切联系群众的作风、批评与自我批评的作风，即“三大作风”。具体体现在实事求是、廉洁奉公、艰苦朴素、敢于牺牲、勇于担当、谦虚谨慎、独立自主、调查研究、努力学习等方面。这是我们党的宝贵精神财富与巨大政治优势，是保证党的发展、推动中国革命和建设事业取得胜利的强大动力。

一、新民主主义革命与党的优良传统的形成

中国共产党人的优良传统形成于新民主主义革命时期。1945年党的七大第一次正式把“理论联系实际”“密切联系群众”“批评与自我批评”作为我们党的“三大优良作风”提出来。党的优良传统一经形成，就对中国革命的成功开展起到了巨大的促进和保证作用。

理论联系实际的作风为新民主主义革命提供了理论支撑。没有革命的理论，就没有革命的运动。中国共产党能战胜强大的国民党，一个重要的前提就是保持理论联系实际的作风，进行理论创新，成功实现了马克思主义中国化。众从周知，马克思主义是在俄国十月革命的影响下传播到中国的。它的传入实际上也是五四时期“西化论”背景的产物。在此背景下，

从一开始党内就存在着照抄照搬共产国际决议和苏联经验的教条主义。教条主义者们在中国实行僵化的“左”倾土地政策、阶级政策、经济政策和军事战略，并在党内实行派别斗争，致使中国革命遭受了重大失败和挫折。

面对共产党人由于教条主义领导而造成的惨重失败，中共党内出现要求反对教条主义倾向的愿望。实际上，这种愿望从中国共产党成立之初就已开始。1930年初，毛泽东针对党内教条主义，提出了“反对本本主义”，明确提出“没有调查就没有发言权”，“马克思主义的‘本本’是要学的，但是必须同我国的实际情况相结合”，“中国革命的胜利要靠了解中国情况”等论断[①]。红军经过长征到达陕北后，痛定思痛，党内反对教条主义的愿望愈加强烈。1937年7月和8月，毛泽东在《实践论》和《矛盾论》中深刻阐述了理论与实践相统一的重要性，为最终形成“理论联系实际”的作风奠定了思想理论基础。1938年9月29日至11月6日，中国共产党召开了扩大的六届六中全会。毛泽东在会上做了《论新阶段》的著名报告，第一次向全党提出了“马克思主义中国化”的命题。这次全会实际上也是“马克思主义中国化”思潮和教条主义思潮交锋的转折点。马克思主义中国化思潮终于战胜了教条主义，一路高歌猛进，引导着中国革命的成功。

如何进行马克思主义中国化？毛泽东主要从三个方面进行了阐述。一个前提：“普遍地深入地研究马克思列宁主义的理论”。因为马克思主义是放之四海而皆准的理论，所以“普遍地深入地研究马克思列宁主义的理论的任务，对于我们，是一个亟待解决并须着重地致力才能解决的大问题”。“如果我们党有一百个至二百个系统地而不是零碎地、实际地而不是空洞地学会了马克思列宁主义的同志，就会大大地提高我们党的战斗力量，并加速我们战胜日本帝国主义的工作。”[②]一个基本原则：“马克思主义必须和我国具体特点相结合”。毛泽东指出：“马克思列宁主义的伟大力量，就在于它是和各个国家具体的革命实践相联系的。对于中国共产党说来，就是要学会把马克思列宁主义的理论应用于中国的具体的环境。成为伟大中华民族的一部分而和这个民族血肉相连的共产党员，离开中国特点来谈马克思主义，只是抽象的空洞的马克思主义。因此，使马克思主义中国化，使之

①《毛泽东选集》第1卷，人民出版社1991年版，第109—118页。

②《毛泽东选集》第2卷，人民出版社1991年版，第533页。

在其每一表现中带着必须有的中国特性，即是说，按照中国的特点去应用它，成为全党亟待了解并亟须解决的问题”[①]。两个基本要求：第一，“学习我们的历史遗产，用马克思主义的方法给以批判的总结”。第二，“马克思主义必须通过一定的民族形式才能实现”。毛泽东指出：“马克思主义必须通过民族形式才能实现。没有抽象的马克思主义，只有具体的马克思主义。所谓具体的马克思主义，就是通过民族形式的马克思主义”。“洋八股必须废止，空洞抽象的调头必须少唱，教条主义必须休息，而代之以新鲜活泼的、为中国老百姓所喜闻乐见的中国作风和中国气派”[②]。

密切联系群众的作风使中国共产党赢得了民心和民力。中国共产党从诞生之日起就明确规定党的任务是为全中国人民的利益而奋斗，大革命时期逐步认识到革命与群众结合的重要性。毛泽东从1925年至1926年间，先后写了《中国社会各阶级的分析》《国民革命和农民运动》《湖南农民运动考察报告》等文章，初步阐明了中国社会各阶级的实际情况和革命与群众结合的重要性、必要性。土地革命战争时期，我们党在领导革命斗争的实践中初步形成了密切联系群众的作风。毛泽东在1934年1月写的《关心群众生活，注意工作方法》一文中明确提出：“不依靠群众，不关心群众生活，是什么任务也不能完成的。”抗日战争时期，我们党进一步强调了坚持群众路线的重要性。1943年6月，毛泽东在《关于领导方法的若干问题》中科学阐述了“从群众中来，到群众中去”的群众路线。这个路线在抗战时期和解放战争时期得到了很好的贯彻执行。

密切联系群众，首先就得弄清楚群众是谁？毛泽东1925年12月1日在《中国社会各阶级的分析》一文中开篇之句就是：谁是我们的敌人？谁是我们的朋友？这个问题是革命的首要问题。半殖民地半封建的中国社会是一个两头小中间大的社会。无产阶级只占人口少数。最广大的人民是农民、小资产阶级和民族资产阶级。地主阶级、官僚资产阶级与帝国主义势力相勾结，反革命力量非常强大。无产阶级如果不争取和联合占人口多数的中间阶级，不巩固工农联盟，不建立和发展包括各民族、各阶级和各阶层人民在内的最广泛的革命统一战线，中国革命就不能胜利。

①《毛泽东选集》第2卷，人民出版社1991年版，第534页。
②《毛泽东选集》第2卷，人民出版社1991年版，第533—534页。

密切联系群众最重要的是以民为本的政策得到贯彻落实。中国是一个农民占了人口绝大多数的国度。谁能得到农民的支持，谁就有力量，谁就能胜利，而争取农民的关键是必须进行彻底的土地革命。只有这样，才能调动广大农民的积极性，才使他们为保卫胜利果实而积极参加革命战争。毛泽东多次强调，“解决土地问题，是一个最根本的问题，是一切工作的基本环节，全党必须认识这一点。”[①]为此，中国共产党进行了不懈的努力。由于中国共产党真正解决了广大农民最为关心的土地问题，坚定地为农民谋利益，因此，就赢得了占中国人口80%农民的坚定支持，同他们建立了巩固的联盟。

在建立统一战线过程中，如何处理好同民族资产阶级的关系是一个重要问题。基于“民族资产阶级是带两重性的阶级”的科学判断，毛泽东主张，无产阶级在一定时期内，应该同民族资产阶级建立统一战线。怎样争取民族资产阶级呢？中央提出了两个重要条件：一是共产党有充足的力量，同反动势力做斗争能取得胜利；二是要尊重他们的利益。中国共产党为了团结民族资产阶级，政治上在国民党对他们关门之时，号召团结他们一起革命；经济上采取保护和鼓励民族资本主义发展的政策。在中国共产党的正确方针政策的感召下，民族资产阶级逐步站到共产党一边。

中国共产党还根据统一战线中各种社会力量的不同特性，以及他们在革命发展过程中的不同状况，规定和实行发展进步势力、争取中间势力、孤立顽固势力的政策。最大限度地孤立和打击主要的敌人，最广泛地团结一切可能团结的同盟者。正是由于中国共产党成功地运用各种统战政策，发扬密切联系群众的作风，最终形成了包括工人、农民、城市小资产阶级、民族资产阶级、开明绅士、其他爱国分子、少数民族和海外华侨等广大阶级和阶层民众在内的极其广泛的全民族的统一战线。这就为中国共产党汇聚了最为广大的民心和民力，从而为中国革命的胜利提供了取之不尽、用之不竭的力量源泉。正如毛泽东所说的，“真正的铜墙铁壁是什么？是群众，是千百万真心实意地拥护革命的群众。这是真正的铜墙铁壁，什么力量也打不破的，完全打不破的”[②]。

①《毛泽东年谱(1893—1949)》下卷，中央文献出版社2002年版，第78页。
②《毛泽东选集》第1卷，人民出版社1991年版，第139页。

批评与自我批评的作风是解决党内矛盾、保持党的生机与活力的有效方法。建党初期，党的早期领导人就已开始运用批评和自我批评的方法。大革命失败后，在中央指导下，红四军的主要领导人通过公开、坦诚的批评，顺利解决了党内纷争。1935年，在长征途中召开的遵义会议上，毛泽东、张闻天等运用批评和自我批评的方法成功解决了当时最为紧迫的军事组织问题，也为党开展批评和自我批评积累了重要经验。1939年，刘少奇《论共产党员的修养》一文，首次将批评、自我批评联系起来，作为一个整体纳入解决党内斗争的方法，他指出：共产党员“要有坚持党内团结、进行批评和自我批评、遵守纪律的修养”①。延安整风运动时期，全党上下高度发扬批评和自我批评精神，从而使全党达到了空前的团结统一。1945年七大通过的《中国共产党党章》总纲指出：“中国共产党应该不掩盖自己工作中的错误与缺点。中国共产党应该用批评和自我批评的方法，经常检讨自己工作中的错误与缺点，来教育自己的党员和干部，并及时纠正自己的错误。”这是“批评和自我批评”首次写入党章，也意味着它作为优良作风在党内生活的确立。

共产党人为什么要发扬批评和自我批评的优良作风？首先，“因为我们是为人民服务的，所以，我们如果有缺点，就不怕别人批评指出。”②其次，通过开展批评与自我批评，同志之间沟通了思想，解开了疙瘩，澄清了是非，大家坦诚相见，增进了同志感情，党就会更加注意同人民群众的血肉联系。毛泽东指出：“有无认真的自我批评，也是我们和其他政党互相区别的显著标志之一。”③对于共产党人来说，经常地检讨工作，在检讨中推广民主作风，开展批评和自我批评，实行“知无不言，言无不尽”“言者无罪，闻者足戒”“有则改之，无则加勉”。这些手段和措施“正是抵抗各种政治灰尘和政治微生物侵蚀我们同志的思想和我们党的肌体的唯一有效的方法”④。

如何落实批评和自我批评的作风？首先，领导干部以身作则、发挥带头作用是关键。刘少奇在《论党》一文中总结历史经验时指出：“凡是那个

---

①《刘少奇选集》上卷，人民出版社1981年版，第109页。
②《毛泽东选集》第3卷，人民出版社1991年版，第1004页。
③《毛泽东选集》第3卷，人民出版社1991年版，第1096页。
④《毛泽东选集》第3卷，人民出版社1991年版，第1096页。

地方的负责人在党员群众和人民群众中认真地进行了诚恳的与必要的自我批评，那里党员和人民的批评与自我批评也就会开展，积极性也就会提高，内部团结也就会达到，工作也就会改进，缺点也就会克服，而且负责人的威信不独没有损失，反而会提高。这在我们党内及人民中已有无数事实证明了的。”[①]其次，发扬民主、畅所欲言是保证。毛泽东曾指出：“处在伟大斗争面前的中国共产党，要求整个党的领导机关，全党的党员和干部，高度地发挥其积极性，才能取得胜利。所谓发挥积极性，必须具体地表现在领导机关、干部和党员的创造能力，负责精神，工作的活跃，敢于和善于提出问题、发表意见、批评缺点，以及对于领导机关和领导干部从爱护观点出发的监督作用。没有这些，所谓积极性就是空的。而这些积极性的发挥，有赖于党内生活的民主化。党内缺乏民主生活，发挥积极性的目的就不能达到。”[②]同时，还要加强同党外人士的合作，发扬人民民主，自觉接受人民的监督。“共产党员决不可自以为是，盛气凌人，以为自己是什么都好，别人是什么都不好；决不可把自己关在小房子里，自吹自擂，称王称霸。”[③]最后，既坚持真理，又要与人为善是前提。正如毛泽东所说：“批评应该是严正的、尖锐的，但又应该是诚恳的、坦白的、与人为善的。只有这种态度，才对团结有利。冷嘲暗箭，则是一种腐蚀剂，是对团结不利的。”[④]

以三大优良作风为指引，我们党在革命实践中还形成了诸如廉洁奉公、艰苦朴素、敢于牺牲、勇于担当、谦虚谨慎、独立自主、调查研究、努力学习、团结统一等许多好的优良传统，正是依靠这些优良传统，中国共产党才能领导全国人民打败了腐朽的国民党，夺取了全国政权。

二、社会主义革命和建设与党的优良传统的传承

1949年10月1日，新中国建立。中国共产党开始从领导人民夺取全国政权而奋斗的党，变为领导人民掌握全国政权，进行社会主义革命和建设

①《刘少奇选集》上卷，人民出版社1981年版，第364页。
②《毛泽东选集》第2卷，人民出版社1991年版，第528—529页。
③《毛泽东选集》第3卷，人民出版社1991年版，第809页。
④《毛泽东文集》第2卷，人民出版社1999年版，第409—410页。

并长期执政的党。如何继承和发扬革命年代党的优良传统，实现中华民族的繁荣和富强，就成为党执政后面临的挑战。

众所周知，新中国是在贫穷落后的基础上建立起来的。联合国“亚洲及太平洋社会委员会”统计：1949年中国人均国民收入27美元，不足整个亚洲平均44美元的三分之二，不足印度57美元的一半[①]。为了尽快摆脱中国近代以来积贫积弱的局面，以毛泽东为核心的中国共产党人保持着清醒的头脑。还在中国革命取得胜利的前夕，中共中央就以“赶考”的心态及时告诫全党同志警惕资产阶级“糖衣炮弹”的袭击，继续务必保持谦虚、谨慎、不骄、不躁的作风和艰苦奋斗的作风。为了防止和克服可能出现的问题，1951年12月1日，中共中央印发《关于实行精兵简政、增产节约、反对贪污、反对浪费和反对官僚主义的决定》。在全党开展三反运动，并对运动中揭露出来的人和事予以严厉惩处。1953年8月12日，毛泽东在全国财经工作会议上讲话，进一步强调了调查研究对决定党的方针、政策的极端重要性。他说：“中央领导机关是一个制造思想产品的工厂，如果不了解下情，没有原料，也没有半成品，怎么能够制造出产品？”[②]

正是这些优良传统的传承，才使刚刚执政的共产党做到了代表着中国先进社会生产力的发展要求，代表着中国先进文化的前进方向，代表着中国最广大人民的根本利益。在“一穷二白”的农业国基础上披荆斩棘，成功实现了国民经济的恢复，并在1956年建立起社会主义基本制度。

社会主义制度建立以后，如何在人口众多的东方落后大国建设社会主义，成为全党在理论和实践层面亟须解决的新课题。以毛泽东同志为核心的党的第一代中央领导集体，结合新中国的新形势和我们党在执政地位上的新变化，对执政党的作风建设问题进行了新的探索，强调执政党必须更好地坚持和发扬党的优良传统和作风。在1956年召开的党的八大会议上，我们党明确提出了“三坚持三反对”，即必须坚持理论联系实际，实事求是，反对主观主义；坚持党的群众路线，反对官僚主义；坚持党的民主集中制领导原则，反对个人崇拜和个人专断。党的八大还把“必须不断地发

① 胡绳：《中国共产党的七十年》，中共党史出版社2005年版，第250页。

② 中共中央文献研究室：《毛泽东周恩来刘少奇朱德邓小平陈云论调查研究》，中央文献出版社2006年版，第155页。

扬党的工作中的群众路线的传统”写进了新党章。邓小平在《关于修改党章的报告》中强调必须发展党内批评和自我批评，禁止压制批评的行为。

可惜的是，由于后来对形势的误判，以及党内“左”倾错误的抬头，使党的许多优良传统遭到破坏，致使党的八大制订的正确路线并没有得到贯彻落实。相反，随着1957年反右派扩大化，党对社会主义建设的探索发生偏向，“左”倾思想越来越厉害，为了实现“赶英超美”的目标，尽快进入共产主义社会，1958年发动了“大跃进”和“一大二公”的人民公社化运动。给国民经济建设造成了重大损失，也给人民生活带来了严重困难。

痛定思痛，在领导经济调整过程中，毛泽东等中央领导及时总结经验教训，大力倡导并身体力行党的优良传统。首先，全党开展批评和自我批评。1962年初召开的七千人大会上，当着党内7000余名干部的面，毛泽东首先做了自我批评。他说：“有了错误，一定要作自我批评，要让人家讲话，让人批评……凡是中央犯的错误，直接的归我负责，间接的我也有份，因为我是中央主席。我不是要别人推卸责任，其他一些同志也有责任，但是第一个负责的应当是我。我们这几年工作的缺点、错误，第一笔账，首先是中央负责，中央又是我首先负责[①]。另外，刘少奇、周恩来等其他中央领导以及地方负责人均主动作自我批评，承认错误，承担责任。其次，为了进一步了解情况，全党大兴调查研究之风。1961年1月的中央工作会议，正式决定对国民经济进行调整。毛泽东在会上号召全党大兴调查研究之风，要求把1961年搞成调查研究之年。最后，为了弥补社会主义理论方面的不足，全党掀起学习高潮。在七千人大会上，毛泽东强调：社会主义建设，从我们全党来说，知识都非常不够。我们应当能够在今后一段时间内，积累经验，努力学习[②]。在毛泽东的亲自号召下，党内掀起了学习社会主义经典理论知识的高潮。

党的优良传统的恢复为党战胜困难发挥了巨大的威力。在困难面前，中国人民没有被吓倒，而是体现了“一不怕苦，二不怕死”的英雄气概。毛泽东等中央领导人以身作则，勤俭节约，与人民群众同甘共苦，充分体现了共产党人的高尚情操。社会上也涌现出雷锋、焦裕禄、王进喜、邓稼

---

①《毛泽东年谱(1949—1976)》第5卷，中央文献出版社2013年版，第78页。
②《毛泽东年谱(1949—1976)》第5卷，中央文献出版社2013年版，第79页。

先等优秀共产党员的典型。经过全党全国人民的共同努力，国民经济到1965年底已出现了明显的好转。但是，由于党内“左”倾思潮没有彻底根除，最终导致了“文化大革命”的发生。社会主义建设道路的探索遭受严重挫折，党的优良传统也因此受到严重破坏。

三、社会主义改革与党的优良传统的弘扬

1976年，“文化大革命”结束时，中国经济几乎到了崩溃的边缘。全党在深刻反思的基础上，1978年在全国上下掀起了一场声势浩大的关于真理标准问题的大讨论，极大地解放了人们的思想。1978年12月召开的党的十一届三中全会，重新确立了正确的政治路线、思想路线和组织路线，做出了实行改革开放的重大决策，实现了新中国成立以来历史发展的伟大转折，开启了改革开放历史新时期。改革开放30多年来，我们党带领人民创造了世界瞩目的发展奇迹，我们每走一步，相当于发展中国家走两步，发达国家走四步。中国综合国力大幅提升，已成为世界第二大经济体。中华民族伟大复兴展现出光明的前景。现在，我们比历史上任何时期都更接近中华民族伟大复兴的目标，比历史上任何时期都更有信心、有能力实现这个目标[①]。改革开放以来我们取得一切成绩和进步的根本原因，归结起来就是：开辟了中国特色社会主义道路，形成了中国特色社会主义理论体系和中国特色社会主义制度。在改革开放三十多年一以贯之的接力探索中，我们坚定不移高举中国特色社会主义伟大旗帜，既不走封闭僵化的老路，也不走改旗易帜的邪路。中国特色社会主义道路，中国特色社会主义理论体系，中国特色社会主义制度，是党和人民九十多年奋斗、创造、积累的根本成就，必须倍加珍惜、始终坚持、不断发展[②]。

在30多年的改革开放事业推进过程中，中国共产党始终没有丢掉自己的优良传统，而且在新时期得到发扬光大。以邓小平同志为核心的第二代中央领导集体继承和坚持党的优良传统和作风，从执政党生死存亡的战略高度全面推进党的作风建设。1979年11月2日，邓小平在中央党政军机关

①《十八大以来重要文献选编》(上)，中央文献出版社2014年版，第83页。
②《十八大以来重要文献选编》(上)，中央文献出版社2014年版，第9页。

副部长以上干部会议上做题为《高级干部要带头发扬党的优良传统》的报告，指出：现在有少数人就是做官当老爷，有些事情实在不像话！脱离群众，脱离干部，上行下效，把社会风气也带坏了。为此，他强调：必须恢复和发扬党的艰苦朴素、密切联系群众的优良传统。1980年11月，陈云同志明确提出了“执政党的党风问题是有关党的生死存亡的问题”这一著名论断。党的十三届四中全会以后，以江泽民同志为核心的第三代中央领导集体，全面推进党的作风建设。1990年3月，党的十三届六中全会审议通过了《中共中央关于加强党同人民群众联系的决定》，向全党郑重提出了密切党同群众联系的新要求。1996年10月，党的十四届六中全会通过了《中共中央关于加强社会主义精神文明建设若干重要问题的决议》，该决议再次强调了“执政党的党风关系党的生死存亡”的正确论断，并要求对县级以上领导干部集中进行一次以讲学习、讲政治、讲正气为主要内容的党性党风教育，着重解决理想信念和思想作风方面存在的突出问题。2001年9月，党的十五届六中全会审议通过了《中共中央关于加强和改进党的作风建设的决定》，要求全党要坚持解放思想、实事求是，反对因循守旧、不思进取；坚持理论联系实际，反对照抄照搬、本本主义；坚持密切联系群众，反对形式主义、官僚主义；坚持民主集中制原则，反对独断专行、软弱涣散；坚持党的纪律，反对自由主义；坚持清正廉洁，反对以权谋私；坚持艰苦奋斗，反对享乐主义；坚持任人唯贤，反对用人上的不正之风。这“八个坚持，八个反对”把党的作风建设提到了新的水平。党的十六大以来，以胡锦涛同志为总书记的党中央把党的作风建设纳入党的建设总体布局中，极大地推进了党的优良传统和作风的弘扬。2002年12月，胡锦涛和中央书记处成员到西柏坡学习考察时，号召全党同志要牢记“两个务必”，大力发扬艰苦奋斗的作风。2004年1月，胡锦涛在中纪委第三次全会上发表讲话，要求在全党大力弘扬求真务实精神、大兴求真务实之风。2007年1月，胡锦涛在中纪委第七次全会上明确提出要坚持“八个方面良好风气”，即要勤奋好学，学以致用；要心系群众，服务人民；要真抓实干，务求实效；要艰苦奋斗，勤俭节约；要顾全大局，令行禁止；要发扬民主、团结共事；要秉公用权，廉洁从政；要生活正派，情趣健康。党的十七届四中全会审议通过的《中共中央关于加强和改进新形势下党的建设若干重大问题的决定》，要求全党要大兴“党的四大作风”，即大兴密切联系群众之风，大兴求真务实之风，大兴艰苦奋斗之风，大兴批评和自我批评之风。

党的十八大以来，以习近平同志为核心的新一届中央领导集体高度重视党的优良传统和作风的弘扬。在理论联系实际方面，习近平总书记2013年12月26日在纪念毛泽东诞辰120周年时向全党号召：“我们要及时总结党领导人民创造的新鲜经验，不断开辟马克思主义中国化新境界，让当代中国马克思主义放射出更加灿烂的真理光芒。”①在密切联系群众方面，2012年12月4日，习近平主持召开中共中央政治局会议，审议通过了中央政治局关于改进工作作风、密切联系群众的八项规定。从2013年6月起，在全党进行为期一年的党的群众路线教育实践活动。在批评和自我批评方面，2014年5月18日上午，习近平专门听取兰考县教育实践活动情况汇报，并发表重要讲话。习近平指出，要用好批评和自我批评武器，有一点“辣味”，让每个党员干部都能红红脸、出出汗。另外，其他好的优良传统也得到回归和弘扬。如中央政治局带头更加重视学习，强调“坚持学习、学习、再学习，坚持实践、实践、再实践”②；再如发扬敢于负责、勇于担当的精神，强调“改革再难也要向前推进”③；等等。

当然，“路漫漫其修远兮”，实现中华民族伟大复兴的中国梦的道路还很艰巨。随着社会主义市场经济的发展，国内环境发生了重大变化，社会经济成分、社会生活方式等日趋多样化。这种多样化，使党的干部作风建设方面出现了许多亟待解决的问题，现实生活中，背离或破坏党的优良传统作风的现象还时有发生。面对风险和挑战，共产党人要发扬“吾将上下而求索”的精神，不忘初心、继续前进，进一步发扬光大自身的优良传统，把这些传家宝一代代传下去。党的十八大指出：党和人民九十多年奋斗、创造、积累的根本成就，必须倍加珍惜、始终坚持、不断发展。面对人民的信任和重托，面对新的历史条件和考验，全党必须增强忧患意识，谦虚谨慎，戒骄戒躁，始终保持清醒头脑；必须增强创新意识，坚持真理，修正错误，始终保持奋发有为的精神状态；必须增强宗旨意识，相信

①《十八大以来重要文献选编》(上)，中央文献出版社2014年版，第697页。

②《习近平谈治国理政》，外文出版社2014年版，第407页。

③《习近平谈治国理政》，外文出版社2014年版，第100页。

群众，依靠群众，始终把人民放在心中最高位置；必须增强使命意识，求真务实，艰苦奋斗，始终保持共产党人的政治本色[①]。只有这样，实现中华民族伟大复兴的中国梦才能如期实现。

①《十八大以来重要文献选编》(上)，中央文献出版社2014年版，第44页。